최종모의고사

국어 / 영어 / 한국사 / 수산일반 / 수산경영

머리말

모든 시험이 그러하듯 공무원 시험 역시 마무리가 굉장히 중요합니다. 모의고사 문제집을 푸는 것은 문제를 풀어보는 것으로 끝나는 것이 아니라 실제 시험에 앞서 그동안 학습했던 모든 것들을 점검하고 보완하여 관련된 이론을 다시 한 번 환기해주고, 시험 당일에 당황하지 않도록 함에 그 목적이 있습니다. 기출문제가 비공개로 진행되는 시험의 특성상, 기출문제를 다뤄볼 수 없는 수험생의 입장에서는 실제 시험처럼 준비할 수 있는 모의고사 문제집이 반드시 필요하다고 판단하여 3회분의 최종모의고사(국어 · 영어 · 한국사 · 수산일반 · 수산경영)와 수산일반과 수산경영으로만 구성된 전공과목 히든 모의고사 1회분을 수록한 「빼박 해양수산직 최종모의고사」를 출간하게 되었습니다.

이론서인 「수산일반 · 경영 한권으로 끝내기」를 통해 학습한 내용을 「빼박 해양수산직 최종모의고사」를 통해 마무리하여 실전감각을 키워나간다면 합격의 길에 다다를 것입니다.

본서를 통해 해양수산직을 목표로 하는 수험생 여러분이 합격의 기쁨을 누리시기를 기원하겠습니다.

2020년 해양수산직 9급 시험 안내

※ 「2020년도 지방공무원 공개경쟁채용시험 계획 공고」를 반드시 확인하시기 바랍니다.

자격조건 (지역제한)

① 2020년 1월 1일 이전부터 최종 시험일(면접시험)까지 계속하여 해당 지역에 본인의 주민등록상 주소지 또는 국내거소신고(재외국민에 한함)를 갖고 있는 자로서 동 기간 중 주민등록의 말소 및 거주 불명으로 등록된 사실이 없어야 합니다.

② 2020년 1월 1일 이전까지, 해당 지역의 본인 주민등록상 주소지 또는 국내거소신고(재외국민에 한함)를 두고 있었던 기간을 모두 합산하여 총 3년 이상이어야 합니다.

※ 고졸채용 : 해당 지역내 특성화고 · 마이스터고의 졸업자 또는 2021년 2월 졸업예정자

시험방법 및 합격기준

1. 시험방법

① 제1 · 2차 시험(병합실시) : 선택형 필기시험 – 매 과목 100점 만점, 4지 택일형 20문항

② 제3차 시험 : 서류전형 및 면접시험

- 일부 임용기관의 경우 면접시험 전에 인 · 적성 검사를 실시할 수 있습니다.
- 제1 · 2차 시험 합격자만 제3차 시험에 응시할 수 있습니다.
- 서류전형은 필기시험 합격자에 한해 응시자격, 가산점 등을 서면으로 심사합니다.

2. 합격기준

① 필기시험에서 과락(만점의 40% 미만) 과목이 있을 시 불합격 처리되며, 그 밖의 시험에 관한 구체적인 내용은 지방공무원 임용령 및 관계 법령을 참고하시기 바랍니다.

② 필기시험 합격자 결정은 공개경쟁임용시험의 경우 과목별 40% 이상 득점하고 총득점의 60% 이상 득점한 사람 중에서 제3차 시험 응시자 수 등을 고려하여 고득점자순으로 결정됩니다.

2019년 지방공무원 해양수산직 9급 시험 총평

지방공무원 해양수산직 시험은 공통과목(국어, 영어, 한국사)과 전공과목(수산일반, 수산경영)을 응시해야 합니다. 공통과목은 지방직 공통과목과 같은 문제로 시행되지만, 전공과목은 선발하는 지역마다 각기 다른 문제로 시험을 진행하고 무엇보다 비공개시험으로 진행(시험이 끝나면 전공과목 문제책은 회수)되기 때문에 문제의 난도나 전체적인 경향을 파악하기 어렵다는 것이 특징입니다. 2019년의 경우 해양수산직 공무원으로서의 기본적인 지식을 묻는 문제가 많았지만 교과서에서 잘 다루지 않는 분야의 문제도 일부 출제되는 경향을 보였습니다. 문제의 형태는 추론형 문제와 단답형 문제가 6:4 정도의 비율로 출제되어 평이한 수준의 시험이 되었으리라 생각됩니다.

주요 출제 키워드 및 분포 정리

수산 일반

주 제	출제빈도	주요 출제 키워드
수산업의 개요	5%	수산업법상 수산업의 분류, 수산업의 특징, 수산업 발달사, 주요 3대 어장
수산 자원의 개요	16%	수산 생물의 종류, 수산 자원 생물의 조성, 수산 자원 관리, 수산 자원 생물의 조사
어 업	19%	어구 및 어법, 어군탐지장치, 어장의 환경요인, 어로과정, 어장형성요인, 낚시 어구, 구획어업
어선운용	9%	개항의 항계 안에서의 항행, 내연기관, 어선의 구조, 선박도료, 선속
수산 양식	20%	주요 양식 방법, 사료계수의 정의, 사료의 주요성분, 대상별 양식 기법, 양식장 주요 환경 요인, 질병
수산 가공 및 식품 위생	18%	수산 식품 원료, 어패류의 사후변화, 수산 가공품, 수산 식품 위생
수산물 유통	4%	수산물 시장의 구성원, 수산물 도매시장 각 구성원
수산업 관련제도	9%	TAC 관리제도, EEZ, 국제어업관리, 수산업관리제도, 수산물이력제

수산 경영

주 제	출제빈도	주요 출제 키워드
수산업과 수산경영	5%	수산업의 특수성, 수산업의 중요성, 수산업법상 수산업의 구분
수산경영 요소와 경영방식	11%	경영형태에 따른 분류, 수산경영 요소
경영 관리	26%	자가경영진단, 경영분석지표, 짓가림제, 수산경영활동, 수산업의 인사관리, 외부자금 조달, 고정자산과 유동자산, 어업작업계획, 어선조직의 구분
수산업 회계	18%	원가계산, 비용기장
수산물 마케팅	15%	수산물 마케팅의 특징, 마케팅 활동 절차, 수산물시장의 종류
수산업 협동조합	11%	수산업 협동조합법 시행령, 수산업 협동조합 운영원칙, 협동조합 특징, 협동조합 역할, 수협의 5대사업
보험과 공제	6%	위험대처방법, 수산업 협동조합 공제제도의 특징, 공제상품
어촌의 개발	8%	어촌개발방향 및 운영, 어촌종합개발의 목적, 어촌의 역할, 어촌의 특징 및 복지문제

구성과 특징

1 문제편

공무원 기출 유형을 꼼꼼하게 분석 · 반영한 해양수산직 최종 모의고사 3회분(국어 · 영어 · 한국사 · 수산일반 · 수산경영)을 수록하였습니다.

실전에 보다 확실하게 대비할 수 있도록 실제 시험과 동일하게 2단으로 구성하였습니다.

제 1 회
최종모의고사

제 1 과목 국 어

01 다음 중 표준 발음법으로 옳은 것으로만 묶인 것은?

① 금요일[그묘일], 절약[절략], 선남선녀[선:남선:녀]
② 색연필[생년필], 맨입[맨닙], 디귿이[디그디]
③ 육이오[육니오], 뚫으니[뚤흐니], 송별연[송:벼련]
④ 들일[들:릴], 물엿[물렫], 삯일[상닐]

02 다음 중 통사적 합성어와 비통사적 합성어를 구분한 것으로 가장 적절하지 않은 것은?

① '독서(讀書)'와 '꺾자'는 비통사적 합성어이다.

있습니다. 이제야 봄을 맞는 백두 고원의 야화(野花)를 본 것이, 또한 광막한 초원에 마음을 달려본 것이, 천지의 신비한 밤을 찬연한 성두(星斗) 아래서 꿈 좋아 장엄하게 지나보던 것이, 하나하나 기억하기가 무섭게 감격으로 가슴이 터질 듯한 이번의 여행이야말로 나로서는 조선 사람 되었던 빚을 또 하나 갚았다고 밖에는 그 때의 이야기를 전하기가 어려울 만큼 의의 있고 장쾌한 일이었습니다. 그러므로 금강과 같은 아기자기한 경개(景槪) 속의 신비와 달라 백두는 '장려(壯麗)한 단조(單調)'를 뚫고 절정에 올라 웅대한 신비를 맛보는 데에 그 특수한 가치가 있다고나 할까요. 어쨌든 내 모든 기억 중에서는 가장 우뚝한 것으로 언제까지나 남아 있으리라 믿습니다.

* 등척 : 등고(높은 곳에 오름)

– 변영로, 「백두산 등척(白頭山登陟)」 –

① 매아미 맵다 울고 쓰르라미 쓰다 우니
산채를 맵다는가 박주를 쓰다는가.

2 히든 모의고사

3회분의 모의고사로 부족한 수험생들을 위해, 전공과목인 수산일반과 수산경영의 2과목으로 구성된 전공과목 히든 모의고사를 수록하였습니다.

전공과목
히든 모의고사

제 1 과목 수산일반

01 다음 중 배타적 경제수역에 대한 설명으로 옳지 않은 것은?

① 영해기선부터 200해리까지를 이르는 수역 중 대한민국의 영해를 제외한 수역을 배타적 경제수역으로 보고 있다.
② 배타적 경제수역 안에서 외국 선박의 항해의 자유는 보장된다.
③ 외국인이 특정금지구역에서 어업활동을 하려면 선박마다 해양수산부장관의 허가를 받아야 한다.
④ 배타적 경제수역 안에서 관련 법규를 위반한 외국 어선 및 선원은 국내법의 적용을 받는다.

03 다음 중 2018년부터 변경된 TAC제도에 대한 내용으로 옳지 않은 것은?

① TAC 어획량 조사와 어린물고기 보호 강화를 위해 수산자원조사원이 70명에서 85명으로 충원된다.
② TAC 소진율이 80%를 초과한 어업인에게 SMS를 통하여 개인별 소진현황을 제공한다.
③ 기존 1월에서 12월까지였던 TAC 시행시기를 7월에서 다음년도 6월까지로 조정한다.
④ TAC 대상어종 11종에 주꾸미를 추가하여 총 12종으로 변경된다.

04 다음 중 자망 어구에 대한 설명으로 가장 옳지 않은 것은?

① 그물코의 크기는 아가미 둘레와 거의 일치하여야

제 1 회

정답 및 해설

제 1 과목 국 어

01	02	03	04	05	06	07	08	09	10
④	④	②	②	②	①	③	③	①	③
11	12	13	14	15	16	17	18	19	20
④	③	②	③	④	④	①	①	①	②

01 ④ • '삯일'은 표준 발음법 제29항 – "합성어 및 파생어에서 앞 단어나 접두사의 끝이 자음이고 뒤 단어나 접미사의 첫 음절이 '이, 야, 여, 요, 유'인 경우에는, 'ㄴ' 소리를 첨가하여 [니, 냐, 녀, 뇨, 뉴]로 발음한다."에 따라 [상닐]로 발음한다.
• '들일'과 '물엿'은 표준 발음법 제29항 붙임 1 – "'ㄹ' 받침 뒤에 첨가되는 'ㄴ' 소리는 [ㄹ]로 발음한다."에 따라 [들:릴], [물렫]으로 발음한다.

① • 표준 발음법 제29항 붙임 1에 따라 'ㄹ' 받침 뒤에 첨가되는 'ㄴ' 소리는 [ㄹ]로 발음한다. 하지만 이러한 소리의 첨가가 없을 경우에는 자연히 앞의 자음을 연음하여 발음하게 된다. '금요일'과 '절약'에 이에 해당하므로 [그묘일], [저략]으로 발음한다.
• 표준 발음법 제6항에 따라 모음의 장단을 구별하여 발음하되, 단어의 첫 음절에서만 긴소리가 나타나는 것을 원칙으로 한다. 다만, 합성어의 경우 두 번째 음절 이하에서도 분명한 긴소리로 발음되는 것만은 그 긴소리를 인정하는데, 선남선녀가 이에 해당한다. 따라서 [선:남선:녀]로 발음한다.

3 해설편

정답을 빠르고 간편하게 확인할 수 있도록 해설의 앞에 정답표를 기재하였고 명쾌하고 꼼꼼한 해설을 수록하여 혼자서도 학습이 가능하게 하였습니다.

책에 표시하지 않고도 여러 번 풀어볼 수 있는 OMR카드를 수록하여 실전처럼 연습할 수 있도록 하였습니다.

Power 국어

시험에 자주 출제되는 한자성어 완전정복

Power 영어

핵심만 뽑은 마무리 어법·구문 정리

Power 한국사

흐름을 잡는 테마별 마무리 한국사

4 공통과목 Power노트

'합격의 힘'을 실어줄 공통과목(국어 · 영어 · 한국사) 학습자료를 노트로 구성하였습니다.

※ 다운로드경로 안내

1. 시대고시 홈(www.sdedu.co.kr)
2. 도서 업데이트
3. 공통과목 파워노트 다운

목 차

문제편

해설편

해양수산직

제1회 최종모의고사

목 차

I wish you the best of luck!

빼박 해양수산직

최종모의고사

해양수산직

제 1 회 최종모의고사

제 1 과목 국 어

01 다음 중 표준 발음법으로 옳은 것으로만 묶인 것은?

① 금요일[그묘일], 절약[절략], 선남선녀[선:남선:녀]
② 색연필[생년필], 맨입[맨닙], 디귿이[디그디]
③ 육이오[육니오], 뚫으니[뚤흐니], 송별연[송:벼련]
④ 들일[들:릴], 물엿[물렫], 삯일[상닐]

02 다음 중 통사적 합성어와 비통사적 합성어를 구분한 것으로 가장 적절하지 않은 것은?

① '독서(讀書)'와 '꺾자'는 비통사적 합성어이다.
② '가끔가다'와 '겉모습'은 통사적 합성어이다.
③ '날짐승'과 '재미있다'는 통사적 합성어이다.
④ '먹거리'와 '겉돌다'는 비통사적 합성어이다.

03 다음 글의 글쓴이의 심정과 가장 유사한 작품은?

나는 이번 여름을 백두산 등척(登陟)*으로써 의의 있게 보냈다고 할까요? 산악 순례의 정신이 피폐(疲弊)된 오늘에 있어서 또한 주위의 사정이 불여의(不如意)하게 하는 오늘에 있어서 교외의 조그마한 언덕에 올라가 본다는 것쯤도 용이한 일이 아니겠는데, 백두성산(白頭聖山)을 근배(謹拜)케 되었던 이번 기회야말로 내게는 다시없을 복된 시간이었습니다. 이제야 봄을 맞는 백두 고원의 야화(野花)를 본 것이, 또한 광막한 초원에 마음을 달려본 것이, 천지의 신비한 밤을 찬연한 성두(星斗) 아래서 꿈 좇아 장엄하게 지나보던 것이, 하나하나 기억하기가 무섭게 감격으로 가슴이 터질 듯한 이번의 여행이야말로 나로서는 조선 사람 되었던 빚을 또 하나 갚았다고 밖에는 그 때의 이야기를 전하기가 어려울 만큼 의의 있고 장쾌한 일이었습니다. 그러므로 금강과 같은 아기자기한 경개(景槪) 속의 신비와 달라 백두는 '장려(壯麗)한 단조(單調)'를 뚫고 절정에 올라 웅대한 신비를 맛보는 데에 그 특수한 가치가 있다고나 할까요. 어쨌든 내 모든 기억 중에서는 가장 우뚝한 것으로 언제까지나 남아 있으리라 믿습니다.

* 등척 : 등고(높은 곳에 오름)

– 변영로, 「백두산 등척(白頭山登陟)」 –

① 매아미 맵다 울고 쓰르라미 쓰다 우니
산채를 맵다는가 박주를 쓰다는가.
우리는 초야에 묻혔으니 맵고 쓴 줄 몰라라.
– 이정신 –

② 백운대 높이 서서 옥순일대(玉脣一帶) 바라보니
향기와 광명이 온몸을 씻어 주네.
영뢰(靈籟)의 맑은 소리는 가슴 열어 주더라.
– 이은상 –

③ 백설이 잦아진 골에 구름이 머흐레라.
반가운 매화는 어느 곳에 피었는고.
석양에 홀로 서 있어 갈 곳 몰라 하노라.
– 이색 –

④ 말 없는 청산이요 태 없는 유수로다.
값없는 청풍이요 임자 없는 명월이라.
이 중에 병 없는 이 몸이 분별없이 늙으리.
– 성혼 –

04 다음 중 밑줄 친 부분을 대신할 수 있는 표현으로 가장 적절한 것은?

> 둘째로 사회 윤리, 즉 사회 기본 구조의 도덕성이 중요시되어야 할 이유는, 사회의 기본 구조가 개인의 성격을 형성하는 기반이고, 욕구의 종류와 형태까지도 결정하는 틀로서의 지대한 영향력을 갖고 있기 때문이다.

① 動脈 ② 母胎
③ 分水嶺 ④ 羅針盤

05 밑줄 친 낱말의 의미를 알아보기 위해 사전을 찾아보았다. 다음 중 〈보기〉의 밑줄 친 부분과 쓰임이 가장 유사하지 않은 것은?

> 보기
>
> 고기 썩는 냄새가 역한 배 안에서 물결에 흔들리다가 깜빡 잠든 사이에, 유토피아의 꿈을 꾸고 있는 그 자신이 있다. 조선인 콜호스 숙소의 창에서 불타는 저녁놀의 힘을 부러운 듯이 바라보고 있는 그도 있다. 구겨진 바바리코트 속에 시래기처럼 바랜 심장을 안고 은혜가 기다리는 하숙으로 돌아가고 있는 9월의 어느 저녁이 있다. 도어에 뒤통수를 부딪히면서 악마도 되지 못한 자기를 언제까지나 웃고 있는 그가 있다. 그의 삶의 터는 부채꼴, 넓은 데서 점점 안으로 오므라들고 있었다.
>
> • 불-타다 1. 불이 붙어서 타다.
> ¶ 화재로 집이 불타다.
> • 불-타다 2. (비유적으로) 매우 붉은빛으로 빛나다.
> ¶ 불타는 노을

① 오늘 한창 물오른 싱싱한 생선이 나왔다.
② 어린 동생은 자기의 나이를 손꼽아 세었다.
③ 분홍색 메꽃이 군데군데 두렁을 수놓고 있다.
④ 바람 소리도 잠들고 짐승들 울음소리마저 사라졌다.

06 ( ) 안에 들어갈 사자성어로 적절한 것은?

> 기업의 목표는 신제품 개발, 매출 증대, 이익 창출 등을 통한 지속적인 성장과 발전에 있다고 할 수 있다. 그러나 많은 기업들이 도중하차하거나 사라진다. 이러한 기업들은 빠른 속도로 변화하는 환경을 제대로 읽지 못해서 ( )의 우를 범하는 경우가 많다.

① 刻舟求劍 ② 四面楚歌
③ 緣木求魚 ④ 吳越同舟

07 다음은 강연의 일부이다. 이 글을 통해 강연자가 생각하는 '진정한 여행의 의미'와 관련이 없는 것은?

> 안녕하십니까? '주제어로 본 근대 문화' 시간이 돌아왔습니다. 앞선 강연에서 말씀드렸다시피, '근대적 삶'은 오늘을 살아가는 우리의 일상적 삶의 근간을 이루고 있습니다. 이 강연은 이러한 '근대적 삶'을 비판적으로 성찰하기 위해 마련된 것입니다. 오늘은 두 번째 주제로 '여행'을 선택해 보았습니다.
>
> 근대 여행은 18세기 말 기차의 등장에서 시작됩니다. 기차는 여행을 계산 가능한 것으로 만들었죠. 그러다 보니 여행은 출발지와 목적지, 그리고 일정에 따라 움직이는 것이 되었습니다. 더 이상 예상 밖의 공간을 여행할 여유가 없어지게 된 것입니다.
>
> 한편 19세기가 되면서 각 나라는 외국인 여행자들에 대한 철저한 관리와 감시 체제를 작동하기 시작합니다. 여행자들은 위축될 수밖에 없게 된 것이죠. 이국의 낯선 사람과 자유롭게 만나 대화하고 친구가 되는 진정한 즐거움을 잃게 되었습니다.
>
> 지금까지 우리는 근대 여행의 모습을 살펴보았습니다. 그러면 오늘날 우리는 여행의 진정한 의미를 어느 정도 실현하고 있을까요? 과연 일상에서 벗어나 자유롭게 여행을 할 수 있을까요?

① 일상에서 벗어나야 한다.
② 목적지나 일정에 얽매여서는 안 된다.
③ 자기를 발견하는 시간이 되어야 한다.
④ 낯선 사람과 자유롭게 교류할 수 있어야 한다.

08 다음 중 〈보기〉의 설명과 가장 거리가 먼 사례는?

보기

고유어 동사 '고치다'는 '(건물을) 수리(修理)하다, (옷을) 수선(修繕)하다, (병을) 치료(治療)하다, (잘못을) 교정(矯正), (정책이나 진로를) 수정(修正 · 修整)하다, (세법을) 개정(改定)하다, (제도를) 개혁(改革)하다, (기록을) 경정(更正)하다, (구조를) 개조(改造)하다, (낡은 건축물을) 개수(改修)하다' 같은 한자어 동사들과 대응한다. 구체적 문장들 속에서 이 한자어 동사들은 '고치다'로 대체할 수 있지만, 반대로 그 '고치다'를 아무 한자어 동사로나 대체할 수는 없다.

…(중략)…

고유어와 한자어가 흔히 일 대 다 대응을 이르고 있다는 것은, 고유어 단어들이 문맥에 의해서 의미 적용 한계를 설정하는 데 비해, 이에 대응하는 한자어들은 문맥과 상관없이 자립적으로 의미 한계를 설정한다는 것을 뜻하기도 한다.

① 값 → 금액을 지불하다. 대가를 치르다. 가치가 있다.

② 가다 → 소식을 전하다. 장소를 이동하다. 정상에 도달하다.

③ 착용하다 → 옷을 입다. 신발을 신다. 장갑을 끼다. 모자를 쓰다.

④ 바꾸다 → 물건을 교환하다. 기차를 트럭으로 대체하다. 초본을 수정하다.

09 다음 중 한자어의 표기가 가장 옳지 않은 것은?

① 갑작스러운 기온 저하로 旱害가 심하다.

② 그의 작품은 피카소의 亞流에 불과하다.

③ 대중교통 요금을 10% 인상된 요금으로 改定하다.

④ 그녀의 작품은 동양적인 個性이 뚜렷하다.

10 다음의 글이 자연스럽게 이어지도록 단락을 순서대로 가장 잘 배열한 것은?

(가) 많이 고쳐졌다고는 하나, 병사들이 고된 훈련보다 비인간적인 내무반 생활을 더 고달파하기는 예나 지금이나 마찬가지다. 민주화된 사회 분위기에서 성장한 신세대 병사들이 알아서 적응해주기를 기대해서는 안 된다. 병사 개개인의 인권을 적극적으로 고려하지 않고서는 이제 병사들 사이의 결속력을 키우고 군의 사기를 높이기가 어려워진 게 현실이다.

(나) 군 당국 발표대로라면 참극을 일으킨 병사에게 이해가 되지 않는 구석이 많다. 그는 동료들한테 무차별 총격을 하는 등 엄청난 일을 저질러 놓고도 태연한 모습을 보였다. 최전방 근무에 적격자가 아닌 듯한데, 미리 걸러내지 못한 원인을 잘 따져봐야 한다. 그러나 개인의 문제점에 모든 책임을 돌려서는 안 된다. 현재 군에는 적응에 어려움을 겪는 병사가 열에 한 명꼴이나 된다고 한다. 이는 낡은 병영문화에 더 큰 책임이 있음을 뜻한다.

(다) 한 설문조사 결과를 보면, 각종 가혹행위를 금지한 군 당국의 조처가 나온 뒤 전역한 이들 가운데도 절반 이상이 가혹행위를 경험한 것으로 나타난다. 이번 참극이 일어난 소초에서도 마음에 큰 상처가 될 언어폭력은 여전했다. 군 지휘부가 그동안 가혹행위 금지 조처를 일방적으로 하달하기만 했을 뿐, 새로운 규범과 행동양식을 마련하는 일은 소홀히 한 것이 아닌지 돌아봐야 한다. 또 다른 참극을 막기 위해서라도 병영문화를 획기적으로 고쳐나가야 한다.

(라) 그제 한 전방소초에서 벌어진 총기난사 참극은 병영생활이 여전히 비인간적이고 자칫 어이없는 죽음을 만들어낼 수도 있다는 불안감을 국민들 사이에 깊게 심었다. 가뜩이나 널리 퍼져 있는 병역기피 심리를 더욱 키우지 않을까 우려된다. 병사들의 사기도 크게 떨어졌을 것이다. 엄청난 국가적 손실이다.

① (다) – (가) – (라) – (나)

② (다) – (라) – (나) – (가)

③ (라) – (나) – (가) – (다)

④ (라) – (가) – (나) – (다)

11 **다음은 '올바른 문화 상대주의'라는 주제로 글의 개요를 작성한 것이다. 이 글의 결론으로 가장 적절한 것은?**

> 1. 문화 발달 정도를 측정하는 보편적 기준의 유무
> 2. 그러한 기준의 유무에 따른 두 가지 이론
>   2-1. 서양문화 우월주의에 입각한 절대주의
>   2-2. 20세기 문화인류학의 문화 상대주의
>   2-2-1. 각 문화 나름의 합리성과 우월성 인정
>   2-2-2. 일정한 측정 기준으로 서로 다른 문화를 비교하는 것이 부당함을 지적
> 3. 문화 상대주의의 맹점
>   3-1. (예시 1) 인도의 순장 풍습 용인
>   3-2. (예시 2) 보편 인권 선언의 부정
> 4. 보완된 문화 상대주의(결론)

① 그리하여 문화 상대주의자들은 다양한 인류 문화는 나름의 합리성과 우월성을 가지고 있기 때문에 절대적 기준으로 그 문화들을 평가해 우열을 가리는 데에는 상당한 무리가 따른다고 결론을 내린 것이다.

② 결론적으로 서양인들의 편협한 절대주의에 대항하여 생겨난 문화 상대주의 역시 '문화적 상대성에 대한 과신(過信)'이라는 제2의 절대주의가 되어 인도의 순장 유습을 묵인하고 '보편 인권 선언'을 거부하는 등 폐해를 드러내고 있다. 이런 사정을 볼 때 서양문화 우월주의를 극복하고 각 지역의 문화유산과 전통적 가치를 인정하는 문화 상대주의의 근본 취지에 대한 반성이 필요한 것이다.

③ 그리하여 오늘날 대부분의 문명사회는 문화발달 정도의 절대적인 척도를 규정할 수 있다는 전제를 은연중에 용인하고 있는 것이다. 하지만 그러한 전제 역시 진실로 각양각색의 인류 문화 형태를 비교 · 평가할 수 있는 보편적 기준이 존재하는가에 대한 회의(懷疑)에 의하여 견제되어 왔다. 결국 문화 상대주의에 대한 새로운 해석이 필요해진 것이다.

④ 그 문화 구성원들의 행복과 안락을 증진하는 데 기여할 수 있는 문화에 선진성을 부여하는 것이 문화 평가의 궁극적인 의의이다. 그 점을 생각할 때 우리는, 각 문화 형태에 진지한 가치를 부여할 수 있는 성숙한 평가 분위기 속에서 도출된 '인류 보편의 도덕률' 같은 절대적 기준을 탄력성 있게 수용하는 문화 상대주의의 입장을 견지해야 할 것이다. 이렇듯 한층 성숙한 관점을 통해서만 세계 도처에서 일어나는 진실로 야만적이고 부도덕한 문화적 행태들을 편견 없이 단죄할 수 있을 것이다.

12 **다음 중 〈보기〉와 가장 관련이 있는 표기는?**

> 보 기
>
> ㉠ 훈민정음의 독창성이 돋보이는 규정이다. 중국 운학에서는 음절 이분법으로 음절을 분석하지만 이를 독창적으로 발전시켜 음절 삼분법(音節三分法)으로 국어의 현실을 반영시킨 규정이다.
>
> ㉡ 표의주의 표기법=형태음적 표기법=어원주의 표기법. 이 표기는 어원을 밝힐 수 있는 가능성에서 세종이 실험적으로 사용해 본 이상적 표기법이다.
>
> ㉢ 계승 : 세종이 「월인천강지곡」, 「용비어천가」에서 실험 → 주시경, 유길준이 주장 → 한글 맞춤법 통일안 → 개정 한글 맞춤

① 곳디ᄂᆞᆫ 시절에 ᄯᅩ 너를 맛보과라

② 나랏말ᄊᆞ미 듕귁에 달아 서르 ᄉᆞᄆᆞ디 아니ᄒᆞᆯᄊᆡ

③ 불휘 기픈 남ᄀᆞᆫ ᄇᆞᄅᆞ매 아니 뮐ᄊᆡ 곶 도쿄 여름 하나니

④ ᄀᆞᄅᆞ미 프ᄅᆞ니 새 더욱 ᄒᆡ오. 뫼히 퍼러ᄒᆞ니 곶 비치 블 븓ᄂᆞᆫ ᄃᆞᆺ도다.

13 다음 중 밑줄 친 단어들의 품사가 동일한 것은?

① 이것 말고 다른 색으로 사다 주세요.
　군자와 소인은 완전히 다른 사람이다.
② 벌써 한 세 시간쯤 지났다.
　옛날 한 마을에 효자가 살고 있었다.
③ 오늘은 아니 온다고 합니다.
　아니 아무 일도 없어.
④ 벌써 새벽이 밝아 온다.
　벽지가 밝아 집 안이 환해 보인다.

14 다음 작품에 대한 설명으로 가장 옳지 않은 것은?

보기

차단-한 등불이 하나 비인 하늘에 걸리어 있다.
내 호올로 어딜 가라는 슬픈 信號(신호)냐.

긴-여름 해 황망히 나래를 접고
늘어선 고층 창백한 묘석같이 황혼에 젖어
찬란한 夜景(야경) 무성한 잡초인 양 헝클어진 채
思念(사념)의 벙어리 되여 입을 다물다.

피부의 바깥에 스미는 어둠
낯설은 거리의 아우성 소리
까닭도 없이 눈물겹고나.

공허한 군중의 행렬에 섞이어
내 어디서 그리 무거운 비애를 지고 왔기에
길-게 늘인 그림자 이다지 어두워

내 어디로 어떻게 가라는 슬픈 신호기
차단-한 등불이 하나 비인 하늘에 걸리어 있다.

① 사람의 의식이나 소리까지도 회화적 기법으로 표현했다.
② 군중 속에서 느끼는 고독감과 같은 불안을 시에 도입하여 표현했다.
③ 허무의식을 떨치고 일어서려는 강인한 의지를 노래했다.
④ 한국 시의 새로운 영역 확대와 모더니티를 부여하는 데 기여했다.

15 다음 중 어법에 맞고 자연스러운 문장은?

① 밤을 새고 잠의 유혹을 물리치기란 좀처럼 어려운 일이다.
② 자신에게 기적이 일어나리라는 믿음은 불가능을 절대로 가능하게 해 준다.
③ 이 연필의 장점은 연필심이 잘 부러지지 않는다.
④ 사물의 인상은 저절로 떠오르는 것이 아니라, 어떤 자극을 받을 때 비로소 떠오르게 된다.

16 다음 글의 괄호 안에 들어갈 가장 적절한 단어는?

모든 그림(繪畫)이 다 그러하겠지만, 특히 불화(佛畫)는 단순한 아름다움이나 선함만을 추구하는 예술이 아니라 불교적인 이념에 입각한 주제를 그려야 하는 성(聖)스러운 예술인 것이다. 따라서 불화로서 성공하자면 기법이나 양식에 어떤 획기적인 업적을 남긴다고 해서 되는 일이 결코 아니며 불교적인 이념을 얼마만큼 성공적으로 표현하였느냐에 의해 결정된다고 하겠다. 가령 불교가 모든 괴로움에서 해탈하는 것을 주된 문제로 삼는다면, 가장 성공적인 불화는 이 괴로움에서 해탈할 수 있는 장면을 가장 멋지게 그린 그림이 가장 명작(名作)이라 할 수 있다는 말이다. 이때의 명작은 단순한 명작이 아니며, '성작(聖作)'이라 해야 마땅할 것이다. 이러한 '성작'에서 보다 많은 사람들이 불교적인 이념을 찾아내어 감명을 받고 (　　)을 느껴 종교적인 실천 행동을 하게끔 하는 데 불화의 의의가 있을 줄 안다.

이러한 불교적인 이념이 가장 잘 압축된 그림은 무어라 해도 부처의 모습을 그린 그림일 것이다. 부처는 바로 불교적인 이념을 가장 잘 수행한 존재이며, 그러기 때문에 불교의 교주(敎主)로서 숭배의 대상이 되고 있다. 그러니까 모든 사람들은 그를 모범 삼아 그와 같은 경지에 이르도록 노력하고 있는 것이다. 말하자면 불교도들의 궁극적인 목적은 이 부처가 되는 데 있다는 말이다.

① 快樂
② 感動
③ 戰慄
④ 法悅

17 다음 중 글의 괄호 안에 들어갈 가장 알맞은 속담은?

> 얼씨구나 절씨구, 절씨구나, 졸씨구, 풍신이 저렇거늘 보국 충신니 아니 될까, 어제 저녁 오셨을 때 어산줄은 알았으나, 남이 알까 염려되어 천기누설을 막느라고 너무 괄세하였드니 속 모르고 노여웠지? 내 눈치가 뉘 눈치라 그만한 일 모를까. 얼씨구나, 내 딸이야.
> (　　　　　　　　　　). 내 속에서 너 났으니 만고열녀 아니 되겠느냐. 얼씨구나 졸씨구 절로 늙은 고목 끝에 시절 연화가 되았네.

① 위에서 부은 물이 발치까지 흐른다고
② 지리산 갈가마귀 게 발 내어 던지듯
③ 삼밭에 쑥대이니
④ 산 밑 집에 방앗공이는 노는 법이니

18 다음 중 시의 흐름으로 보아 긴밀하게 연결되는 이미지끼리 묶인 것은?

> 수만 호 빛이래야 할 내 고향이언만
> 노랑나비도 오잖는 무덤 위에 이끼만 푸르러라.
> 슬픔도 자랑도 집어삼키는 검은 꿈
> 파이프엔 조용히 타오르는 꽃불도 향기론데
> 연기는 돛대처럼 나려 항구에 들고
> 옛날의 들창마다 눈동자엔 짜운 소금이 저려
> 바람 불고 눈보라 치잖으면 못 살리라
> 매운 술을 마셔 돌아가는 그림자 발자취 소리
> 숨막힐 마음 속에 어데 강물이 흐르느뇨
> 달은 강을 따르고 나는 차디찬 강 맘에 드리느라
> 수만 호 빛이래야 할 내 고향이언만
> 노랑나비도 오잖는 무덤 위에 이끼만 푸르러라

① 빛 – 꽃불 – 연기
② 빛 – 파이프 – 무덤
③ 고향 – 자랑 – 소금
④ 노랑나비 – 연기 – 그림자

19 다음 중 글의 내용과 가장 일치하는 것은?

> 해수를 깊이에 따른 온도 변화에 따라 3개 층으로 구분할 수 있다. 표면부터 수심 200m까지는 혼합층대, 200～1,000m 사이는 수온약층대, 그리고 1,000m 이상을 심해층대라고 하는데 그 분포 깊이는 대략적인 것으로 위도에 따라 변화가 많다. 이 중에서 심해층대는 전체 해양의 80%를 차지하며, 수심에 관계없이 일정한 온도, 염도 및 밀도를 유지하고 있다. 이런 거대한 심해층대는 아주 느린 속도로 전 대양을 이동한다.
> 먼저 심해층대에 있는 심층해수가 생성되는 원리에 대해 알아보자. 일반적으로 열과 염분은 물의 밀도를 변화시킨다. 해양 중에서 차고 염분 함유량이 많은 지역의 해수는 밀도가 높아져 하강 현상이 일어나며, 반면에 따뜻하고 염분이 적은 지역의 해수는 밀도가 낮아져 용승(湧昇) 작용이 일어난다.
> 지구의 해양 중에서 가장 큰 규모의 하강 현상이 일어나는 지역은 북대서양 지역으로 래브라도 반도 지역과 그린란드 지역이다. 이곳의 차가운 공기와 빙하는 해수면을 급격히 냉각시켜 해수의 밀도를 증가시킨다. 거기에다 해수에 포함된 물이 얼면서 얼음덩어리가 커질수록 해수에서 순수한 물이 없어지게 된다. 그러면 자연히 해수에 포함된 염분 농도는 증가하게 되고, 차가운 북쪽의 공기에 의해 밀도가 높아진 해수는 심해층대로 가라앉게 된다. 무거워진 해수는 수심 200m에서 최고 4,000m 깊은 바다 속으로 내려가 심해층대를 형성하게 된다.
> 북대서양에 위치한 래브라도 반도의 차가운 해수가 심해로 가라앉으면 혼합층대에 빈자리가 생기고, 카리브해에서 열대성 바람으로부터 추진력을 얻은 따뜻한 해류가 이동하여 이곳을 채운다. 그리고 래브라도 반도에서 생성된 심층해수는 대서양의 심해층대를 천천히 이동하여 남극해에 도달한다. 이곳에서 남극에서 생성되어 하강하는 심층해수와 합류하여 인도양 또는 태평양까지 이동한다. 그린란드에서 하강한 해수가 남극해에 도달할 때까지는 약 2,000년이 걸리며, 남극해를 거쳐서 태평양 또는 인도양에 들어가면서 하루에 1cm 정도의 속도로 상승하여 표층에 도달하기까지 2,000년 정도 걸린다. 그린란드와 남극해에서 하강하는 해수의 양은 1초에 약 40메가톤(4,000만 톤)이 되는 엄청난 양이다. 이와 같은 거대한 흐름으로 인해 심층해수가 인도양 또는 태평양으로 천천히 이동하게 되고 그 힘으로 표층으로 상승한다. 표층에 도달한 해수는 전 대양으로 이동하며 이 중 일부는 다시 북대서양으로 흘러 들어가 심층해수가 된다.

이와 같이 표층수가 온도와 밀도 차이에 의하여 아래로 하강하거나 심해층대의 해류가 표면으로 올라오는 것이 심층대순환의 원리이다. 하지만 실제적인 해류 순환의 원리는 한두 가지만으로 설명할 수 없을 만큼 복잡하다. 작은 해류의 순환들이 거미줄처럼 얽혀 거대한 해류의 순환을 형성하기 때문이다. 그래서 과학자들은 이런 조각들을 합쳐서 지구의 해류 순환 모형을 완성해 가고 있다.

① 해수가 심해로 가라앉으면 그 자리로 따뜻한 해류가 이동한다.
② 해류 순환의 속도는 느리지만 점차 빨라지고 있다.
③ 해수의 대부분은 수심 1,000m 이내에 존재한다.
④ 그린란드 지역에서는 해수의 밀도가 낮아진다.

20 **다음 중 띄어쓰기가 가장 옳은 것은?**

① 집한채 장만하기가 참 힘들다.
② 이번 시험에 합격한 것은 공부한 지 꼭 2년 만이다.
③ 네가 나 만큼 잘 아니?
④ 나는 그가 사는데를 모르겠어.

제 2 과목 영 어

01 다음 밑줄 친 부분과 그 뜻이 가장 가까운 것을 고르시오.

> I am almost dying because my boss puts the squeeze on the sales out of the blue.

① beside himself
② all of a sudden
③ violently
④ depressively

02 어법상 옳은 것은?

① The old gentleman looked him in the face and called him a young thief.
② The patient being taken by an ambulance were in a serious condition.
③ Thousands of years ago, people have attempted to understand the atmosphere in which they lived.
④ These are the cases where every problems mentioned at the beginning does happen.

03 다음 중 밑줄 친 부분에 들어갈 말로 가장 적절한 것은?

> Cultural myths define our relationships to friends and lovers, to the past and future, to nature, to power, and to nation. Becoming a critical thinker means learning how to look beyond these cultural myths and the assumptions ________ in them.

① boggled
② embedded
③ plucked
④ subdued

04 다음 중 밑줄 친 부분에 들어갈 말로 가장 적절한 것은?

> Graduation day is a family milestone, official recognition of full and active partnership in the American Dream. Parents crowd the bookstore to buy sweatshirts and baseball caps emblazoned with school ________.

① domicile
② insignia
③ oration
④ reputation

05 다음 중 어법상 가장 옳지 않은 것은?

> The mayor said that the repairs ① would be ② completed ③ by Saturday and the highway ④ should being open in time for work on Monday.

06 다음 중 밑줄 친 부분과 의미가 가장 다른 것은?

> The complexity of their work means that educational psychologists have to undergo a harsh professional training.

① rigorous
② strict
③ trifling
④ draconian

07 다음 중 어법상 가장 옳은 것은?

① Materials as magazines, reports, and computer printouts enable the special library keeping up in fast-moving fields like aerospace.
② Civility is not a sign of weakness and sincerity is always subject to prove.
③ Thousands of years ago, people have attempted to understand the atmosphere in which they lived.
④ By the time the pizza arrives, I will have already fainted from hunger.

08 다음 중 우리말을 영어로 가장 잘못 옮긴 것은?

① 그는 거짓말을 했다는 것을 인정했다.
→ He admitted being told a lie.
② 사람들은 특정 문화, 사고체계, 그리고 언어에 의해 물들어 간다.
→ People are instilled by a specific culture, thought system, and language.
③ 그녀는 아기의 울음을 멈추지 못했고, 따라서 한계에 이르렀다.
→ She couldn't stop the baby's crying, so she was at the end of her tether.
④ 몇 주째 비가 내리고 있어서 나는 이런 날씨에 진저리가 난다.
→ Since it has been raining for weeks, I'm getting fed up with this weather.

09 다음 중 어법상 가장 옳지 않은 것은?

> More than any other film in recent history, ① the financial success of James Cameron's Titanic, which grossed over ② six hundred million dollars at the box office, ③ has changed the way movies ④ are developed and marketed in the United States.

10 다음 중 제시된 문장이 들어갈 위치로 가장 적절한 것은?

People are social animals that still need an occasional hug or some form of physical affection.

Although people become Internet-dependent for different reasons, there are some underlying factors. (A) Maressa Orzack, a clinical psychologist at Harvard Medical School, found that people start using the Internet extensively for reasons such as excitement, a new sense of identity, or companionship. (B) Although a correlation has been found between Internet addicts and conditions such as social phobia, impulse control disorder, and attention deficit disorder, a cause-and-effect relationship has not yet been firmly established. (C) Interestingly, it has been found that those who spend an inordinate amount of time in cyberspace (usually defined as more than two hours per day) often suffer from severe depression despite their constant communication with others online. The reason? This online friendship lacks the equality of personal, face-to-face interaction. (D)

① (A)
② (B)
③ (C)
④ (D)

11 다음 글의 제목으로 가장 적절한 것은?

New York City's Department of Education plans to announce on Wednesday that it will lift the ban on cellphones in schools, a person familiar with the decision said Tuesday. The ban, which was put in place by former Mayor Michael R. Bloomberg, has been unpopular among parents, who worry about not being able to contact their children during school hours and in the time just before and after. According to a different news report, under the new policy, principals would decide, in consultation with teachers and parents, on a range of options for cellphone use.

① 학교 내 휴대폰 사용 금지 철폐
② 다양한 휴대폰 사용 선택
③ 아이들에 대한 부모들의 걱정
④ 학업을 위한 휴대폰 사용 제한

12 다음 중 글의 제목으로 가장 적절한 것은?

Unjust laws exist: Shall we be content to obey them, or shall we endeavor to amend them, and obey them until we have succeeded, or shall we transgress them at once? Generally, under such a government as this, think that they ought to wait until they have persuaded the majority to alter them. They think that, if they should resist, the remedy would be worse than the evil. But it is the fault of the government itself that the remedy is worse than the evil. It makes it worse. Why is it not more apt to anticipate and provide for reform? Why does it not cherish its wise minority? Why does it not encourage its citizens to be on the alert to point out its faults, and do better than it would have them? Why does it always crucify Christ, and excommunicate Copernicus and Luther, and pronounce Washington and Franklin rebels?

① Reform of Unjust Laws
② Civil Obedience to the Government
③ Injustices of the Government
④ The Government's Struggle to Remove Social Evils

13 다음 중 밑줄 친 부분에 들어갈 가장 적절한 것은?

Another principle, that of conservation of energy, is the most recent of all. Energy can exist in a vast variety of forms, of which the simplest is pure energy of motion — the motion of a billiard ball over a table. Newton had shown that this purely mechanical energy is conserved. ___(A)___, when two billiard balls collide, the energy of each is changed, but the total energy of the two remains unaltered; one gives energy to the other, but no energy is lost or gained in the transaction. ___(B)___, this is only true if the balls are 'perfectly elastic', an ideal condition in which the balls spring back from one another with the same speed with which they approached.

	(A)	(B)
①	Besides	In short
②	For instance	However
③	However	As a result
④	On the other hand	On the contrary

14 다음 중 글의 주제로 가장 적절한 것은?

To individuals, their decisions are very important. Decisions indicate how well individuals are integrated with society and its development. We should not be concerned with how individuals mold society but rather with how well they adapt to society and to the variables that determine its development. Unless individuals successfully relate to society, they cannot fully use what society provides nor be psychologically at peace with themselves. Why should we bother with issues and problems today that have little direct bearing on our lives? We bother with them because we want to be an integral part of society. Unless we relate to them today, we cannot relate to others in our society. In fact, one of the most important burdens we have is showing how well integrated we are. We feel a constant need to prove that we belong to a group whether it is a social organization with its own patterns of behavior or our own families.

① individuals want to prove their political power
② individuals want to make the best use of social programs
③ individuals do not want to be bothered by these problems
④ individuals want to show their integration in the society

15 다음 중 글의 내용과 가장 일치하는 것은?

According to history we have the Mayan Indians to thank for discovering chocolate or at least the cacao bean. They prepared a special drink from the cacao bean for religious ceremonies mixing this early foam of chocolate with spices, wine, and water. The Aztecs learned of chocolate from the Mayans. Aztec Emperor Montezuma was known to take no other beverage than the chocolatl or chocolate. When Hernam Cortez arrived in Mexico in 1519, this early Spanish explorer was introduced to the chocolate drink by the Aztec Emperor Montezuma. Cortez is credited with bringing the chocolate drink back to Spain. The Spanish added vanilla, spices and sweeteners to their version of the drink. It wasn't until 1828 when Conrad van Houten in Holland developed the process for removing fat from the cocoa bean creating cocoa powder and cocoa butter, that chocolate could finally be molded into bars.

① The Mayans took the chocolate drink almost everyday.
② The Emperor Montezuma enjoyed the chocolate drink mixed with sweeteners.
③ Europeans couldn't enjoy the chocolate bar in the 1700s.
④ The Spanish came to enjoy the chocolate drink due to Conrad van Houten.

16 다음 중 밑줄 친 부분에 들어갈 가장 적절한 것은?

When you want to remind yourself to do something, link that activity to another event that you know will take place. Say you're walking to work and suddenly you realize that your books are due at the library tomorrow. Switch your watch from your left to your right wrist. Every time you look at your watch it becomes a reminder that you were supposed to remember something. If you empty your pockets every night, put an unusual item in your pocket to remind yourself to do something before you go to bed. To remember to call your sister for her birthday, pick an object from the kitchen — a fork, perhaps . and put it in your pocket. That evening, when you empty your pocket and find the fork, you're more likely to call your sister. The key is to __________. Rituals like looking at your watch, reaching for a car key, and untying shoes are seldom forgotten.

① pick events that are certain to occur
② make the association blocked
③ repeat the process many times
④ collect the most unusual items

17 다음 중 글의 내용과 가장 일치하는 것은?

Human beings have been producing wealth for millennia, and despite all the poverty on the face of the planet, the long-term reality is that we, as a species, have been getting better at it. If we hadn't, the planet would not now be able to support nearly 6.5 billion of us. We wouldn't live as long as we do. And, for better or worse, we shouldn't have more overweight people than undernourished people on earth — as we do. We've achieved all this, if we want to call it an achievement, by doing more than inventing plows, chariots, steam engines and Big Macs. We did it by collectively inventing a succession of what we have been calling wealth systems. In fact, these are among the most important inventions in history.

① Morality is considered more important than wealth.
② We should be in good shape in the modern society to be healthy.
③ Wealth systems are among the most worst inventions in history.
④ We can manage to support our population on earth through wealth systems.

18 다음 중 글의 바로 뒤에 이어질 내용으로 가장 적절한 것은?

Most managers, including of course most chief executives, have a boss. Few people are as important to the performance and success of a manager as the boss. Yet while management books and courses abound in advice on how to manage subordinates, few if any even mention managing the boss. Few managers seem to realize how important it is to manage the boss or, worse, believe that it can be done at all. They bellyache about the boss but do not even try to manage him. Yet managing the boss is fairly simple — indeed generally quite a bit simpler than managing subordinates. There are only a few Dos, and even fewer Don'ts.

① The subordinate's job is to make the boss conform to what the business schools and the management books say bosses should be like.
② Closely related is the need for awareness that your boss is a human being and an individual; no two persons work alike, perform alike or behave alike.
③ The first Do is to realize that it is both the subordinate's duty and in the subordinate's self-interest to make the boss and as effective and achieving as possible.
④ The best prescription for one's own success is, after all, to work for a boss who is going places.

19 다음 중 글의 내용과 가장 일치하는 것은?

The information we have in our mind determines what we pay attention to and consider important. That is to say, the information that is available to us affects our choices. One factor that influences this availability of information is the order in which we encounter options. We tend to better remember the first and last options in a group, so rather than focusing on the strong points of each option, we may be influenced mainly by the position in which each appeared. This is why items displayed at either end of a store shelf sell more than those in the middle, and it's also the reason an interviewer might unknowingly pay more attention to the first and last candidates in a job interview.

① People tend to remember the last ones better than the first ones.
② According to order, availability of information can be change.
③ People select by figuring out the strong points of each option.
④ All interests become the information.

20 다음 중 우리말을 영어로 가장 잘못 옮긴 것은?

① 우리는 결혼한 지 10년이 되었다.
→ It is 10 years since we got married.
② 그녀는 분수에 넘치는 생활을 하고 있다.
→ She is living beyond her means.
③ 자신의 가정을 사랑하지 않는 사람이 누가 있겠는가?
→ Who is there but loves his own home?
④ 이것은 깨지기 쉬우니 깨뜨리지 않도록 조심해라.
→ Since this is fragile, be careful lest you should not break it.

제 3 과목 한국사

01 밑줄 친 ㉠과 ㉡의 의미에 해당하는 내용으로 옳지 않은 것은?

> 역사란, 동양에서는 시대, 세대, 왕조 등이 하나하나 순서를 따라가는 것으로, '과거에 있었던 사실'이나 '인간이 과거에 행한 것'을 역(歷)으로 보았고, 활쏘기에 있어 옆에서 적중한 수를 계산 기록하는 사람을 가리키는 말로서, '기록을 관장하는 사람' 또는 '기록한다'는 의미를 사(史)로 보았다. 서양에서는 역사를 독일어의 'Geschichte'라는 '과거에서 일어난 일'과 그리스어의 'Historia'라는 말의 '탐구' 또는 '탐구를 통해 획득한 지식'이라는 의미로 해석하였다. 역사의 의미로는 ㉠ 객관적 사실에 의한 역사로 시간상 현재에 이르기까지 일어났던 모든 과거 사건으로부터 자기 자신을 숨기거나 제3자적 입장으로 서술하는 방식의 역사와 ㉡ 과거 사실을 토대로 역사가가 이를 조사하고 연구하여 주관적으로 재구성하여 서술 과정에서 필연적으로 역사가의 사관(史觀)과 같은 주관적 요소가 개입되는 주관적 의미의 역사가 있다.

① ㉠은 과거 사건만을 나열하여 밝히는 객관적 의미의 역사로 사실로서의 역사에 해당한다.
② ㉡은 사실을 바탕으로 역사가에 의해 선택되어 서술된 주관적 의미의 기록으로서의 역사에 해당한다.
③ 일제 강점기의 이병도와 손진태 등에 의해 이루어진 실증주의 사학은 ㉡의 역사를 계승하였다.
④ 랑케에 의해 강조된 역사 서술은 ㉠의 서술 방식으로 서술되었다.

02 다음에 제시된 (가)~(라)의 유적지와 관련된 시기의 사실을 잘못 설명한 것은?

> (가) 봉산 지탑리, 평양 남경
> (나) 거창 임불리, 홍천 하화계리
> (다) 공주 석장리, 단양 수양개
> (라) 경남 창원 다호리

① (가) – 조, 피, 수수 등을 재배하는 농경이 시작되었다.
② (나) – 일부 저습지를 중심으로 벼농사가 시작되었다.
③ (다) – 무리 단위로 식량을 찾아 이동하며 생활하였다.
④ (라) – 한자가 사용되었고, 중국과 활발히 교역하였다.

03 다음은 신라 중대의 정치 정세와 관련된 기사이다. 이러한 반란이 일어난 배경과 그 결과에 대한 설명으로 가장 옳은 것은?

…(전략)… "적의 괴수인 흠돌 · 흥원 · 진공 등은 그 벼슬이 재능으로 높아간 것도 아니요, 실상은 왕은(王恩)으로 올라간 것이다. 그런데 스스로 조심하여 부귀를 보전치 아니하고, 마침내 불인(不仁) · 불의(不義)로 위복(威服)을 지어내어 관료를 모반하고 상하를 속이었다. …(중략)… 화(禍)가 내외에 통하여 같은 악인들이 작당하여 기일을 약정한 뒤에 난역(亂逆)을 행하려 하였다.
…(중략)… 이에 병사를 모아 효경(梟獍)과 같이 나쁜 놈들을 없애려 하자 혹은 산곡으로 도망가고 혹은 대궐에 귀항하였다. 그 무리들을 일일이 찾아내어 샅샅이 다 죽이니 3, 4일 동안에도 일을 마치지 못하였다. 이로 인하여 사인(士人)을 경동(驚動)케 하였으니 우괴(憂愧)한 마음은 어찌 조석으로 잊을 수 있으리오." …(후략)…

① 내물왕계 김씨의 왕위 세습 과정에 대한 반발에서 비롯된 것으로 신라 골품제도의 폐쇄적 성격을 잘 보여준다.
② 아찬까지밖에 승진을 못해 반신라적 성격을 갖고 있던 6두품 세력의 골품제도의 폐지를 둘러싼 갈등에서 비롯되었다.
③ 무열계 왕권의 전제 왕권 확립 과정에 대한 다른 귀족들의 반발과 관련되어 일어났다.
④ 이 난의 결과로 무열왕 직계의 왕위 세습이 중지되고, 김헌창의 난과 같은 진골 귀족 간의 왕위 쟁탈전이 격화되었다.

04 다음은 어떤 주제와 직접 연관된 유적들을 정리한 것이다. 다음 중 해당 주제로 가장 적절한 것은?

- 청원 남성골 유적
- 연천 호로고루성터
- 서울 광진구 아차산 보루 유적

① 나당동맹 파기 이후 신라와 당나라의 갈등
② 근초고왕대 백제의 영역 팽창
③ 나제동맹 파기 이후 신라와 백제의 갈등
④ 고구려의 남진과 한강 유역 지배의 변천상

05 다음 중 밑줄 친 '이 신문'에 대한 설명으로 가장 옳은 것은?

<u>이 신문</u>은 1904년에 창간되었던 일간신문으로 위기일로의 국난을 타개하고 배일사상을 고취시켜 국가보존의 대명제를 실현하고자 창간된 것으로 고종의 은밀한 보조를 비롯하여 민족진영 애국지사들의 적극적인 지원을 받아 출발하였다. 창간 이듬해부터는 국문판과 영문판을 분리시켜 따로 발행하였고, 당시 일제 통감부가 매우 까다롭게 신문을 검열하였으나, 이 신문은 영국인이 경영하는 것으로 되어 있어 통제에서 어느 정도 벗어날 수 있었다.

① 의병 운동에 대해 호의적이었으며 한글보급에 크게 기여하였다.
② 우리나라 최초의 신문이다.
③ 천도교 계통으로 이인직의 「혈의 누」를 연재하였다.
④ 장지연의 '시일야방성대곡'으로 유명하다.

06 다음 중 조선 후기 농업 경제에 대한 설명으로 가장 옳지 않은 것은?

① 가뭄의 피해를 막기 위해 농민들은 작은 보(洑)를 쌓아서 물을 확보하였다.
② 보리 농사는 소작료의 수취 대상이 되지 않았기 때문에 논을 밭으로 바꾸는 현상이 많아졌다.
③ 면화는 경상도를 비롯한 삼남 지방과 황해도에서 집중 재배되고 있었다.
④ 소작료는 일정 액수를 곡물이나 화폐로 내는 방식으로 변화하였다.

07 다음 중 조선 후기 향촌사회의 변동에 대한 설명으로 가장 옳지 않은 것은?

① 관권이 약해지자 관권을 장악한 향리의 권위도 약화되었다.
② 양반들은 군현 단위로 농민을 지배하기 어렵게 되자, 촌락 단위의 동약을 실시하거나 족적결합을 강화하여 지위를 지켜 나가고자 하였다.
③ 부농층은 관권과 결탁하여 향안에 이름을 올리고, 향회를 장악하여 향촌사회에서 영향력을 키우려 하였다.
④ 양반 신분을 사거나 족보를 위조하여 양반으로 행세하는 경우가 많아 상민과 노비의 수는 크게 감소하였다.

08 다음은 고려 토지제도의 변천을 나타낸 것이다. 실시된 순서대로 바르게 나열된 것은?

ㄱ. 4색공복의 관품과 인품을 병용하여 지급하고, 한외과는 15결의 전토를 지급하였다.
ㄴ. 관직과 위계를 기준으로 18과로 나누어 지급하고, 문신이 무신보다 많이 받았으며 유외잡직이 한외과에서 분리되어 과내에 편입되어 18과에 배치되었다.
ㄷ. 조신과 군사들에게 관계를 논하지 않고 그들의 성행(性行)의 선악과 공로의 대소를 보아 차등 지급하였다.
ㄹ. 실직만을 대상으로 하고 산직자는 배제되었으며, 무반의 지위가 상승하였고 무산계전시, 별사전시가 마련되었다.
ㅁ. 경기 8현을 대상으로 관리의 등급에 따라 녹봉을 보완하여 수조권을 지급한 녹과전(祿科田)을 분급하였다.

① ㄱ－ㄴ－ㄷ－ㄹ－ㅁ
② ㄴ－ㄱ－ㄹ－ㄷ－ㅁ
③ ㄷ－ㄱ－ㄴ－ㄹ－ㅁ
④ ㄹ－ㄴ－ㄷ－ㄱ－ㅁ

09 다음은 중국 자료에 나타난 삼한 사회의 모습이다. 이를 통하여 알 수 있는 삼한의 모습으로 옳은 것을 〈보기〉에서 모두 고른 것은?

> 국읍에서는 각기 한 사람을 뽑아 천신에 대한 제사를 주관하였는데, 이 사람을 천군이라 부른다. 또 이들 여러 나라에는 각각 별읍이 있는데, 이것을 소도라 한다. 큰 나무를 세우고 거기에 방울과 북을 매달아 놓고 귀신을 섬긴다. 도망자가 그 속에 들어가면 모두 돌려보내지 않아 도둑질하기를 좋아한다.

보기

ㄱ 천군은 주술사보다는 제사장으로서의 임무가 강조된다.
ㄴ 군장은 강력한 힘을 가진 제정일치의 지배자임을 알 수 있다.
ㄷ 제정일치의 지배구조가 점차 분리되어 가는 과정을 보여 준다.
ㄹ 천군은 군장의 세력을 능가하는 영향력을 행사했음을 알 수 있다.

① ㄱ, ㄴ ② ㄱ, ㄷ
③ ㄴ, ㄷ ④ ㄴ, ㄹ

10 다음에 제시된 내용을 통하여 알 수 있는 조선사회의 모습으로 가장 옳은 것은?

> • 백운동 서원 등 많은 서원이 설립되었다.
> • 지방의 유력한 사림이 약정이라는 향약의 간부에 임명되었다.
> • 보학, 즉 족보를 만들어 종족의 내력을 기록하고, 그것을 암기하는 것을 필수적인 교양으로 생각하는 학문이 발달하였다.

① 훈구파들은 사림의 정치 운영에서 나타나는 모순과 부조리를 비판하였다.
② 사림들은 농민에 대하여 중앙에서 임명된 지방관보다도 강한 지배력을 행사하였다.
③ 신진 관료들은 불법적인 방법으로 대토지를 소유하고 있는 사림에 대하여 사전 폐지 등의 개혁을 주장하였다.
④ 세도가와 연결될 수 있는 양반만이 관직을 차지할 수 있었으므로 세도가와 연결되지 못한 지방 양반들의 불만이 컸다.

11 다음 사실과 관계있는 정권과 가장 관련이 없는 것은?

> • 7·4 남북공동성명 발표
> • 중화학공업에 대한 집중 투자

① 폭력배와 사회질서문란사범의 순화를 내세우며 삼청교육대를 운영하였다.
② 대통령을 통일주체국민회의에서 간접 선출하였다.
③ 10월 유신을 선포하고 대통령 긴급조치권을 발동하였다.
④ YH무역노동운동이 일어났다.

12 **다음의 조선시대 지방 통치 정책과 같은 목적으로 이루어진 것을 〈보기〉에서 모두 고른 것은?**

- 수도에 경재소를 두어 유향소와 정부 사이의 연락 기능을 맡게 하였다.
- 전국을 8도로 나누고, 8도에 관찰사를 파견하여 부, 목, 군, 현의 행정을 감찰하게 하였다.
- 고려시대 광범위하게 존재하였던 속현과 특수 행정 단위인 향 · 소 · 부곡이 점차 소멸되었다.

보 기

㉠ 팔도지리지, 동국여지승람과 같은 지리지를 편찬하였다.
㉡ 선현을 받들고 교육과 연구를 하는 서원을 많이 설립하였다.
㉢ 국방상의 위기에 신속히 대처하기 위한 봉수제를 운영하였다.
㉣ 농업 생산력의 발달로 장시가 번창하여 전국적인 유통망을 형성하였다.

① ㉠, ㉡ ② ㉠, ㉢
③ ㉠, ㉣ ④ ㉢, ㉣

13 **다음 중 〈보기〉의 상황을 해결하기 위한 정책으로 가장 옳은 것은?**

보 기

近來權勢奪民田/ 標以山川作公案/ 或於一田田主多/ 徵後還徵無間斷/ 或罹水旱年不登/ 場圃年深草蕭索/ 剝膚槌髓掃地空/ 官家租稅奚由出/ … 未忍將身轉溝壑/ 空巷登山拾橡栗/ … 君不見侯家一日食萬錢/ 珍羞星羅五鼎列/ 馭吏沈酒吐錦茵/ 肥馬厭穀鳴金埒/ 焉知彼美盤上餐/ 盡是村翁眼底血

(… 요즘 권세를 가진 자들이 백성의 논밭을 빼앗아 산과 내로써 경계 지어 공문서 만드나니 밭 하나에 주인은 몇씩이나 나타나 앗아가고 쉴 사이 없이 앗아가며 그나마 홍수와 가뭄으로 흉년조차 들어 논밭엔 갈수록 쓸쓸한 잡초만 우거지는데 살을 긁고 뼈를 쳐도 아무 것도 없으니 국가의 조세는 어떻게 낼꼬 … 차마 구렁에 굴러 죽을 수 없어 마음을 비우고 산에 올라 도토리를 줍나이다. … 그대 못 보는가!
부귀한 자들 하루에도 만금을 먹나니 별같이 널린 다섯 솥에 진수성찬 끓여 내고 말몰이꾼조차 술에 잠겨 비단 요에 먹은 걸 토하며 말은 배불러 황금 우리에서 소리치네 누가 모르랴. 저 아름다운 소반 위의 기름진 음식이 모두 다 이 촌 늙은이의 피눈물이란 것을 …)

① 빈농을 구제하기 위한 진대법을 실시하였다.
② 백성에게 정전을 지급하였다.
③ 신돈은 왕에게 건의해 전민변정도감을 설치하였다.
④ 토지 1결을 미곡 4두로 고정하는 영정법을 시행하였다.

14 **다음에서 설명하는 유네스코 세계 기록 유산은 무엇인가?**

> • 실록을 편찬할 때 기본 자료로 이용하였으며 1부 밖에 없는 귀중한 자료이다.
> • 세계 최대의 연대 기록물로 당시의 정치, 경제, 국방, 사회, 문화 등에 대한 생생한 역사 기록물로서 귀중한 사료적 가치를 인정받았다.

① 「훈민정음」
② 「승정원일기」
③ 「동의보감」
④ 조선왕조의 「의궤」

15 **다음 중 조일수호조규의 규정이 아닌 것은?**

① 부산 외에 인천, 원산의 항구를 개항하고 일본인이 와서 통상을 하도록 허가한다.
② 일본국 국민이 죄를 범했을 때에는 일본국 관원이 심판한다.
③ 일본국의 항해자가 자유롭게 해안을 측량하도록 허가한다.
④ 일본 공사관에 군인을 주둔하여 경비하도록 한다.

16 **다음 중 대한제국의 광무개혁사업의 내용과 성격에 대한 설명으로 가장 옳은 것은?**

> ㉠ '신식화폐발행장정'을 제정하고 금본위제를 시행하기 위한 준비작업에 들어갔다.
> ㉡ 청국과는 통상조약을 체결하여 동등한 국제적인 관계를 맺었으며 연해주 상민과 북간도 이주민을 보호하기 위해 통상사무관과 북간도관리사를 파견하였다.
> ㉢ 정부는 상공업의 육성을 적극 추진하여 섬유, 철도, 농업, 운수, 광업, 금융부문의 회사 · 공장의 설립을 적극 지원하여 보조금을 지급하거나 직접 투자를 하기도 하였다.
> ㉣ 광무개혁은 산업과 교육의 진흥을 통하여 자주독립을 모색하는 주체적인 개혁이기는 하였으나 철도, 산림 등의 이권양여로 인하여 자생적 민족자본의 육성보호에는 한계가 있었다.
> ㉤ 광무정권은 일본 제일은행권의 무제한 통용을 허용하였으며 또한 당백전을 남발하여 인플레를 조장하였다.

① ㉢, ㉣, ㉤
② ㉠, ㉡, ㉢
③ ㉡, ㉢, ㉣
④ ㉡, ㉢, ㉤

17 해방(1945) 전후 다음 〈보기〉의 내용을 해결하기 위해 열린 국제회담에 관한 내용 중 사실과 다른 것은?

보 기

"현재 한국민이 노예상태에 있음을 유의하여 앞으로 '적절한 절차에 따라(in due course)' 한국의 자유와 독립을 줄 것이다."

① 테헤란회담(1943.11)에서 미국은 신탁통치안을 제안하였다.
② 얄타협정(1945.2)에서 미국은 외국군 주둔 없는 신탁통치안을 주장하였다.
③ 포츠담회담(1945.7)에서 미 · 영 · 중 · 소는 한국의 독립을 재확인하였다.
④ 모스크바3상회의(1945.12)에서는 최고 5년 간 미 · 영 · 소 세 나라에 의한 신탁통치안이 결정되었다.

18 다음 중 〈보기〉에서 설명하는 상인 집단에 대한 설명으로 가장 옳은 것은?

보 기

실학자 이익은 그의 「성호사설」에서 이곳의 사람들이 상업에 많이 투신하게 된 것은 첫째로 이곳이 지리적으로 서울과 가까우면서 서쪽으로 중국 무역과 연결될 수 있었던 점, 둘째로 조선 건국 후 이곳의 사람들이 조선에 복종하지 않아 조선 정부에서도 그들을 등용하지 않았고 이 때문에 이곳 사대부의 후예들은 학문을 버리고 상업에 종사한 점을 들었다.

① 비단, 명주, 종이 등 여섯 가지 품목을 팔던 국가 공인 상점이었다.
② 전국적인 유통망으로 송방을 설치하였다.
③ 상품을 위탁 · 판매하는 중간 상인으로 금융, 창고, 숙박업에도 종사하였다.
④ 조세와 공물을 경창으로 운반하는 역할을 하였다.

19 다음 중 1930년대 국외 독립군의 활약에 대한 설명으로 가장 옳지 않은 것은?

① 조선혁명군은 남만주 일대에서 중국 호로군과 연합작전을 전개하였다.
② 한인애국단의 윤봉길은 상하이 홍커우 공원에서 의열투쟁을 전개하였다.
③ 김원봉을 중심으로 중국 우한에서 조선의용대가 조직되었다.
④ 동북항일연군이 조국광복회와 연합하여 일본군을 상대로 보천보전투를 전개하였다.

20 다음 중 조선 초기 과학기술의 발전에 대한 설명으로 가장 옳지 않은 것은?

① 천체 관측 기구인 혼의와 간의를 제작하였다.
② 우리 풍토에 맞는 약재와 치료법을 정리한 「의방유취」를 편찬하였다.
③ 정밀 기계 장치와 자동시보 장치를 갖춘 물시계 자격루를 만들었다.
④ 세계 최초로 강우량을 측정하는 측우기를 만들었다.

제4과목 수산일반

01 다음 수산업법 시행령에 대한 내용 중 빈칸에 들어갈 말로 가장 옳은 것은?

> "외해수면"이란 바다의 수심이 공간정보의 구축 및 관리 등에 관한 법률 제6조 제1항 제3호에 따른 기본수준면을 기준으로 (　　　)미터 이상인 수면을 말한다.

① 15　② 25
③ 35　④ 45

02 다음과 같은 특징을 갖고 있는 그물실의 종류로 옳은 것은?

> • 불꽃 속에서 잘 타지도 오므라들지도 않는다.
> • 타고 남은 재는 원색의 덩어리로서 단단하다.

① 나일론
② 비닐론
③ 폴리에스테르
④ 폴리에틸렌

03 어류의 자원을 진단할 때 남획의 징후로 가장 옳지 않은 것은?

① 어린 개체가 차지하는 비율이 점점 높아진다.
② 단위 노력당 어획량이 증가한다.
③ 멸치, 새우 등 수명이 짧고 자연사망률이 높은 자원은 쉽게 남획상태에 빠지지 않는다.
④ 연령별 체장과 체중이 증가하며, 성 성숙연령이 낮아지는 경향을 보인다.

04 다음 수산자원 생물의 형태 측정법 중 입 끝부터 비늘이 덮여 있는 말단까지 측정하는 방식으로 멸치의 형태 측정에 쓰이는 측정법으로 옳은 것은?

① 전장 측정법
② 표준 체장 측정법
③ 피린 체장 측정법
④ 동장 측정법

05 다음 중 영양염류에 대한 설명으로 가장 옳지 않은 것은?

① 질산염, 인산염, 규산염 등의 영양염류는 광합성에 필수 요소이다.
② 열대보다 온대 · 한대에 더 많은 영양염류가 분포해 있다.
③ 외양보다 연안에 더 많은 영양염류가 분포해 있다.
④ 심층보다 표층에 더 많은 영양염류가 분포해 있다.

06 다음 어구 조작용 기계장치의 명칭과 설명이 잘못 짝지어진 것은?

① 양승기 – 주낙(연승) 어구의 모릿줄을 감아올리기 위한 장치이다.
② 사이드 드럼 – 그물 어구를 감아올리기 위한 장치이다.
③ 트롤 윈치 – 트롤 어구의 끝줄을 감아올리기 위한 장치이다.
④ 데릭 장치 – 선박에 화물을 적재하거나 양륙하는 작업에 쓰이는 하역장치이다.

07 다음은 선박의 운항과 관련된 설명이다. (가)와 (나)에 해당하는 것을 옳게 짝지은 것은?

- 선박이 외력에 의하여 기울어졌을 때 원래의 위치로 돌아가려는 힘을 (가)이라 한다.
- 배의 속력의 단위는 노트(Knot)라 하며, 1노트(Knot)란 배가 1시간에 (나) 전진하는 빠르기를 나타낸 것이다.

	(가)	(나)
①	원심력	1마일
②	회전력	1해리
③	복원력	1마일
④	복원력	1해리

08 다음 중 배의 톤수에 대한 설명으로 옳지 않은 것은?

① 선박의 선수와 선미에 있는 환기장치 · 조명장치 · 항해장치 등의 용적을 포함한 선박용적률로 나누어 나온 숫자를 총톤수라 한다.
② 순톤수는 화물이나 여객을 수용하는 장소의 용적으로 총톤수에서 선원 · 항해 · 추진에 관련된 공간을 제외한 용적이다.
③ 재화 중량 톤수란 선박에 실을 수 있는 화물의 무게를 말하며 선박이 만재흘수선에 이르기까지 적재할 수 있는 화물의 중량을 톤수로 나타낸 것이다.
④ 배수 톤수란 물 위에 떠 있는 선박의 수면 아래 배수된 물의 부피와 동일한 물의 중량 톤수를 말한다.

09 다음 중 선박도료에 대한 설명으로 옳은 것을 모두 고른 것은?

ㄱ. 광명단 도료는 내수성과 피복성이 강하여 가장 많이 사용된다.
ㄴ. 부식방지를 위해 외판 부분에 칠하며, 광명단 도료를 칠한 그 위에 칠하는 것을 '제1호 선저 도료' 라고 한다.
ㄷ. 부식 및 마멸 방지를 위해 만재 흘수선과 경하 흘수선 사이의 외판에 칠하는 것을 '제2호 선저 도료' 라고 한다.
ㄹ. 해양 생물 부착을 방지하기 위하여 외판 중 항상 물에 잠겨 있는 부분에 칠하는 것을 '제3호 선저 도료' 라고 한다.

① ㄱ, ㄴ ② ㄴ, ㄷ
③ ㄱ, ㄷ ④ ㄷ, ㄹ

10 다음은 양식 방법의 특징과 장소에 대한 설명이다. (가), (나)에 해당하는 것을 바르게 연결한 것은?

방법	특징	장소
(가)	양식 어종의 자연 서식지를 이용하며 그물을 뜸틀에 고정하여 어류를 양성	내만, 호수
(나)	주로 긴 수로형 또는 원형의 형태로, 사육지에 물을 연속적으로 흘려보냄	계곡, 하천

	(가)	(나)
①	가두리	유수식
②	가두리	순환여과식
③	유수식	순환여과식
④	순환여과식	유수식

11 다음 글에서 넙치의 사료 계수로 옳은 것은?

> • 한 마리 평균 20g인 넙치 치어 1,000마리를 길러서 성어 500kg을 생산하였다.
> • 사료는 월 200kg씩 공급하여 총 6개월간 공급하였다.

① 2.0 ② 2.4
③ 2.5 ④ 5.0

12 다음 중 새우류의 유생단계의 순서로 옳은 것은?

① 조에아 → 노플리우스 → 미시스 → 포스트 라바 → 새끼 새우
② 노플리우스 → 포스트 라바 → 조에아 → 미시스 → 새끼 새우
③ 노플리우스 → 조에아 → 미시스 → 포스트 라바 → 새끼 새우
④ 노플리우스 → 조에아 → 포스트 라바 → 미시스 → 새끼 새우

13 다음 중 피조개에 대한 설명으로 옳지 않은 것은?

① 우리나라의 피조개는 일본에 많이 수출되고 있다.
② 육질이 붉고 연하며, 방사륵 수는 17~18개로 고막류 중 가장 적다.
③ 고막류의 한 종류로 남해안과 동해안의 내만에 분포한다.
④ 1~2cm의 치패를 1ha당 40만 마리를 기준으로 살포하여 1~2년 후 수확한다.

14 다음 중 농수산물 품질관리법 시행령에서 정의하는 수산가공품에 해당하지 않는 것은?

① 수산물을 원료 또는 재료의 50퍼센트를 넘게 사용하여 가공한 제품
② 염전에서 바닷물을 자연증발시켜 제조하는 소금산업으로부터 생산된 제품
③ 수산물을 원료 또는 재료의 50퍼센트를 넘게 사용하여 가공한 제품을 2차 이상 가공한 제품
④ 수산물과 농산물을 함께 원료 · 재료로 사용한 가공품인 경우에는 수산물의 함량이 농산물의 함량보다 많은 가공품

15 다음 중 수산물 물류에 콜드체인시스템이 필요하다는 것은 다음 중 수산물의 어떠한 특성과 관계가 깊은가?

① 부패 · 손상하기 쉽다.
② 최종 소비단위가 개별적이고 규모가 작다.
③ 지역적 특화와 산지가 분산되어 있다.
④ 품질차이에 의한 가격차가 크다.

16 새우 등 고품질의 소량 수산물을 동결시킬 때 가장 적합한 동결 장치는 무엇인가?

① 접촉식 동결 장치
② 송풍식 동결 장치
③ 침지식 동결 장치
④ 액화 가스식 동결 장치

17 다음 중 건제품의 가공 원리와 관련하여 옳지 않은 것은?

① 수분 활성도는 미생물이 이용할 수 있는 수분을 표시한 것이다.
② 건제품은 수분을 줄여 그 활성도를 낮게 해 저장성을 가지는 제품이다.
③ 일반 세균의 발육 최저 수분활성도는 0.80이고 곰팡이는 0.90이다.
④ 일반적으로 수분이 40% 이하로 내려가면 식품은 거의 부패가 발생하지 않는다.

18 다음 중 어패류가 변질하기 쉬운 이유로 옳지 않은 것은?

① 조직 내에 들어있는 효소의 활성이 약하다.
② 신체 조직이 약하여 상처를 쉽게 입는다.
③ 수분 함량이 높아 부패 세균의 발육이 빠르다.
④ 바다에서 생활하므로 비늘 등에 세균 부착의 기회가 많다.

19 수산물 유통활동에 관한 개념으로 옳은 것을 모두 고른 것은?

> ㉠ 상적 유통은 상품의 소유권 이전과 관련된 것으로 판촉, 가격결정을 포함한다.
> ㉡ 물적 유통은 재화의 물리적 흐름과 관련된 것으로 수송, 보관을 포함한다.
> ㉢ 정보 유통은 상품 및 소비자 정보흐름과 관련된 것으로 상품의 포장을 포함한다.

① ㉠, ㉡ ② ㉠, ㉢
③ ㉡, ㉢ ④ ㉠, ㉡, ㉢

20 농수산물의 원산지 표시에 관한 법률에서 명시한 과태료와 관련된 내용으로 옳지 않은 것은?

① 원산지 표시 등에 조사와 관련하여 수거 · 조사 · 열람을 거부 · 방해하거나 기피한 사람은 1천만 원 이하의 과태료를 부과한다.
② 과태료는 대통령령으로 정하는 바에 따라 해당 관청이 부과 · 징수한다.
③ 영수증이나 거래명세서 등을 비치 · 보관하지 않은 사람은 1천만 원 이하의 과태료를 부과한다.
④ 원산지 표시 위반에 대한 교육을 이수하지 않은 사람에게는 500만 원 이하의 과태료를 부과한다.

제 5 과목 수산경영

01 다음 중 수산경영의 특징으로 옳지 않은 것은?

① 위험성 : 자연적 위험과 인위적 위험에 의해서 경영환경이 영향을 받는다.
② 불규칙성 : 불규칙성은 노동시간 · 노동량 · 노동강도와 관련되며, 항상 일정하지 않고 불규칙적이다.
③ 이동성 : 수산자원의 조업을 위해서는 고정된 장소가 아닌 자원 서식지에 따라 이동하여야 한다.
④ 예측성 : 수산업은 어획량이 어선 운항 시간 또는 투망 횟수에 비례하기 때문에 생산량의 예측이 가능하다.

02 다음 중 어가경영에 대한 설명으로 옳지 않은 것은?

① 어가경영은 영리를 목적으로 하며 이익의 재투자에 중요한 관심을 갖는다.
② 일반적으로 가계의 소비경제와 경영의 생산경제가 혼합되어 있다.
③ 가계와 생산 활동의 수지 계산이 분리되어 있지 않다.
④ 가구주 및 가족을 제외한 타인 노동을 거의 쓰지 않는다.

03 다음 수산업법의 내용 중 (가), (나)에 들어갈 말로 가장 옳은 것은?

> 바닷가란 (가)와/과 (나)에 등록된 토지의 바다 쪽 경계선 사이를 말한다.

	(가)	(나)
①	지적공부	EEZ
②	간조수위선	지적공부
③	만조수위선	지적공부
④	간조수위선	만조수위선

04 수산경영 활동에서 '통제' 단계에 대한 설명으로 옳은 것은?

① 관리자의 리더십이 중요한 덕목이 된다.
② 처음 계획한 대로 추진되어 실적 및 성과가 목표에 제대로 달성되었는지를 측정하여 그 결과에 따라 시정 · 평가하는 관리활동을 말한다.
③ 기업 또는 조직이 나아갈 방향과 목표를 설정, 전략 제시, 예산 편성, 담당 부서 및 구성원 결정 등이 이루어진다.
④ 직무를 분담하여 직무 · 책임 · 권한을 명확하게 부여하는 것을 말한다.

05 **다음 중 경영 계획 수립의 방법 중 표준계획법의 순서를 옳게 나열한 것은?**

㉠	자신이 경영하고자 하는 형태 및 규모와 비슷한 모델을 선정한다.
㉡	작성한 일람표에 따라 경영성과를 분석한다.
㉢	선정한 모델의 기록을 활용하여 경영성과를 표시하는 성과 일람표를 작성한다.
㉣	소요비용과 수익을 계획 · 분석하여 손익계산서를 작성한다.
㉤	투입량과 생산량을 계획한다.

① ㉠ – ㉡ – ㉢ – ㉣ – ㉤
② ㉤ – ㉣ – ㉠ – ㉢ – ㉡
③ ㉠ – ㉢ – ㉡ – ㉤ – ㉣
④ ㉠ – ㉤ – ㉢ – ㉡ – ㉣

06 **수산물의 가격이 10% 오를 때 수요량은 10% 이상 감소하지 않는다면 이에 옳은 판단은?**

① 수산물의 수요는 비탄력적이다.
② 수산물의 수요는 탄력적이다.
③ 수산물의 가격은 비탄력적이다.
④ 수산물의 가격은 탄력적이다.

07 **경매사가 물건을 팔기 위하여 높은 가격으로부터 시작하여 낮은 가격으로 불러 최고 가격을 신청한 사람에게 낙찰시키는 경매방식은?**

① 미국식 경매방법
② 영국식 경매방법
③ 프랑스식 경매방법
④ 네덜란드식 경매방법

08 **다음 중 선주와 선원 간에 노동 계약 체결 시 계약서에 명시해야 할 노동 조건에 해당하지 않는 것은?**

① 임금의 지불 방법 및 시기
② 휴일 및 휴가기간
③ 노동자가 부담해야 할 식비 및 작업용품 등
④ 재해보상과 고용보험에 관한 사항

09 **다음의 특징을 가지는 어선조직으로 옳은 것은?**

> • 한 척의 어선이 단독으로 생산을 수행하는 조직이다.
> • 기업에 많은 수의 어선이 있다 하더라도 개개의 어선이 홀로 어업 활동을 한다.
> • 선장을 중심으로 운영이 된다.

① 선단조직
② 단선조직
③ 교체식 선대조직
④ 집중식 선대조직

10 **다음 중 수산업 회계 방식에 대한 설명으로 옳지 않은 것은?**

① 매출 원가는 당기 총 매입액–(매입 에누리액+환출액)으로 계산한다.
② 수산업 회계를 통하여 경영 성과와 재무상태를 알 수 있다.
③ 상품 계정은 이월 상품 계정, 매입 계정, 매출 계정으로 분할하여 기장한다.
④ 현금 계정의 차변에는 수입액을, 대변에는 지출액을 기입한다.

11 다음은 어느 수산기업의 회계 관련 자료이다. 생산원가를 모두 합친 것으로 옳은 것은?

(단위 : 억 원)

직접재료비 : 130	직접노무비 : 220	직접경비 : 180
간접재료비 : 80	간접노무비 : 150	간접경비 : 200
일반관리비 : 130	판매비 : 60	이 익 : 500

① 340
② 690
③ 960
④ 1,650

12 다음 중 변동비로만 짝지어진 것은?

① 짓가림제 방식의 인건비, 재료비, 선박에 대한 감가상각비
② 짓가림제 방식의 인건비, 사료비, 재료비
③ 고정인건비, 사료비, 수리비
④ 수리비, 통신비, 고정인건비

13 다음 중 수산물 생산자의 수산물 마케팅 활동이 아닌 것은?

① 수산물 도매시장을 통해 생산자가 자신의 수산물을 판매하는 활동
② 자신이 원가, 비용을 고려하여 직접 판매 가격을 결정하는 활동
③ 자신의 생산물을 이용하여 새로운 수산상품을 개발하는 활동
④ 수산물 도매상이 수산물 생산자에게 직접 수산물을 구입하는 활동

14 제품수명주기에 따른 수산물 마케팅 전략에 대한 설명으로 옳은 것은?

① 수산물의 매출액이 늘어나고 시장이 확대되는 성장기에는 공급을 확대하는 한편 상품 및 가격차별화를 도모한다.
② 해당 수산물에 대한 시장수요가 줄어드는 쇠퇴기에는 광고를 비롯한 판매촉진활동을 과감하게 시행하여야 한다.
③ 시장이 포화단계에 이르는 성숙기에는 가격탄력성이 크기 때문에 가격을 인하하면 총수익이 큰 폭으로 줄어든다.
④ 새로운 수산물이 개발 · 보급되는 도입기에는 홍보활동보다 판매촉진활동이 우선시 된다.

15 다음 중 무역 거래 조건에 대한 설명으로 옳지 않은 것은?

① 국제 거래는 일반적으로 실물이 견본과 일치하여야 하는 견본 매매 방식에 의한다.
② 일반적으로 운송 인도 조건과 운임 · 보험료 포함 조건이 많이 이용된다.
③ 상품의 가격은 인도 장소 · 수출업자의 부담 비용 · 운송 위험도에 따라 결정된다.
④ 수량 · 중량 · 용적 · 길이 · 포장단위 등이 수량 판단 조건에 해당한다.

16 다음 중 수산업 협동조합법 시행령에 명시된 어촌계의 해산 사유로 가장 옳지 않은 것은?

① 어촌계 정관으로 정한 해산 사유의 발생
② 어촌계원의 수가 20명 미만이 되는 경우
③ 시장 · 군수 · 구청장의 어촌계에 대한 설립인가 취소
④ 어촌계 총회의 해산의결

17 **다음의 목적을 갖고 있는 수산업 협동조합으로 옳은 것은?**

> 조합원의 어업 생산성을 높이고 조합원이 생산한 수산물의 판로(販路) 확대 및 유통의 원활화를 도모하며, 조합원이 필요로 하는 자금 · 자재 · 기술 및 정보 등을 제공함으로써 조합원의 경제적 · 사회적 · 문화적 지위 향상을 증대시키는 것을 목적으로 한다.

① 지구별 수산업 협동조합
② 수산물가공 수산업 협동조합
③ 수산업 협동조합협의회
④ 업종별 수산업 협동조합

18 **수산업 협동조합 공제의 특징으로 옳지 않은 것은?**

① 법적으로 비조합원도 가입할 수 있기는 하나, 실제적으로는 어업인과 조합원으로 제한하여 공평한 공제료 부담이 이루어진다.
② 조합원의 정보가 공개되어 보험사고를 예방할 수 있고, 수산업에 대한 전문적인 상품 개발이 가능하다.
③ 생명보험과 손해보험을 겸영할 수 없다.
④ 비영리 조직이기 때문에 공제료가 저렴하다.

19 **해양수산부장관은 수산업의 지속가능한 발전과 어촌의 균형 있는 개발 · 보전을 위하여 수산업 · 어촌 발전 기본계획을 몇 년마다 수립하여야 하는가?**

① 1
② 3
③ 5
④ 10

20 **다음이 설명하고 있는 수산 관련 행정기관은?**

> 수산제품 검사와 위생관리를 통한 품질향상 및 어업인 소득증대를 목적으로 설립되었으며, 수산제품 검사 · 분석, 철저한 위생관리, 수산물 품질향상 등의 업무를 수행한다.

① 국립수산과학원
② 국립해양조사원
③ 해양수산부
④ 국립수산물 품질 관리원

해양수산직

제2회 최종모의고사

목 차

I wish you the best of luck!

빼박 해양수산직

최종모의고사

해양수산직

제 2 회 최종모의고사

제 1 과목 국 어

01 비통사적 합성어로만 묶인 것은?

① 흔들바위, 건널목, 가져오다, 새빨갛다, 곶감
② 덮밥, 오르내리다, 보슬비, 감발, 높푸르다
③ 꿈꾸다, 어린이, 작은아버지, 새사람, 빛나다
④ 척척박사, 새언니, 돌다리, 장군감

02 다음 중 밑줄 친 어휘의 개념 간의 관계가 ㉠ : ㉡과 가장 유사한 것은?

> 인류 생활의 과거에는 수많은 일들, 즉 ㉠ 사실(事實)들이 일어났다. 지금까지 태어나서 죽어간 수많은 개인의 일상생활이나 한 집단, 한 민족의 지난날에도 도저히 셀 수 없는 많은 사건들이 있었던 것이다. 이와 같은 사실들을 총망라한 것이 곧 역사냐 하면 전혀 그렇지 않다. 역사란 그 많은 사실들 중에서 그야말로 역사적 가치와 의미가 있는 것만을 뽑아 모은 것이라고 우선 말할 수 있다. 여기에서 '우선'이라고 한 것은 ㉡ 사실(史實)을 뽑아 모으는 일만이 역사의 전부는 아니기 때문이다.

① 전쟁이 끝나고 사회가 안정되자 여성들 중에서도 많은 수필가들이 나왔다.
② 해방과 함께 남한과 북한으로 분단되어 남한은 대한민국으로 불리게 되었다.
③ 게임은 놀이에서 나왔는데 그 게임 중에서도 많은 운동량을 요구하는 것이 스포츠이다.
④ 콜럼버스는 네 차례나 아메리카 대륙을 찾았으나 죽을 때까지 그것이 신대륙인 줄 몰랐다.

03 다음 중 국어의 특징에 대한 설명으로 가장 알맞은 것은?

① 어두(語頭)에 자음군(子音群)이 올 수 없으며, 꾸준한 국어 순화 운동으로 인해 한자어보다 고유어를 많이 사용한다.
② 문법적 관계를 나타내 주는 말이 많은 첨가어의 특질을 보여 주며, 음상의 차이로 인하여 어감이 달라지고 의미가 분화되는 경우가 있다.
③ 단어에 성과 수의 구별이 있으며, 친족 관계를 나타내는 어휘가 발달하였다.
④ 국어의 문장 배열은 서술어가 끝에 오며, 평등사상의 영향으로 높임법이 발달하였다.

04 **다음 중 밑줄 친 단어를 고친 결과가 가장 적절하지 않은 것은?**

① 금년에도 ㅇㅇ전자는 최근 전 세계 휴대전화 부분(部分) 시장 점유율 1위를 차지한 것으로 조사되었다. → 부문(部門)
② 그는 국왕이 명실상부하게 정치를 주도하는 체계(體系)를 구축하고자 노력하였다. → 체제(體制)
③ 진정한 공동체를 향한 새롭고 진지한 모색(摸索)을 바로 지금부터 시작해야 합니다. → 탐색(探索)
④ 환경오염은 당면한 현실 문제라고 그가 지적한 것에 대해서는 나 역시 동감(同感)이 갔다. → 공감(共感)

05 **다음 중 띄어쓰기가 가장 옳은 것은?**

① 열 내지 열 한명 정도의 사람이 남아 있는 듯하다.
② 공부는 할수록 어렵다.
③ 욕심이 지나쳐 좀 더 큰것을 찾다가 이렇게 되어 버렸어.
④ 세계적 금융위기에서 벗어난지 삼 년이 지났다.

06 **다음 중 (가)와 (나)의 글에 나타난 공통적인 오류의 유형과 가장 같은 것은?**

> (가) 나는 올 여름 휴가를 휴전선 근처의 한적한 산에서 보냈어. 그런데 그 곳은 자연 환경이 훼손되지 않고 잘 보존되어 있더군. 그걸 보고 아직은 우리나라의 자연 환경이 잘 보존되고 있다고 안심할 수가 있었어.
> (나) 개인적인 속도가 이렇게 남의 나라보다 빠르다는 것이 흉이 될 수는 없다. 이른바 후진국에 갈수록 개인 속도는 느린 것으로 되어 있기 때문이다. 고속 사회에서는 선진국의 가슴에 채워지는 훈장 같은 것이니 한숨 쉴 일은 못 된다. 이제 우리도 일본 사람 뺨치게 개인 속도가 빨라졌으니, 경제 발전도 그들만큼 빨라질 것이라고 즐거워한다. 서양 사람들은 그렇게 생각하고 있어서 일본인 다음에는 한국인이 몰려올 차례라고 야단이다.

① 너는 나를 싫어하는 게 분명해. 그렇지 않으면 내 부탁을 그렇게 거절할 수 없지 않니?
② 하나를 보면 열을 안다고, 너 지금 하는 행동을 보니 형편없는 애로구나.
③ 컴퓨터는 사람의 지능을 능가하는 점이 많아. 따라서 컴퓨터는 감정도 사람보다 더 풍부할 거야!
④ 이 꽃이 말라 죽은 것은 모두 네 탓이야. 그렇게 담배를 피워 대는데 어떻게 꽃이 살 수 있겠어.

07 **다음 중 문장의 내용이 나머지와 다른 하나는?**

① 물질 만능 사고와 계층 간의 갈등을 초래하는 과소비는 건전한 소비 생활로 억제하여야 한다.
② 건전한 소비생활을 통해 물질 만능 사고와 계층 간의 갈등을 조장하는 과소비를 막아야 한다.
③ 과소비로 인한 물질 만능 사고와 계층 간의 갈등은 건전한 소비 생활을 방해하므로 막아야 한다.
④ 과소비에서 물질 만능 사고와 계층 간의 갈등이 비롯되므로 건전한 소비 생활로 과소비를 저지해야 한다.

08 다음 중 글의 전개 순서로 가장 자연스러운 것은?

㉠ 이 세상에서 가장 결백하게 보이는 사람일망정 스스로 나 남이 알아차리지 못하는 결함이 있을 수 있고, 이 세상에서 가장 못된 사람으로 낙인이 찍힌 사람일망정, 결백한 사람에서마저 찾지 못할 아름다운 인간성이 있을지도 모른다.
㉡ 소설만 그런 것이 아니다. 우리의 의식 속에는 은연중 이처럼 모든 사람을 좋은 사람과 나쁜 사람 두 갈래로 나누는 버릇이 도사리고 있다. 그래서인지 흔히 사건을 다루는 신문 보도에는 모든 사람이 '경찰' 아니면 도둑놈인 것으로 단정한다. 죄를 저지른 사람에 관한 보도를 보면 마치 그 사람이 죄의 화신이고, 그 사람의 이력이 죄만으로 점철되었고, 그 사람의 인격에 바른 사람으로서의 흔적이 하나도 없는 것으로 착각하게 된다.
㉢ 이처럼 우리는 부분만을 보고, 또 그것도 흔히 잘못 보고 전체를 판단한다. 부분만을 제시하면서도 보는 이가 그것이 전체라고 잘못 믿게 만들 뿐만이 아니라, '말했다'를 '으스댔다', '우겼다', '푸념했다', '넋두리했다', '뇌까렸다', '잡아뗐다', '말해서 빈축을 사고 있다' 같은 주관적 서술로 감정을 부추겨서, 상대방으로 하여금 이성적인 사실 판단이 아닌 감정적인 심리 반응으로 얘기를 들을 수밖에 없도록 만든다.
㉣ '춘향전'에서 이 도령과 변학도는 아주 대조적인 사람들이었다. 흥부와 놀부가 대조적인 것도 물론이다. 한 사람은 하나부터 열까지가 다 좋고, 다른 사람은 모든 면에서 나쁘다. 적어도 이 이야기에 담긴 '권선징악'이라는 의도가 사람들을 그렇게 믿게 만든다.

① ㉠ – ㉡ – ㉢ – ㉣
② ㉣ – ㉡ – ㉢ – ㉠
③ ㉠ – ㉢ – ㉣ – ㉡
④ ㉣ – ㉢ – ㉡ – ㉠

09 다음 중 밑줄 친 부분과 같이 말한 이유로 가장 알맞은 것은?

그러나 역시 동양 사상은 신비주의적임에 틀림없다. 거기서는 지고(至高)의 진리란 언제나 언어화될 수 없는 어떤 신비한 체험의 경지임이 늘 강조되어 왔기 때문이다. 최고의 진리는 언어 이전, 혹은 언어 이후의 무언(無言)의 진리이다. 엉뚱하게 들리겠지만, 동양 사상의 정수(精髓)는 말로써 말이 필요 없는 경지를 가리키려는 데에 있다고 해도 과언이 아니다. 말이 스스로를 부정하고 초월하는 경지를 나타내도록 사용된 것이다. 언어로써 언어를 초월하는 경지를 나타내고자 하는 것이야말로 동양 철학이 지닌 가장 특징적인 정신이다.

① 하고자 하는 말이 역설적이므로
② 주관에 치우친 말이 아닌가 싶어서
③ 말하려는 내용에 신빙성이 부족하므로
④ 검증될 수 없는 사실을 전달하고 있으므로

10 다음 중 로마자 표기가 맞는 것끼리 나열된 것은?

① 풍납토성 – Pungnabtoseong
청룡산 – Cheongllyongsan
통영 오광대 – Tongyeong ogwangdae
② 양주 별산대놀이 – Yangju byeolsandaenolli
율곡로 – Yulgongno
무열왕릉 – Muyeorwangneung
③ 낙동강 – Nakdonggang
장산곶 – Jangsangot
동의보감 – Donguibogam
④ 메밀국수 – memil-gugsu
봉천1동 – Bongcheon 1(il)-dong
불낙비빔밥 – bullak-bibimbab

11 다음 중 ㉠~㉣의 뜻으로 가장 옳지 않은 것은?

'멋'이란 첫째, 우리에게 쾌감 이상의 쾌락을 주는 것이요, 쾌감 이하의 담박미(淡泊美)를 주는 것이다. 그리하여 저 중국의 풍류보다는 해학미가 더하고, 또 서양의 유머에 비하면 풍류적인 격이 높다. 일본의 '사비'는 담박성은 가졌다 하겠지만, 어딘지 모르게 ㉠ 오종종하고 차분한 때를 벗어버리지 못하였고, 그 '아와레미'에서는 '멋'에서 볼 수 있는 무돈착성(無頓着性)을 찾을 길이 없다. 어쨌든 '멋'은 주책없는 듯, 헐게 빠진 듯, 미치광이 같은 면이 있으면서도, 다른 편으로는 소박성, 순진성, 선명성, 첨예성, 곡선성, 다양성 등을 다분히 지니고 있다. 이러한 점을 나는 한 마디로 통틀어 '흥청거림'이란 말로 표현할 수 있지 않을까 한다. 이 '멋'이 말에 나타나면 익살이 되고, 행동에 나타나면 쾌사가 되는 것이다.

둘째로 '멋'은 실용적이 아니다. 다른 민족에서 볼 수 없는 우리 고유한 의복의 고름은 옷자락을 잡아매기 위하여 생겼을 터이나, 필요 이상으로 무작정 길어서 걸음 걸을 때나 바람이 불 적마다 거추장스럽기 짝이 없다. 그렇지만 펄렁거리며 나부끼는 그 곡선의 비상(飛翔)이야말로, 괴로움을 이기고도 남음이 있는 쾌락을 주었기 때문에 생긴 것일 것이다. ㉡ 술띠도 댕기도 마찬가지 이유일 것이다. 고려 자기 물주전자의 귓대가 ㉢ 종작없이 길어서 물을 따르려면 뚜껑을 덮은 아구리로 넘을 지경이니, 실용에는 불편하기 짝이 없는 것이다. 발뿌리와 별다르게 버선과 신코가 뾰죽하고, 인두코가 또한 그러하다. 저고리 회장이 ㉣ 홀태가 되고 섶귀가 날카로우며, 추녀가 위로 발룩 잦혀진 것은, 이것이 다 '멋' 때문이 아니고 무엇인가.

① ㉠ – 작고 옹졸스럽고
② ㉡ – 양끝에 술을 단 가느다란 띠
③ ㉢ – 요량이 없이, 일정한 주견이 없이
④ ㉣ – 지나치게 넓게 된 물건

12 다음 글의 내용을 이해한 것으로 적절하지 않은 것은?

사진은 하나의 고립된 이미지이다. 시간적으로 한 순간이 잡히고 공간적으로 일부분이 찍힐 뿐, 연속된 시간과 이어진 공간이 그대로 찍히지 않는다. 현실이 현실 그대로 나타나지 않는 한, 사진은 결국 한 개의 이미지, 즉 영상일 뿐이다. 따라서 사진에 대한 이해는 사진이 시간적으로 분리되고 공간적으로 고립되어 현실과 따로 떨어진 곳에서 홀로 저를 주장하는 독자적 영상이라는 인식에서부터 출발해야 한다.

근대 사진은 현실이 그대로 사진의 내용이었기 때문에 현실을 어떻게 사진으로 수용할 것인가가 유일한 문제였다. 근대 사진은 현실이 포장지에 불과하다는 것을 간과하고 있었다. 간과한 것이 아니라 현실이야말로 사진이 포장해야 할 내용물로 간주하고 있었다. 따라서 현실을 있는 그대로 재현하는 데 그들의 능력을 집중시켰으며, 영상의 왜곡은 물론, 작가의 주관마저도 가능한 한 배제하고자 노력을 했다.

그에 비해 현대 사진은 현실을 포장지로밖에 생각하지 않는다. 작가의 주관적 사상이나 감정, 곧 주제를 표현하기 위한 하나의 소재로 현실을 인식한다. 따라서 사진이 추구하는 바가 현실의 재현이 아니다 보니 현대 사진은 연출을 마음대로 하고, 온갖 기법을 동원해 현실을 재구성하기도 한다. 심지어 필름이나 인화지 위에 인위적으로 손질을 가해 현실성을 지워 버리기도 한다. 현실이 왜곡되는 것에 아무런 구애를 받지 않는 것이다.

① 현대 사진은 주제를 표현하기 위한 소재로 현실을 인식한다.
② 근대 시대의 작가들은 현실을 그대로 재현하기 위해 자신의 주관을 가능한 한 배제하려고 노력했다.
③ 사진을 올바르게 이해하기 위해서는 사진이 독자적 영상이라는 인식을 가져야 한다.
④ 근대 사진과는 달리 현대 사진은 현실을 부각하기 위해 필름이나 인화지 위에 인위적으로 손질을 가해 현실을 왜곡한다.

13 다음 중 밑줄 친 시어에 대한 설명으로 적절하지 않은 것은?

(가)
동쪽 바다에는 큰 고래 날뛰고 東溟有長鯨
서편 국경에는 사나운 멧돼지 있건만 西塞有封豕
강가 초소엔 잔약한 병졸 울부짖고 江章哭殘兵
바닷가 진지엔 굳센 보루 없구나. 海檄無堅壘
조정에서 하는 일 옳지 않거니 廟算非良籌
몸을 사리는 것이 어찌 대장부랴! 全軀豈男子
훌륭한 제 주인을 얻지 못하니 寒風不再生
명마는 속절없이 귀 수그리네. 絕景空垂耳
뉘라서 알리오 초야에 묻힌 사람 誰識衣草人
웅심[1]이 하루에도 천 리를 달리는 줄. 雄心日千里
– 임제, 「잠령민정(蠶嶺閔亭)」 –

(나)
님다히[2] 소식을 어떻게든 알자 하니
오늘도 거의로다 내일이나 사람 올까.
내 마음 둘 데 없다 어디로 가잔 말가.
잡거니 밀거니 높은 뫼에 올라가니
구름은 물론이고 안개는 무슨 일가.
산천이 어두운데 일월(日月)을 어찌 보며
지척(咫尺)을 모르는데 천 리를 바라보랴.
차라리 물가에 가 뱃길이나 보려 하니
바람이야 물결이야 어수선히 되었구나.
사공은 어디 가고 빈 배만 걸렸는가.
강천(江天)에 혼자 서서 지는 해를 굽어보니,
님다히 소식이 더욱 아득하구나.
– 정철, 「속미인곡(續美人曲)」 –

[어휘 풀이]
1) 웅심 : 웅대하게 품은 마음
2) 님다히 : 임 계신 곳

① (가)의 '동쪽 바다'는 위기의 공간이고, (나)의 '높은 뫼'는 탈속의 공간이다.
② (가)의 '굳센 보루'와 (나)의 '일월'은 화자의 소망을 반영하고 있다.
③ (가)의 '웅심'과 (나)의 '바람'은 화자의 내면과 관련이 있다.
④ (가)의 '천 리'는 화자의 능력, (나)의 '천 리'는 임과의 거리감을 나타낸다.

14 다음 중 형태소의 개수가 가장 바르게 연결된 것은?

① 그 많던 싱아는 누가 다 먹었을까? – 12개
② 집에서 내려오는 길에 그녀를 만났다. – 12개
③ 마당에서 눈사람을 만들고 있다. – 10개
④ 지붕 위로 차가운 바람이 세차게 불었다. – 12개

15 (가)의 주인공과 (나)의 화자가 나눈 대화 중, 가장 적절하지 않은 것은?

(가) 그때는 어머니가 살아 계실 때였다. 6 · 25사변으로 대학의 강의가 중단되었기 때문에 서울을 떠나는 마지막 기차를 놓친 나는 서울에서 무진까지의 천여 리 길을 발가락이 몇 번이고 부르터지도록 걸어서 내려왔고, 어머니에 의해서 골방에 처박혀졌고, 의용군의 징발도, 그 후의 국군의 징병도 모두 기피해 버리고 있었었다. 내가 졸업한 무진의 중학교의 상급반 학생들이 무명지에 붕대를 감고, '이 몸이 죽어서 나라가 선다면…….'을 부르며 읍 광장에서 있는 트럭들로 행진해 가서 그 트럭들에 올라타고 일선으로 떠날 때도 나는 골방 속에 쭈그리고 앉아서 그들의 행진이 집 앞을 지나가는 소리를 듣고만 있었다. 전선이 북쪽으로 올라가고 대학이 강의를 시작했다는 소식이 들려왔을 때도 나는 무진의 골방 속에 숨어 있었다. 모두가 나의 홀어머님 때문이었다. …(중략)… 내가 골방보다는 전선을 택하고 싶어해하는 것을 알고 있었기 때문이다. 그 무렵에 쓴 나의 일기장들은 그 후에 태워 버려서 지금은 없지만, 모두가 스스로를 모멸하고 오욕을 웃으며 견디는 내용들이었다.

– 김승옥, 「무진기행」 –

(나) 매운 계절의 채찍에 갈겨
마침내 북방으로 휩쓸려 오다.
하늘도 그만 지쳐 끝난 고원,
서릿발 칼날진 그 위에 서다.
어디다 무릎을 꿇어야 하나
한 발 재겨 디딜 곳조차 없다.
이러매 눈 감아 생각해 볼밖에
겨울은 강철로 된 무지갠가 보다.

– 이육사, 「절정」 –

① (나)의 화자 – 나라가 어려울 때 꿀 먹은 벙어리처럼 있었다니, 창피하지도 않소?
② (가)의 주인공 – 내가 얼마나 자기혐오 속에서 산 줄 아시오? 하지만 어머니 때문에 벙어리 냉가슴 앓듯 지낼 수밖에 없었소.
③ (나)의 화자 – 핑계 없는 무덤 없다고 했소. 어머니 핑계 대지 마시오.
④ (가)의 주인공 – 그래도……. 개똥밭에 굴러도 이승이 나은 것 아니겠소?

16 다음 중 한자어의 독음(讀音)이 모두 옳은 것은?

① 軋轢 – 알력, 埋立 – 매립, 揭示板 – 게시판
② 凱旋 – 개선, 矜恤 – 구휼, 拇印 – 무인
③ 賂物 – 뇌물, 刮睦 – 괄목, 驚蟄 – 경칩
④ 褒賞 – 보상, 樓閣 – 누각, 改悛 – 개전

17 다음 중 ㉠, ㉡에 모두 해당하는 것은?

보기

제1항 한글 맞춤법은 표준어를 ㉠ 소리대로 적되, 어법에 맞도록 함을 원칙으로 한다.
제3항 외래어는 ㉡ '외래어 표기법'에 따라 적는다.

	㉠	㉡
①	수탕나귀	화이팅
②	원숭이	난센스
③	닭	할리우드
④	늑대	라켇

18 다음 중 (가)와 (나)에 나타난 '꿈'의 특징이 가장 바르게 연결된 것은?

> (가) 오백 년 도읍지를 필마(匹馬)로 돌아드니
> 산천은 의구(依舊)ᄒᆞ되 인걸(人傑)은 간 데 없다
> 어즈버 태평연월(太平烟月)이 꿈이런가 하노라
> (나) 이화우(梨花雨) 흣ᄲᅮ릴 제 울며 잡고 이별ᄒᆞᆫ님,
> 추풍낙엽(秋風落葉)에 저도 날 ᄉᆡᆼ각ᄂᆞᆫ가
> 천 리(千里)에 외로운 꿈만 오락가락 ᄒᆞ나매

	(가)	(나)
①	오매불망(寤寐不忘)	흥진비래(興盡悲來)
②	전전긍긍(戰戰兢兢)	회자정리(會者定離)
③	일장춘몽(一場春夢)	오매불망(寤寐不忘)
④	노심초사(勞心焦思)	전전반측(輾轉反側)

19 다음 중 어법에 맞고 가장 자연스러운 문장은?

① 철학자들에게는 상식이 거부되기 때문에, 새로운 깨달음을 얻게 해 주는 지혜를 받아들인다.
② 돌이켜 회고해 보면 우리는 형극의 가시밭길을 걸어 왔다.
③ 그 사건은 냉전의 종식과 평화 시대의 도래를 의미한다.
④ 그는 매사에 일을 쉽게 처리하는 경향이 있다.

20 문맥상 ㉠과 바꾸어 쓰기에 가장 적절한 것은?

> 그러나 출산율의 가파른 하락과 역사상 유례없이 빠른 인구 고령화 현상은 개발도상국에서도 진행되고 있어 많은 국가들이 부국이 되지도 못한 채 이미 인구가 고령화하고 있다. 예를 들어 보자. 오늘날 미국인들은 멕시코를 생각할 때 일자리가 없어서 절망한 젊은이들이 리오데그란데강을 헤엄쳐 건너거나 국경의 철조망 밑을 기어서 통과하는 텔레비전 속의 이미지를 떠올린다. 그러나 멕시코의 출산율이 급격히 ㉠ 떨어지고 있기 때문에 금세기 중반에 이르면 멕시코는 미국보다 더 늙은 나라가 될 것이고 전체 인구는 지금의 일본보다 더 나이가 많아질 것이다. 유엔의 전망에 따르면 라틴 아메리카의 나머지 국가들도 대부분 마찬가지 상황이다.

① 하강(下降)하고
② 정체(停滯)하고
③ 감소(減少)하고
④ 격추(擊墜)하고

제 2 과목 영 어

01 다음 빈칸에 들어갈 가장 적절한 것은?

Feedback, particularly the negative kind, should be descriptive rather than judgmental or evaluative. No matter how upset you are, keep the feedback job-related and never criticize someone ______ because of an inappropriate action. Telling people they're stupid, incompetent, or the like is almost always counterproductive. It provokes such an emotional reaction that the performance deviation itself is apt to be overlooked. When you're criticizing, remember that you're censuring a job-related behavior, not the person.

① severely ② directly
③ personally ④ officially

02 다음 빈칸에 들어갈 가장 적절한 것은?

After analyzing a mass of data on job interview results, a research team discovered a surprising reality. Did the likelihood of being hired depend on qualifications? Or was it work experience? In fact, it was neither. It was just one important factor: did the candidate appear to be a ______ person. Those candidates who had managed to ingratiate themselves were very likely to be offered a position; they had charmed their way to success. Some had made a special effort to smile and maintain eye contact. Others had praised the organization. This positivity had convinced the interviewers that such socially skilled applicants would fit well into the workplace, and so should be offered a job.

① competent
② pleasant
③ kind
④ adaptive

03 다음 중 우리말을 영어로 가장 잘못 옮긴 것은?

① 장미덤불이 꽃을 피우기를 바란다면 그것을 비옥하게 해야 할 의무가 있다.
→ You are supposed to fertilize your rose bushes if you expect them to produce any flowers.

② 종합적인 모노레일 시스템을 형성하는 계획은 국민들로부터 나온 제안이다.
→ Plan to build a comprehensive monorail system is a citizen — initiated proposal.

③ 이 책이 출판될 즈음이면, 우리는 이미 그 도시를 떠나고 없을 것이다.
→ By the time this book gets into print, we will already have left the city.

④ 에베레스트 산에 올라갈 기회를 얻게 된다면, 그것을 하기 위해 모든 것을 걸겠는가?
→ If you were offered the opportunity to climb Mt. Everest, would you risk everything to do it?

04 다음 중 밑줄 친 부분과 의미가 가장 가까운 것은?

The Irish-born author of Waiting for Godot and Endgame described a stark world of vagabond couples trapped by an apocalyptic sense of doom and caught in a never-ending, master-slave dialectic often laced with a wry Irish humor.

① bleak
② optimistic
③ nomadic
④ dynamic

05 다음 중 밑줄 친 부분과 의미가 가장 가까운 것은?

After a brief economic bonanza in the early 1990s that filled Buenos Aires with glitz, the most severe economic crisis in Argentina's history pushed half the population below the poverty level. Yet even as they struggled to pay their utility bills or avoid eviction, many people found new meaning in a music that was neither easy nor frivolous.

① conflict
② expulsion
③ obscurity
④ delay

06 다음 중 밑줄 친 부분에 들어갈 가장 적절한 것은?

Tom was vain enough to have ambition of ________ in the world.

① cutting a fine figure
② get on with it
③ take the bull by the horn
④ hold out to the end

07 다음 중 <보기> 뒤에 이어질 글의 순서로 가장 적절한 것은?

보기

Sometimes a chronic disease requires an individual to restrict or omit certain foods. An individual who is sick may not be hungry or may find it difficult to eat.

(A) On the other hand, those who are exceptionally fit, including professional athletes, may practice other food habits, including consumption of high-protein foods. Such habits are essential for them to sustain or improve their performance.

(B) Even minor illnesses may result in changes in diet, such as drinking ginger ale for an upset stomach or hot tea for a cold.

(C) Those who are trying to lose weight may restrict foods to only a few items, such as grapefruit or cabbage soup, or to a certain category of foods, such as those low in fat.

① (A) – (B) – (C)
② (B) – (A) – (C)
③ (B) – (C) – (A)
④ (C) – (A) – (B)

08 다음 중 어법상 가장 적절한 것은?

① If a man you met the night before and made the worst impression on you loses no time in telephoning you the very next morning, be as busy as possible.

② When I take into consideration all the factors involved, I have neither the inclination nor the insensitivity to interfere.

③ There are usually more men in your life whom you would like to get rid of as those whom you are dying to meet.

④ If you don't mind impolite, you can even say that you have to write a letter or take the dog for a walk.

09 다음 중 밑줄 친 부분에 들어갈 말로 가장 적절한 것은?

Olive oil ________, scientist say. An ingredient in olives known as oleocanthal works in much the same way as the drug ibuprofen to suppress pain-causing prostaglandins in the body. The anti-inflammatory properties of oleocanthal may help explain the reduced incidence of certain cancers, stroke, and heart disease in Mediterranean populations that traditionally use large amounts of olive in their diets.

① can replace the existing oil

② contains a natural painkiller

③ prevents men from being fat

④ can cause anti−inflammatory

10 다음 글의 (A), (B)에 들어갈 말로 가장 적절한 것은?

My very clever Border collie, Smudge, was terrified of cats. __(A)__, Smudge and I used to spend the occasional weekend with a friend who had a very large cat named Tiger. One morning we were having breakfast out on his deck, which had stairs leading down to the garden. Tiger was sitting at the top of the stairs and Smudge was down in the garden pondering his dilemma: how was he going to get past the cat and join the breakfast party? Smudge came up with the most amazing solution: he came up the stairs __(B)__, all of 18 of them, and managed to sneak past Tiger. 'If I can't see him,' Smudge must have figured, 'he can't see me!'

	(A)	(B)
①	Nonetheless	backwards
②	Nonetheless	forwards
③	Therefore	backwards
④	Therefore	forwards

11 다음 중 주어진 문장이 들어갈 곳으로 가장 적절한 것은?

"Alternative medicine is not available under the national health service in some countries, such as Britain."

Medical treatments which are used instead of drugs, surgery, and other officially accepted methods of treatment are known as alternative medicine or complementary medicine. (A) These more natural methods of treating illness include acupuncture, chiropractic and aromatherapy. (B) Therefore, in such countries, people who use it have to pay for it when they receive their treatment. (C) Since the beginning of the 1980s, alternative medicine has become more and more popular with people. (D) Although it is not officially accepted by the medical profession, some doctors do accept that such methods can be effective in treating some types of illness.

① (A)
② (B)
③ (C)
④ (D)

12 다음 중 (A), (B), (C)의 각 네모 안에서 문맥에 맞는 단어로 가장 적절한 것을 고르면?

Sponsoring a child in an underdeveloped country through charitable donations is a great way to make a big difference in the life of the child. This type of sponsorship doesn't involve just a one-off gift, but rather a long - term (A) [commitment / commandment] to making monthly donations. Over the years even ten dollars a month can eventually add up to thousands of dollars. Sponsoring a child means that you can actually (B) [perceive / disregard] the real impact of your money. For example, your donations may allow a child to go to school, pay for medical expenses and provide basic necessities. Furthermore, because the charity sends pictures and reports of these things, you can be assured that your donations are going to the child and not to the (C) [overhead / overpass] costs of the charity.

	(A)	(B)	(C)
①	commitment	perceive	overhead
②	commitment	disregard	overhead
③	commandment	perceive	overpass
④	commandment	disregard	overpass

13 다음 중 글의 주제로 가장 적절한 것은?

All of us are plagued with a number of small necessities of daily life that must be completed in the near future. Examples of these are paying bills, shopping, housework, yard work, minor repairs, and making telephone calls. Doing these tasks in a random fashion is one sure way to work more and accomplish less. One way to improve your effectiveness is to run several errands at one time. Go to the supermarket, bank, car wash, and gas station in one trip. Combine several household chores if possible. Save up your bills and pay them all at a certain time each month. Try to make telephone calls and write letters in batches. It will prevent the minor things in your life from hindering your accomplishment of major goals.

① A tip for setting long-term goals
② The importance of sharing housework
③ The need to organize financial matters
④ An efficient way to deal with minor tasks

14 다음 글에서 "the Shandur Pass"에 관한 내용과 가장 일치하지 않는 것은?

By midmorning's light, a military helicopter descends on the Shandur Pass, a 12,300-foot -high valley hemmed in by mountains whose jagged peaks soar another 8,000 feet above us. This part of Pakistan's Northwest Frontier Province is usually inhabited only by hardy shepherds and their grazing yaks, but today more than 15,000 assorted tribesmen are on hand as Pakistani president Pervez Musharraf emerges from the chopper, a pistol on his hip. Musharraf, who has survived several assassination attempts, seems to be taking no chances in a province roamed by Muslim extremists. But still, he has come: after all, it's the annual mountain polo match between Chitral and Gilgit, rival towns on either side of the Shandur Pass. Persians brought the game here a thousand years ago, and it has been favored by prince and peasant ever since. But as played at Shandur, the world's highest polo ground, the game has few rules and no referee. Players and horses go at one another with the abandon that once led a British political agent to label Chitral "the land of mirth and murder." This valley guards an important chain of passes on the ancient Silk Road linking Western Asia with China. In the 19th century, the area loomed large in the Great Game, the spy-versus-spy shadow play between the Russian and British empires.

① It is a 12,300-foot-high valley surrounded by soaring mountains.
② On either side of it are located Chitral and Gilgit, the rival towns.
③ Diverse tribesmen reside there, usually making a living by raising livestock.
④ It guards an important chain of passes on the ancient Silk Road linking Western Asia with China.

15 다음 중 글의 제목으로 가장 적절한 것은?

One of the biggest problems that people have with selling is that it seems less important than it did twenty years ago. Historically, the quickest way to the top was through sales. These days selling is perceived as one of the lesser business skills. People are more likely to believe that the quickest way to the top is through management training. There is some truth to this, but to presume that management skills are more important than sales skills is a dangerous form of self-deception. I haven't met one single CEO of a major corporation who didn't pride himself on his powers of persuasion — in other words, his salesmanship. Business schools admit that their purpose is to train managers, thereby almost overlooking the fact that if there are no sales there is nothing to manage.

① You Can't Learn Managing Skills at School
② Selling Skills Aren't Recognized Enough
③ Good Managers Always Think Big
④ We Always Learn from the Past

16 다음 중 글의 요지로 가장 적절한 것은?

For native English speakers living in Korea, things written in English by Koreans are sometimes lost in translation, especially, in restaurants. Take Juk for example. Most restaurant menus describe the dish as "Korean oatmeal mixed with seafood or meat." So, for many years I avoided Juk as if it were the plague. The problem is that the first half of the translation brings to mind the image of western oatmeal, which is generally mixed with sugar and cinnamon and tastes a bit like glue, while the second half of the translation makes me imagine adding some kind of seafood or meat to it. It just doesn't sound good when you imagine it like that, does it? Now, despite that image, I admit that when my Korean friend eventually forced me to try Juk, I did find it delicious. The key, therefore, to attracting foreign customers to Korean restaurants, is a well-described menu.

* Juk : 죽

① With more ingredients in it, Juk can be more popular.
② The most difficult problem for foreigners in Korea is food.
③ Juk became a world-famous dish thanks to its good translation.
④ Imprecise translations can lead to misconceptions about Korean food.

17 다음 글에서 "the climbers"의 내용과 가장 일치하는 것은?

Having grown up on ranches, they had spent their share of days riding horses and living outdoors before taking up rock climbing. The style of climbing they practiced is different than traditional mountaineering, and involves a more gymnastic technique called "free climbing." To prepare for their ascent of Trango Tower, also known as Nameless Tower, which soars 20,469 feet above sea level, they didn't slog through waist — deep snow on similar high — altitude peaks. Instead they trained on boulders no taller than 15 feet in the Texas desert. They figured if it were possible to climb any six feet of the rock face, then they could climb the whole mountain, piece by piece. Traditional mountaineers were skeptical. If their only goal was to reach the top of Trango, it would have been quicker. If they had used traditional climbing techniques — hammering spikes into fissures in the rock and climbing rope ladders — it would have been easier. But this group of climbers was an anomaly in the Himalaya. What set them apart was their climbing style. They were climbers who came to scale the peak using only their bare hands and their feet. Using ropes only for protection against falls and to haul and secure equipment. Otherwise, the "cowboys" from Wyoming were on our own for two months, living vertically on the mountain.

① They grew up in the urban blight.

② They used the state-of-the-art climbing techniques.

③ They easily got to the top of Trango as traditional mountaineers expected.

④ They used ropes to carry their climbing kit and other material.

18 다음 글의 Main Idea는 무엇인가?

Among those sympathetic to the general idea of equality a debate is taking place about how best to achieve what might be called a society of equals; a society which achieves an egalitarian idea of social justice. One view — which we can call the "distributive" idea — is well put by GA Cohen. "take for granted that there is something which justice requires people to have equal amounts of..." On this view a society of equals is one in which people have something in equal measure; perhaps wealth, happiness or standard of living. The alternative — "social" — view is that an equal society consists not in equal shares of something but in a particular type of social relations between individuals. On this view the enemy of equality is not so much unequal division but, for example, snobbery and servility. An earlier defence of social equality is to be found in the English socialist RH Tawney' book Equality, and more recent versions can be found in the work of David Miller and Richard Norman. It is hard not to be sympathetic to the general approach of both distributive and social equality, yet, at the same time, to find that extreme versions seem to be missing something.

① to explain why it is hard not to be sympathetic to the idea of equality

② to inform that social equality has been advocated by more scholars

③ to show that the social view of equality is better than the distributive view

④ to introduce the two kinds of ideas of equality

19 다음 중 문법적으로 가장 옳지 않은 것은?

The bridge, built to replace one that ① collapsed in 2007, killing 13 people, is constructed almost ② entirely of concrete embedded with steel reinforcing bars. But it is ③ hard a monolithic structure: the components are made from different concrete mixes, with the recipes ④ tweaked, as a chef would, for specific strength and durability requirements and to reduce the impact on the environment.

20 다음 문장 중 어법상 가장 옳지 않은 것은?

① Everything changed afterward we left home.

② At the moment, she's working as an assistant in a bookstore.

③ I'm going to train hard until the marathon and then I'll relax.

④ This beautiful photo album is the perfect gift for a newly-married couple.

제 3 과목 한국사

01 다음에서 선사시대의 유적과 유물에 관한 설명으로 옳지 않은 것은?

① 부산 동삼동 패총에서는 원산지가 일본으로 추정이 되고 있는 흑요석과 함께 조개껍데기 등이 출토되었다.
② 평남 온천 궁산리에서는 빗살무늬 토기 출토와 함께 뼈바늘이 발견되어 원시적 수공업이 발전하였음을 입증하였다.
③ 함북 웅기군 서포항 유적에서는 강아지와 뱀 그리고 여성 조각상이 출토되어 토테미즘과 함께 여성 숭배 사상도 엿볼 수 있다.
④ 평남 덕천 승리산 동굴에서는 우리나라 최초의 인골이 발견되었는데, 어린아이의 뼈도 출토되어 이름을 '역포아이'라 불렀다.

02 다음 중 고조선과 관련된 설명으로 옳지 않은 것은?

① 위만조선은 한 무제의 침입에 맞서 1차 접전(패수 접전)을 치러 대승을 거두었다.
② 왕검성이 함락된 이후 준왕은 남쪽 진국(辰國)으로 내려가 한왕(韓王)으로 자처하였다.
③ 단군은 주변 부족을 통합하는 과정에서 자신의 조상을 하늘과 연결시키는 천손 사상의 선민사상을 내세웠다.
④ 비파형 동검, 잔무늬 거울, 미송리식 토기, 북방식(탁자식) 고인돌은 고조선의 세력 범위를 알려주는 유물이다.

03 다음 중 조선시대 과거제도에 대한 설명으로 옳지 않은 것을 모두 고른 것은?

> ㉠ 소과인 생원과와 진사과는 초시, 복시로 합격자를 결정하였다.
> ㉡ 무과의 실시는 문무양반제도의 확립을 의미한다.
> ㉢ 무과는 무반 출신의 자제들만 응시할 수 있었다.
> ㉣ 전문 기술 관료를 선발하는 잡과에는 음양과, 역과, 의과, 율과가 있었다.
> ㉤ 서얼(庶孼)들은 문과에 응시할 수 있었다.

① ㉠, ㉢
② ㉡, ㉣
③ ㉢, ㉤
④ ㉣, ㉤

04 다음 중 여러 나라에 대한 설명으로 가장 옳지 않은 것은?

① 동예에서는 다른 부족의 경계를 침범할 경우에는 가축이나 노비로 변상해야 하는 풍습이 있었다.
② 부여에서는 지배층이 죽으면 노비를 순장하던 풍습이 있었다.
③ 마한의 소도에는 천군이 있어 제사의식을 주관하였다.
④ 옥저의 특산물에는 반어피, 과하마, 단궁 등이 있다.

05 **다음 중 조선 후기 과학 기술에 대한 설명으로 가장 옳지 않은 것은?**

① 정상기는 최초로 100리 척을 사용하여 지도를 제작하였다.
② 홍대용에 의해 시헌력이 채택되었다.
③ 서호수는 「해동농서」에서 한국 농학을 체계화하였다.
④ 이제마는 「동의수세보원」에서 체질의학 이론인 '사상의학'을 확립하였다.

06 **다음 주장의 근거가 되는 사상에 대한 설명으로 가장 옳지 않은 것은?**

- 묘청 등이 왕께 아뢰기를, "서경에 궁궐을 세워 거처를 옮기시면 금나라가 폐백을 가지고 와 스스로 항복할 것이며, 36개의 나라가 다 신하가 될 것입니다."라고 하였다.
- 정지상 등이 왕께 아뢰기를, "대동강에 상서로운 기운이 있으니 이는 천년에 한 번 만나기 어려운 일입니다. 청컨대 위로는 천심과 아래로는 백성들의 바람에 따르시어 금나라를 타도하소서."라고 하였다.

① 삼국시대에 전래되어 고구려가 평양으로 천도하는 데 영향을 끼쳤다.
② 신라 말에 경주 이외 지방의 중요성을 자각하는 계기가 되었다.
③ 고려 초기에는 서경 천도와 북진 정책 추진의 이론적 근거가 되었다.
④ 고려 중기에는 한양 명당설이 대두하여 이곳이 남경으로 승격되었다.

07 **다음에서 설명하는 기구가 운영된 시기의 정치 상황으로 옳은 것과 정권을 장악하고 있었던 시기의 사실로 옳은 것을 〈보기〉에서 모두 고르면?**

일본 원정을 준비하기 위해 설치되어 군대와 물자를 징발하였다. 두 차례의 원정을 실시하였으나, 태풍으로 인하여 모두 실패하였다. 일반 행정을 담당한 좌우사(左右司)와 사법 사무를 담당한 이문소(理問所), 군무를 담당한 도진무사(都鎭撫司) 등 여러 부속 기구를 두었다. 원정에 실패한 이후에도 계속 남아 정치에 간섭하였는데, 특히 이문소의 횡포가 극심하였다.

보 기

㉠ 원이 공녀를 요구하고 사냥을 위한 매를 징발하였다.
㉡ 유학자를 제사 지내고 학문을 연구하는 기관이 설립되었다.
㉢ 만호부를 설치하여 고려의 군사 조직에 영향력을 행사하였다.
㉣ 능문능리의 권문세족들이 등장하여 정권의 고문역을 맡았다.

① ㉠, ㉡　② ㉠, ㉢
③ ㉡, ㉢　④ ㉡, ㉣

08 **다음 중 고구려의 발전을 순서대로 가장 바르게 연결한 것은?**

㉠ 요동 지역을 확보하고, 신라에 침입한 왜구를 격퇴하였다.
㉡ 부자상속제가 확립되고 5부의 행정체제가 정비되었다.
㉢ 낙랑군을 공격하여 중국세력을 축출하였다.
㉣ 평양으로 천도하여 백제와 신라를 압박하였다.

① ㉠ – ㉡ – ㉢ – ㉣
② ㉡ – ㉢ – ㉠ – ㉣
③ ㉡ – ㉢ – ㉣ – ㉠
④ ㉣ – ㉡ – ㉢ – ㉠

09 **다음의 삼국문화의 일본 전파 중에서 고구려 문화의 일본 전파 사실만을 고른 것은?**

㉠ 아직기의 한자(천자문)
㉡ 다카마쓰 고분의 벽화
㉢ 혜총의 계율종
㉣ 왕보손의 천문, 역법
㉤ 담징의 호류사 금당벽화

① ㉠, ㉣　　② ㉡, ㉢
③ ㉡, ㉤　　④ ㉢, ㉤

10 **〈보기〉를 통해 유추할 수 있는 시대의 특성으로 가장 옳은 것은?**

보기

문생이 종백(과거를 맡아 합격자를 선발하는 시험관으로 좌주라고도 한다)을 대할 때는 아버지와 자식 사이의 예를 차린다. … 평장사 임경숙은 4번 과거의 시험관이 되었는데 몇 해 지나지 않아 그의 문하에 벼슬을 한 사람이 10여 명이나 되었고, … (유경이) 문생들을 거느리고 들어가 뜰 아래서 절하니 임경숙은 마루 위에 앉아 있고, 악공들은 풍악을 울렸다. 보는 사람들이 하례하고 칭찬하지 않는 이가 없었다.

① 학식과 덕망이 있는 재야의 인재를 추천을 통해 등용하기도 하였다.
② 공장부와 예작부의 설치로 중앙 관제가 완성되었다.
③ 음서 출신자들은 5품 이상의 관직과 재상까지 진출할 수 있었다.
④ 감찰기관인 중정대, 도서의 보관과 편찬을 하고 외교 문서를 작성하는 문적원이 있었다.

11 **다음은 우리나라 농업 기술의 발달 과정에 대한 설명들이다. 다음 중 각 시기에 있었던 상황에 대한 설명으로 가장 옳은 것은?**

㉠ 반달돌칼을 제작하여 추수에 사용하였다.
㉡ 우경이 시작되고, 철제 농기구가 널리 보급되었다.
㉢ 가축의 배설물을 이용하고, 녹비법이 개발되었다.
㉣ 조 · 보리 · 콩의 2년 3작이 일반화되었다.

① ㉠ – 독자적 청동기 문화가 발달하여 거푸집과 세형동검을 사용하였다.
② ㉡ – 시비법이 발달하여 이모작이 가능하게 되어 휴경지가 사라졌다.
③ ㉢ – 왕권 강화를 위해 '왕즉불' 사상이 나타났다.
④ ㉣ – 농민의 경험을 집약한 독자적인 농서가 처음으로 편찬되었다.

12 **다음 제도에 대한 설명으로 옳은 것만을 〈보기〉에서 모두 고르면?**

문종 때 설정한 구역을 기준으로 경기에 소속될 군현들을 정하고, 좌 · 우도로 나누어 배치한다. 여기에 과전을 설치하고, 1품으로부터 9품과 산직*에 이르기까지의 관리를 18과로 나누어 이를 지급한다. …(중략)… 경성(京城)에 살면서 왕실을 시위하는 자는 과에 따라 토지를 받는다. 제1과는 재내대군으로부터 문하시중에 이르기까지로 150결이고, …(중략)… 제18과는 권무**, 산직으로 10결이다.

*산직 : 일정 관직이 없고 관계(官階)만 있는 관리
**권무 : 임시직

보기

㉠ 과전은 소유권을 지급한 것이었다.
㉡ 수신전과 휼양전은 세습이 가능하였다.
㉢ 지급할 토지가 부족해지자 직전법을 시행하였다.
㉣ 과전법 하에서 토지는 원칙적으로 현직 관리에게만 지급되었다.

① ㉠, ㉡　　② ㉠, ㉢
③ ㉡, ㉢　　④ ㉡, ㉣

13 **다음 중 고대의 고분 문화에 대한 설명으로 가장 옳지 않은 것은?**

① 고구려 벽화는 초기에는 사신도와 같은 상징적인 그림이 중심이었는데 후기로 가면서 무덤 주인의 생활을 표현한 그림을 주로 많이 그렸다.
② 백제의 초기 고분인 계단식 돌무지무덤은 고구려의 영향을 받은 것이다.
③ 통일신라시대에는 봉토 주위에 둘레돌을 두르고, 12지 신상을 조각하는 독특한 양식이 새롭게 나타났다.
④ 발해 정혜공주묘의 굴식 돌방무덤과 천장의 모줄임 구조는 고구려 고분양식의 영향을 받은 것이다.

14 **다음은 흥선대원군이 실시한 정책들이다. 이 자료들과 같이 대원군이 궁극적으로 의도한 것과 같은 성격으로 실시된 정책이 아닌 것은?**

(가) 나라의 제도로서 인정(人丁)에 대한 세를 신포(身布)라 하였는데, 충신과 공신의 자손에게는 모두 신포가 면제되어 있었다. 대원군은 이를 시정하고자 동포라는 법을 제정하였다 …(중략)… 이 때문에 예전에는 면제되던 자라도 신포를 바치지 않을 수 없었다.
(나) 팔도의 선비들이 서원을 건립하여 명현을 제사지내고 …(중략)… 무리를 모아 교육을 시키는데, 그 폐단이 백성의 생활에 미쳤다. 대원군은 만동묘를 철폐하고 폐단이 큰 서원을 철폐하도록 하였다. …(중략)… 드디어 1천여 개소의 서원을 철폐하고 그 토지를 몰수하여 관에 속하게 하였다.

① 대한제국의 대한 국제 반포와 유사하다.
② 고려 성종 때 지방 12목에 지방관을 파견하였다.
③ 조선 후기 영조와 정조는 탕평책을 실시하였다.
④ 신라 중대 관료전 폐지와 녹읍제를 실시하였다.

15 **다음은 독립협회에 관한 자료이다. 다음 자료를 통해서 파악할 수 있는 정치제도와 가장 관계없는 것은?**

자료 1

정부에 벼슬하는 사람은 임금의 신하요, 백성의 종이라. 종이 상전의 경제와 사정을 자세히 알아야 그 상전을 잘 섬길 터인데, 조선은 거꾸로 되어 백성이 정부와 관의 종이 되었으니, 백성이 죽도록 일을 하여 돈을 벌어 관인에게 주면서 상전 노릇을 하여 달라 하니 어찌 우습지 아니하리오.

자료 2

제1조 : 중추원은 다음의 사항을 심사 논의하여 정하는 곳으로 할 것
1. 법률과 칙령의 제정 · 폐지 혹은 개정에 관한 사항
2. 의정부에서 논의하여 상주하는 사항
3. 칙령에 따라 의정부에서 자문하는 사항
제3조 : …… 의관 반수는 정부에서 추천하고, 반수는 인민협회 중에서 27세 이상의 사람이 정치 · 법률 · 학식에 통달한 자로 투표 선거할 것

① 주권재민의 원리가 나타나 있다.
② 권력분립 제도의 모습을 찾아볼 수 있다.
③ 대의 민주정치를 표방하고 있음을 알 수 있다.
④ 복지국가의 실현에 대한 열망이 나타나 있다.

16 다음 중 〈보기〉의 사실을 주장한 실학자와 가장 관련 있는 설명은?

> 천체가 운행하는 것 이나 지구가 자전하는 것은 그 세가 동일하니, 분리해서 설명할 필요가 없다. 다만, 9만 리의 둘레를 한 바퀴 도는 데 이처럼 빠르며, 저 별들과 지구와의 거리는 겨우 반경(半徑)밖에 되지 않는데도 몇 천만 억의 별들이 있는지 알 수 없다. 하물며 천체들이 서로 의존하고 상호 작용하면서 이루고 있는 우주 공간의 세계 밖에도 또 다른 별들이 있다. …(중략)… 칠정(七政 : 태양, 달, 화성, 수성, 목성, 금성, 토성)이 수레바퀴처럼 자전함과 동시에, 맷돌을 돌리는 나귀처럼 둘러싸고 있다. 지구에서 가까이 보이는 것을 사람들은 해와 달이라 하고, 지구에서 멀어 작게 보이는 것을 사람들은 오성(五星 : 수성, 금성, 화성, 목성, 토성)이라 하지만, 사실은 모두가 동일하다.
>
> –「담헌집」–

① 서양 선교사인 아담 샬이 만든 시헌력을 도입하는 것을 주장하였다.
② 지전설을 주장하여 중국이 세계의 중심이라는 생각을 비판하였다.
③ 생산을 자극하기 위해서는 절약보다는 소비를 권장해야 한다고 주장하였다.
④ 침구술을 집대성한「침구경험방」을 저술하였다.

17 다음 중 〈보기〉와 관련된 군사조직에 관한 설명으로 가장 옳은 것은?

> 보기
>
> 외방 곳곳에서 도적들이 일어났다. …(중략)… 나는 청하기를 "당속미 1천석을 군량으로 하되, 한 사람당 하루에 2승씩 급료를 준다면 사방에서 군인으로 응하는 자가 모여들 것입니다."라고 하였다. …(중략)… 얼마 안 되어 수천 명을 얻어 조총 쏘는 법과 창 · 칼 쓰는 기술을 가르치고 초관과 파총을 세워 그들을 거느리게 하였다. 또 당번을 정하여 궁중을 숙직하게 하고, 국왕의 행차가 있을 때에 이들로써 호위하게 하니 민심이 점차 안정되었다.
>
> –「서애집」–

① 5위와 갑사나 특수병으로 구성하였다.
② 정군들이 국방상 요지인 영이나 진에 소속되어 복무하였다.
③ 포수, 사수, 살수의 삼수병으로 편제되었다.
④ 서리, 잡학인, 신량역천인 등이 소속되어 유사시에 동원되었다.

18 다음의 사건들을 순서대로 나열한 것은?

> ㉠ 닉슨 독트린 선언
> ㉡ 새마을 운동 시작
> ㉢ 7 · 4 남북공동성명
> ㉣ 남북 유엔 동시가입 제의
> ㉤ 광주 민주화 운동

① ㉠ – ㉡ – ㉢ – ㉣ – ㉤
② ㉠ – ㉢ – ㉣ – ㉤ – ㉡
③ ㉡ – ㉣ – ㉢ – ㉠ – ㉤
④ ㉣ – ㉤ – ㉡ – ㉠ – ㉢

19 다음 중 1910년대 국내외의 독립운동 단체에 대한 설명으로 가장 옳지 않은 것은?

① 독립의군부는 복벽주의를 주장하며 전국적인 의병봉기를 계획하였으나 사전에 발각되어 활동이 중단되었다.

② 대한광복회는 국외 독립운동기지건설을 위해 의연금을 납부하게 하였다.

③ 조선의열단의 나석주는 일제가 세운 동양척식주식회사에 폭탄을 던졌다.

④ 연해주 블라디보스토크에서는 권업회가 조직되어 활동하였다.

20 다음 중 8 · 15 광복을 전후하여 여러 독립운동단체들과 정치적 상황에 대한 설명으로 가장 옳지 않은 것은?

① 조선건국동맹은 대한민국 임시정부 수립을 원조하고, 신탁 통치안을 협의하기 위해 구성한 것이다.

② 광복 직전에는 미국과 소련에 의한 군정 실시를 예상하지 못하였다.

③ 광복 직전에 건국을 준비한 독립운동단체로는 삼균주의를 바탕으로 대한민국 건국 강령을 발표한 대한민국 임시정부, 중국 화북 지방에서 사회주의 계열의 독립운동가들이 김두봉을 주석으로 조직한 화북조선독립동맹, 국내에서 여운형, 조동호 등이 반일적 입장의 모든 세력을 연합한 조선건국동맹이 있었다.

④ 서북청년단은 분단 이후 북한에서 월남한 극우 성향의 청년들로 구성된 단체이다.

제 4 과목 수산일반

01 다음 중 해양오염에 대한 설명으로 옳지 않은 것은?

① 해양오염은 먼 바다에서 시작되어 점차 연안 갯벌의 황폐화로 확산되어 나간다.
② 해양에 다량의 유기 물질이 유입되어 영양염이 지나치게 많아지면 부영양화 상태가 되고, 수산 생물이 폐사하게 된다.
③ 강화유리섬유(FRP) 선박은 해양환경오염에 많은 영향을 끼치기 때문에 폐기 처리를 철저히 하여야 한다.
④ 우리나라는 해역의 수질 환경을 Ⅰ등급, Ⅱ등급, Ⅲ등급으로 나누고 있다.

02 다음 중 용존산소의 증가 요인으로 옳지 않은 것은?

① 수온이 낮을수록 용존산소가 높아진다.
② 기압이 낮을수록 용존산소가 높아진다.
③ 염분이 낮을수록 용존산소가 높아진다.
④ 유기물이 많을수록 용존산소가 높아진다.

03 다음 중 우리나라 근해의 해류에 대한 설명으로 옳지 않은 것은?

① 북한 한류는 동한 난류보다 수온이 낮다.
② 쓰시마 난류는 쿠로시오 해류로부터 분리되어 대한 해협을 통과하며, 여름보다 겨울에 세력이 강하다.
③ 동해 고유수는 우리나라 동해 중층 이상의 깊이에서 흐르고 있으며, 수온이 1~2℃이하, 염분 35‰의 저온 · 저염수 이다.
④ 쿠로시오 해류는 우리나라에 가장 많은 영향을 끼치는 해류로 발원지는 북태평양이다.

04 다음 중 법적 관리 제도에 따른 어업을 분류한 것으로 옳은 것만을 〈보기〉에서 고른 것은 무엇인가?

보기	
ㄱ. 단독어업	ㄴ. 채패어업
ㄷ. 허가어업	ㄹ. 신고어업
ㅁ. 내수면어업	

① ㄱ, ㄴ　　② ㄱ, ㄹ
③ ㄷ, ㄹ　　④ ㄷ, ㅁ

05 다음과 〈보기〉와 같은 특성을 가진 어장으로 옳지 않은 것은?

> 보기
> • 특성이 서로 다른 2개의 해수덩어리 또는 해류가 서로 접하고 있는 경계를 조경이라 한다.
> • 두 해류가 불연속선을 이룸으로서 소용돌이가 생겨 상 · 하층수의 수렴과 발산 현상이 나타나 먹이 생물이 많아진다.

① 북해 어장　　② 뉴펀들랜드 어장
③ 페루 근해 어장　　④ 남극양 어장

06 다음 해사안전법에 대한 내용 중 ㉠~㉢에 들어갈 말로 옳은 것은?

> • (㉠)은 국제해사기구가 주관하는 회원국 감사에 대비하기 위한 계획을 (㉡)마다 수립하여야 한다.
> • (㉠)은 대응계획을 시행하기 위하여 매년 (㉢)을 수립하여야 한다.

	㉠	㉡	㉢
①	외교부장관	1년	점검계획
②	외교부장관	3년	추진계획
③	해양수산부장관	5년	시행계획
④	해양수산부장관	7년	점검계획

07 다음 중 선체의 구조에 대한 설명 중 옳지 않은 것은?

① 배의 제일 아래 쪽 선수에서 선미까지의 중심을 지나는 골격으로 선체를 구성하는 세로 방향의 기본 골격을 용골이라 한다.
② 선체의 좌우 현측을 구성하는 골격으로 선박의 바깥 모양을 이루는 뼈대를 보(Beam)라고 한다.
③ 파도를 이겨내고 조타장치를 보호하기 위한 목적으로 설치하는 것을 선미루라고 한다.
④ 충돌 시 선체를 보호하는 역할을 하며 용골의 앞 끝과 양현의 외판이 모여 선수를 구성하는 것을 선수재라고 한다.

08 다음 중 선박안전조업규칙의 적용 대상으로 옳은 것은?

① 총톤수 100톤 미만의 선박
② 정부 · 공공단체 소유 선박
③ 원양어업에 종사하는 어선
④ 여객선 및 국외에 취항하는 선박

09 출하 전 참돔의 체색을 유지하기 위하여 배합사료에 혼합하여 공급하는 것으로 옳은 것은?

① 오징어 ② 새우류
③ 까나리 ④ 정어리

10 다음 중 틸라피아 양식에 대한 설명으로 옳지 않은 것은?

① 열대성 담수 어류종으로 아프리카가 원산지이며 역돔이라고도 불린다.
② 수온이 21℃ 이상 유지되면 30~60일 간격으로 2~3회씩 산란한다.
③ 자 · 치어기에는 식물성 먹이를 먹고, 성장함에 따라 동물성으로 전환된다.
④ 공식현상이 나타나므로 먹이는 아침 일찍 공급하고, 조금씩 여러번에 걸쳐 공급한다.

11 다음 중 홍조류에 속하지 않은 것은?

① 다시마 ② 김
③ 진두발 ④ 우뭇가사리

12 다음 중 새우류 유생기의 먹이로 옳지 않은 것은?

① 아르테미아 ② 코페포다
③ 스켈레토네마 ④ 렙토세팔루스

13 다음 중 잉어의 산란이 주로 이루어지는 때로 가장 옳은 것은?

① 2~3월 수온이 7℃ 정도인 오후
② 5~6월 수온이 18℃ 정도인 새벽
③ 7~8월 수온이 26℃ 정도인 오후
④ 9~10월 수온이 18℃ 정도인 새벽

14 다음에서 설명하는 기기의 명칭이 바르게 짝지어진 것은?

(가) 트롤어구에 입망되는 어군의 양 파악
(나) 트롤어구 전개판 사이의 간격 측정
(다) 선망 어선의 그물이 가라앉는 상태 감시

	(가)	(나)	(다)
①	네트 리코더	전개판 감시 장치	네트 존데
②	네트 리코더	네트 존데	전개판 감시 장치
③	전개판 감시 장치	네트 리코더	네트 존데
④	전개판 감시 장치	네트 존데	네트 리코더

15 조미 가공품에 대한 설명으로 틀린 것은?

① 조미 건제품은 수산물을 조미액에 침지한 다음에 건조시킨 것이다.
② 쥐치 꽃포는 쥐치 육을 조미하여 건조한 것이다.
③ 조미 구이 제품은 수산물을 조미액 없이 구워서 만든 것이다.
④ 조미 조림 제품은 수산물을 조미액에 넣고 높은 온도에서 끓인 것이다.

16 다음 중 해동에 대한 내용으로 옳지 않은 것은?

① 해동 온도보다는 해동 속도가 품질에 더 큰 영향을 미친다.
② 해동 시 품질에 영향을 주는 요인에는 해동 전의 품질도 포함된다.
③ 동결 시와 마찬가지로 최대 빙결정 융해대(−5℃~동결점 사이)에서는 급속 해동을 해야 한다.
④ 유출 드립은 해동할 때 흡수되지 못한 수분이 자연스럽게 식품 밖으로 흘러나온 것을 말한다.

17 다음이 설명하는 독소형 식중독균은?

- 잠복시간이 2~6시간으로 짧고 복통, 구역질, 구토, 설사 등이 나타난다.
- 1914년 바버(Barber)에 의해 급성위장염 원인균으로 밝혀졌다.
- 이 균이 생산하는 독소는 엔테로톡신(Enterotoxin)이다.
- 독소는 100℃에서 30분간 가열해도 무독화되지 않는다.

① 바실루스 세레우스균(Bacillus cereus)
② 포도상구균(Staphylococcus aureus)
③ 프로테우스 모르가니균(Proteus morganii)
④ 살모넬라균(Salmonella)

18 다음 수산물 유통기구 중 중계기구로 옳은 것은?

① 산지유통인, 수협공판장, 수협위판장
② 수협공판장, 위탁상
③ 산지유통인, 도매시장, 수협위판장
④ 도매시장, 위탁상

19 농수산물 품질관리법령상 수산물의 중금속 검정 항목으로 옳은 것은?

① 카드뮴, 비소, 납, 수은
② 크롬, 아연, 구리, 카드뮴, 납, 망간
③ 구리, 카드뮴, 납, 아연, 알루미늄, 망간
④ 수은, 카드뮴, 구리, 납, 아연 등

20 국제수산기구 중 다량어류(참치) 관리기구로 옳은 것은?

① 남극해양생물보존위원회(CCAMLR)
② 중서부태평양수산위원회(WCPFC)
③ 북서대서양수산위원회(NAFO)
④ 북태평양소하성어류위원회(NPAFC)

제 5 과목 수산경영

01 다음 중 수산경영의 기술적 요소에 해당하지 않는 것은?

① 기계 및 설비
② 기 술
③ 지 식
④ 정 보

02 다음 중 수산업법에서 규정하고 있는 수산업의 정의로 옳지 않은 것은?

① 어 업
② 어획물운반업
③ 수산물유통업
④ 수산물가공업

03 수산 기업의 경영 형태 중 합자회사에 대한 설명으로 옳은 것은?

① 2인 이상 출자하고 공동 경영하며, 회사 채무에 대하여 연대 무한책임을 진다.
② 승인 과정 없이 증권 매매 및 양도가 가능하기 때문에 자금 조달이 용이하다.
③ 모든 출자자들은 출자액 한도 내에서만 책임을 지고, 출자액에 비례하여 지분을 갖게 된다.
④ 무한책임 출자자와 유한책임 출자자로 구성된다.

04 다음 경제성 분석기법 중 (가)에 들어갈 공통적인 용어로 옳은 것은?

> • (가)은/는 총 편익과 총 비용을 일치시키는 할인율로, 순현재가치를 '0'으로 만드는 할인율 · 편익비용비를 '1' 이상으로 로 만드는 할인율이다.
> • (가)이/가 클수록 바람직하다.
> • (가)이/가 필수(요구)수익률보다 클 경우 타당성이 있다고 본다.

① 순현재가치
② 내부수익률
③ 편익비용비
④ 회수기간

05 다음 중 짓가림제의 특징으로 옳지 않은 것은?

① 고려시대부터 시작된 결부제도에서 유래된 제도로 다른 산업에서는 찾아보기 힘든 임금제도이다.
② 어획해 온 어획물로 임금이 지불되는 방식이다.
③ 경영 성과가 있어야 분배할 수 있으며, 성과가 높으면 임금도 높아진다.
④ 1인당 임금은 [(총 어획 금액 − 공동경비) ÷ 총 짓수] × 분배 짓수로 계산한다.

06 생산조직 중 집중식 선대조직에 대한 설명으로 옳지 않은 것은?

① 어선들 사이에 경쟁을 자극시켜 생산 효율을 높인다.
② 어선은 어황, 조업 일시, 어획량, 어획물 등을 영업소에 보고하고, 영업소는 어종별로 어가를 산출하여 어선에 통지해준다.
③ 어선 간에 무선으로 어장에 대한 정보를 교환한다.
④ 선장이 중심이 되어 어선의 어로 작업을 조정 · 통제한다.

07 다음 중 어업 작업의 특징으로 옳은 것은?

① 다른 산업과 달리 자연환경의 영향을 크게 받지 않는다.
② 어업 작업의 효율적인 개선을 위한 연구가 활발하게 진행 중이다.
③ 작업 체계가 규정되어 있다 하더라도 상황에 따라 유동적으로 작업이 수행된다.
④ 어업 작업은 순차적으로 진행되지만, 동시 진행도 가능하다.

08 다음 수산업의 경영분석지표 중 생산 · 판매 활동을 위하여 자산을 얼마나 효과적으로 활용하였는지 나타내는 지표는 무엇인가?

① 활동성
② 성장성
③ 수익성
④ 안정성

09 다음 중 현금주의의 단점으로 옳지 않은 것은?

① 오류의 자기검증 및 연계성 분석이 어렵다.
② 모든 채권을 징수할 수 있는 것은 아니기에 수익의 과대평가가 이루어질 가능성이 있다.
③ 재정의 총괄적이고 체계적인 현황 파악이 곤란하다.
④ 부채가 존재해도 현금으로 지출되지 않으면 재정이 건전한 것으로 나타난다.

10 어선 어업의 원가계산에서 출어비에 해당하지 않는 것은?

① 어상자대
② 소금대
③ 연료비
④ 운반비

11 다음 중 정률법에 따른 감가상각비 계산 방법으로 옳은 것은?

① (취득원가－감가상각누계액)×상각률
② (취득원가＋감가상각누계액)×상각률
③ [(취득원가－잔존가액)/내용년수]
④ [(취득원가－잔존가액)×내용년수]

12 다음 중 회계보고서의 작성 방법 중 무엇에 관한 설명인가?

- 회계담당자의 주관성이 보다 많이 작용할 가능성이 있다.
- 모든 채권을 징수할 수 있는 것은 아니기에 수익의 과대평가가 이루어질 가능성이 있다.
- 감가상각 및 대손상각을 비용으로 인식한다.

① 단식부기
② 복식부기
③ 발생주의
④ 현금주의

13 다음 사례와 어울리는 수산물 유통의 특성으로 옳은 것은?

> 도루묵을 즐겨먹는 A씨는 수산 시장을 갔다가 평소의 반값으로 가격이 내린 도루묵을 보고 깜짝 놀랐다. 주변 사람들에게 물어보니 올해 도루묵의 어획량이 예년에 비해 크게 늘어 가격이 내려가게 되었다는 것을 알게 되었고 평소보다 저렴한 가격에 도루묵을 구할 수 있게 되었다.

① 부패성
② 수산물 구매의 소량 분산성
③ 생산물의 규격화 및 균질화의 어려움
④ 가격의 변동성

14 다음 중 도매거래와 소매거래의 특징이 잘못 연결된 것은?

	〈도 매〉		〈소 매〉
①	적재의 효율성 중시	–	점포 내 진열 중시
②	다양한 할인정책	–	정찰제
③	높은 마진율	–	낮은 마진율
④	대량판매 위주	–	소량판매 위주

15 다음 수산물 유통 기능 중 전국에 산재한 수산물을 모아서 필요한 사람들에게 공급할 수 있도록 하는 기능은 무엇인가?

① 운송 기능
② 집적 기능
③ 선별 기능
④ 분할 기능

16 다음 중 수산업 협동조합법에 명시된 중앙회와 조합에 대한 내용으로 옳지 않은 것은?

① 중앙회와 달리 조합은 법인으로 하지 않는다.
② 중앙회는 회원의 사업이 원활히 이루어질 수 있도록 돕는 역할을 하며, 회원의 사업과 직접 경합되는 사업을 하여 회원의 사업을 위축시켜서는 아니 된다.
③ 조합과 중앙회의 주소는 그 주된 사무소의 소재지로 한다.
④ 조합과 중앙회는 설립 취지에 반하여 영리 또는 투기를 목적으로 하는 업무를 하여서는 안 된다.

17 다음 중 현대 협동조합의 효시인 로치데일의 원칙에 해당하지 않는 것은?

① 정가 판매의 원칙
② 선거에 의한 임원 및 위원 선출의 원칙
③ 우량품질의 원칙
④ 현금 거래의 원칙

18 다음 중 어선원 및 어선 재해보상보험법에 명시된 내용으로 옳지 않은 것은?

① 어선원 및 어선 재해보상보험법에 따른 보험사업은 해양수산부장관이 관장한다.
② 어선원 및 어선 재해보상보험법은 어선원 등을 보호하고 어업경영의 안정에 이바지하는 것을 목적으로 하는 법이다.
③ 어선원 및 어선 재해보상보험법은 어선원, 가족어선원이 어업 활동과 관련하여 입은 부상 · 질병 · 신체장애 또는 사망에 대해 신속 · 공정하게 보상하는 것이 목적이고 어선의 소유자는 이에 해당하지 않는다.
④ 해양수산부장관은 사업을 효율적으로 수행하기 위해 수산업 협동조합중앙회에 보험사업 업무를 위탁할 수 있다.

19 다음 중 어촌을 개발함에 있어 나아가야 할 방향으로 가장 적절하지 않은 것은?

① 내항 중심의 어촌 경제를 개발하여야 한다.
② 어항 간 간격을 좁혀 어항 수용 능력을 높이는 방안이 필요하다.
③ 개발에 있어 해당 지역을 가장 잘 알고 있는 어촌 주민이 개발의 주체로 참여할 수 있도록 개방하여야 한다.
④ 대규모 어항을 법정 어항으로 제도화하여 규모의 경제를 실현하여야 한다.

20 다음 수산업 협동조합법에 명시된 수산물가공 수산업 협동조합에 대한 설명으로 옳지 않은 것은?

① 특별한 제한 없이 조합원의 이용에 지장이 없다면 조합원이 아닌 사람도 수산물가공 수산업 협동조합에서 제공하는 사업을 이용할 수 있다.
② 수산물냉동 · 냉장업을 경영하는 사람도 해당 수산물가공수협의 구역에 주소를 두고 있다면 조합원이 될 수 있다.
③ 수산물가공 수산업 협동조합은 차관사업도 수행한다.
④ 수산물가공 수산업 협동조합은 수산물가공업을 경영하는 조합원의 생산성을 높여 조합원의 경제적 · 사회적 지위 향상을 증대하는 것을 목적으로 하고 있다.

해양수산직

제3회 최종모의고사

목 차

I wish you the best of luck!

빼박 해양수산직

최종모의고사

해양수산직

제 3 회 최종모의고사

제 1 과목 국 어

01 다음 중 복수 표준어가 아닌 것은?

① 벌레 – 버러지, 맨날 – 만날, 나부랭이 – 너부렁이
② 넝쿨 – 덩쿨, 살코기 – 살고기, 애달프다 – 애닯다
③ 에는 – 엘랑, 주책없다 – 주책이다, 넝쿨 – 덩굴
④ 모내다 – 모심다, 이기죽거리다 – 어죽거리다, 찰지다 – 차지다

02 다음 중 '죽다'와 바꾸어 쓸 수 없는 것은?

① 消失하다 – 遺失하다
② 崩御하다 – 昇遐하다
③ 入寂하다 – 涅槃에 들다
④ 作故하다 – 他界하다

03 다음 중 가장 옳지 않은 설명은?

① 일부 방언에서 '나무'를 '낭구'라고 하는 것은 역사적으로 '나+ㅁㄱ(종성)'으로도 쓰였기 때문이다.
② '암닭' 대신 '암탉'으로 쓰는 것은 '암탉'이 역사적으로 하나의 어근을 갖는 단일어였기 때문이다.
③ '조'와 '쌀'의 합성어인 '좁쌀'에 'ㅂ'이 첨가된 것은 '쌀'이 역사적으로 'ㅄ + ·(아래 아) + ㄹ(종성)'이었기 때문이다.
④ '잔디'에 구개음화 법칙을 적용하여 '잔지'로 발음하지 않는 것은 역사적으로 '잔듸'였기 때문이다.

04 다음 중 밑줄 친 부분과 바꾸어 쓰기에 가장 적절한 것은?

> 외국인 투자자들에 의해 주가가 오르고는 있지만, 언제 또 곤두박질칠지 모르기 때문에 요즘 우리나라 증시는 마치 <u>살얼음을 밟는 것 같은</u> 상황이라고 할 수 있다.

① 渙然氷釋의
② 氷肌玉骨의
③ 氷貞玉潔의
④ 如履薄氷의

05 다음 중 〈보기〉와 진술 방식과 가장 같은 것은?

보 기

신호란 어떤 사건의 발생, 또는 긴박성, 물건이나 사람의 출현, 또는 정세의 변화 따위를 알리는 어떤 것을 말한다. 신호에는 일기예보, 위험 신호, 행운 또는 불행에 대한 길흉 징조, 과거사에서 나오는 경고 따위가 있다. 어느 경우나 신호는 우리 경험에서 주목되는 것, 또는 예기되는 어떤 것과 밀접한 관련을 가지고 있다. 신호는 그것이 나타내는 상황이 공간적으로나 시간적으로 떨어져 있을 경우라도 그 기능을 발휘한다.

① 우리나라의 한문학은 일찍이 발달하게 되었으니, 이미 고조선(古朝鮮) 때 여옥(麗玉)이 공후인을 짓고, 고구려 유리왕(瑠璃王)이 황조가(黃鳥歌)를 지었던 것이다. 그리고 좀 내려와서 을지문덕(乙支文德)이 지은 여수장우중문시(與隋將于仲文詩)는 뛰어난 작품으로 평가되고 있다.

② 소설을 구성하는 요소는 물론 많지만, 그 중요한 것으로 인물, 배경, 사건의 셋을 들 수 있다. 인물은 사건의 주제, 배경은 인물이 행동을 벌이는 시간, 공간, 분위기 등, 그리고 사건은 인물이 배경 속에서 벌이는 행동의 체계이다.

③ 본질적으로 '글'은 '말'을 문자로 바꾸어 놓은 것이지만, 우리가 평소에 보통 쓰는 글의 표현방식과 말의 표현 방식 사이에는 상당한 차이가 있다. 글로 표현하면 자연스러운 어휘가 말로 사용하면 어색하게 느껴지는 것들이 있고, 또는 말로는 표현할 수 있으나 글로는 묘사하기 어려운 내용이 얼마든지 있다. 우리가 글을 읽을 때는 자연스럽게 느껴지는 '그녀', '아름답다', '즐겁다' 등과 같은 평범한 단어들도 말로는 별로 사용하지 않는 경우가 그것이다.

④ 언어는 일종의 기호이다. 기호란 어떤 의미를 표상하는 감각적 표지이다. '어떤 의미'는 기호의 내용이요, '감각적 표지'는 기호의 형식이다. 곧, 기호는 일정한 내용을 나타내는 형식을 갖추고 있는 것이다. 여러 갈래의 수학 기호 또는 부호는 물론 교통 신호, 여러 가지 형태의 통신 부호들은 다 일정한 내용을 표상하는 형식을 갖추고 있는 기호들이다. 우리의 언어도 우리의 생각과 느낌이라는 내용을 표상하는 음성이라는 형식을 갖추고 있으므로 기호적인 성질을 가지고 있다.

06 밑줄 친 ㉠~㉣ 중 나머지 셋과 시적 정서가 가장 다른 것은?

갈아놓은 논고랑에 고인 물을 본다.
마음이 행복해진다.
나뭇가지가 꾸부정하게 비치고
햇살이 번지고
날아가는 새 그림자가 잠기고
㉠ 나의 얼굴이 들어 있다.
늘 홀로이던 ㉡ 내가
그들과 함께 있다.
누가 높지도 낮지도 않다.
모두가 아름답다.
그 안에 ㉢ 나는 거꾸로 서 있다.
거꾸로 서 있는 모습이
본래의 ㉣ 내 모습인 것처럼
아프지 않다.
산도 곁에 거꾸로 누워 있다.

① ㉠
② ㉡
③ ㉢
④ ㉣

07 다음 중 어법에 맞는 가장 자연스러운 문장은?

① 우리는 모두 그분을 존경하였고, 그분 또한 사랑하셨다.
② 그녀는 그의 소식을 가까운 측근들에게 들었다.
③ 아버지의 작은 소원은 자신만의 텃밭을 가꾸는 것이었다.
④ 우리 경제 사정을 생각할 때 과소비 풍조를 적극 고양해야 할 것이다.

08 다음 중 고려속요의 작품에 대한 설명으로 가장 옳지 않은 것은?

①「유구곡」: 일명「비두로기」라고도 하며,『시용향악보(時用鄕樂譜)』에 실려 있다. 예종은「벌곡조(伐谷鳥)」를 지어서 궁중에 있는 교방기생(敎坊妓生)들에게 부르게 하였는데, 예종이 지은 그「벌곡조(伐谷鳥)」가『시용향악보(時用鄕樂譜)』에 실려 있는「비두로기」일 것이라는 설이 있다.
②「쌍화점」: 고려 충렬왕대의 작품으로, 고려 사회의 타락성과 성도덕의 문란함을 풍자로써 신랄하게 비판한 작품으로 후렴구를 반복적으로 사용하고, 풍자, 은유 등의 다양한 표현 기법을 사용하였다.
③「정석가」: 과장법, 역설법, 반어법을 사용하여, 불가능한 것을 가능으로 설정해 놓고 영원한 사랑을 역설적으로 노래했고, 한 연에 똑같이 되풀이 되는 2구가 있어 감정을 강조하고 있으며, 소망형인 어미로 끝내면서 화자의 간절한 소망을 느끼게 하고 있다.
④「상저가」: 노동요인 방아타령의 형태를 갖고 있고, 영탄법, 반복법 등을 사용하여 촌부의 소박한 생활 감정과 효심을 표현한 민요로 신라의 부전가요인「목주가」의 후신으로 알려져 있다.

09 다음 중 모음의 발음에 대한 설명으로 옳은 것은?

① '개'와 '게'를 동일하게 발음하는 것은 표준 발음에 해당한다.
② '금괴'를 [금궤]로 발음하는 것은 표준 발음에 해당하지 않는다.
③ '지혜'를 [지헤]로 발음하는 것은 표준 발음에 해당하지 않는다.
④ '충의의 뜻'에서 '충의의'를 [충이에]로 발음하는 것은 표준 발음에 해당한다.

10 다음 중 우리말의 특질로 가장 옳은 것은?

① 용언(用言)의 어간과 어미는 자립 형태소이다.
② 굴절어로 접사와 어미가 발달했다.
③ 모음(母音)은 단독으로 한 음절을 이룰 수 있다.
④ 모든 자음(子音)은 끝소리 자리에서 소리 낼 수 있다.

11 다음 중 한자어의 표기가 가장 옳지 않은 것은?

① 그녀의 눈빛은 자기 아버지의 눈빛과 매우 恰似하다.
② 공직자는 공인의 所任을 다해야 한다.
③ 그녀의 말은 논리의 飛躍이 심하다.
④ 이 핸드폰은 造作이 매우 간단하다.

12 다음 중 주제문과 이를 뒷받침하는 문장과의 연결이 가장 바른 것은?

① 말은 듣는 이에게 심리적 반응을 일으킨다. 말하는 이가 잘못 쓴 말은 듣는 이에게 불쾌감, 소외감, 불신감, 갈등, 미움 등 정서파괴의 요인을 만들어 주므로 말을 할 때에는 듣는 사람의 감정을 고려해서 말해야 한다.
② 과학으로서의 정치학의 엄밀성과 정확성은 객관성에 관한 것이다. 정치학자들은 사회에 있어서의 권력의 역할에 대해서는 일반화된 명제를 이끌어 내지만, 국가가 존립하는 이유, 권력의 도덕적 목적 등에 대해서는 관심을 기울이지 않는다.
③ 정부도 담배의 해악성을 부인하지는 않는 것 같다. 담배 사업법 제2조가, 흡연은 건강에 해롭다는 내용이 명확하게 표현된 경고 문구를 담배 포장지에 쓰도록 규정하고 있다는 사실이 이를 입증한다.
④ 우리는 문명의 혜택을 아주 많이 받으면서 살고 있다. 그중에 중요한 한 가지가 통신 수단이다. 이런 통신 수단이 없다면 매우 답답할 것이다. 하지만 통신이 무조건 좋다고 할 수는 없다. 통신의 편리함은 사실이지만 그것에 의해 생기는 악영향도 배제할 수 없다.

13 다음 작품에 대한 설명으로 가장 옳지 않은 것은?

> 녀석의 하숙방 벽에는 리바이스 청바지 정장이 걸려있고
> 책상 위에는 쓰다만 사립대 영문과 리포트가 있고 영한사전이 있고
> 재떨이엔 필터만 남은 켄트 꽁초가 있고 씹다 버린 설렘이 있고
> 서랍 안에는 묶은 플레이보이가 숨겨져 있고
> 방 모서리에는 파이오니아 엠프가 모셔져 있고
> 레코드 꽂이에는 레오나드 코헨, 존 레논, 에릭 클랩튼이 꽂혀 있고
> 방바닥엔 음악 감상실에서 얻은 최신 빌보드 차트가 팽개쳐 있고
> 쓰레기통엔 코카콜라와 조니 워커 빈 병이 쑤셔 박혀 있고
> 그 하숙방에, 녀석은 혼곤히 취해 대자로 누워 있고
> 죽었는지 살았는지, 꼼짝도 않고
>
> – 장정일, 「하숙」 –

① 은유법을 사용하여 당대의 세태를 풍자하였다.
② 환유적 기법을 사용하여 현실에 대한 비판적 인식을 드러낸다.
③ 다양한 사물의 열거를 통해 시각적으로 눈에 보이는 것을 나열하고 있다.
④ 반복적인 단어를 사용하고 있다.

14 다음 〈보기〉의 밑줄 친 서술어 자릿수와 같은 문장은?

> 보기
>
> 비가 오지만, 바람은 <u>불지</u> 않는다.

① 그는 은밀하게 군사를 움직였다.
② 추위에 온몸이 떨렸다.
③ 아이들이 눈망울을 반짝였다.
④ 이것은 수지가 읽던 책이다.

15 다음 한시(漢詩)의 주제와 의미가 가장 잘 통하는 한자성어는?

> 燕子初來時 喃喃語不休
> 語意雖未明 似訴無家愁
> 楡槐老多穴 何不此淹留
> 燕子復喃喃 似與人語酬
> 楡穴款來啄 槐穴蛇來搜

① 角者無齒
② 苛斂誅求
③ 胡蝶之夢
④ 惡傍逢雷

16 다음 중 띄어쓰기가 가장 옳지 않은 것은?

① 말깨나 하는 사람은 모두 재판소로 갔다.
② 우리는 그렇게 할 수밖에 없었다.
③ 그는 이성적이라기보다는 감성적이다.
④ 선생의 따님들이 모두 훌륭합니다 그려.

※ 다음 글을 읽고 물음에 답하시오. [17 ~ 19]

> 나는 김 군을 만나면 글 이야기도 하고 잡담도 하며 시간을 보내는 때가 많았다. 어느 날 김 군과 저녁을 같이하면서 반찬으로 올라온 깍두기를 화제로 이야기를 나누었다.
> 깍두기는 조선 정종 때 홍현주(洪顯周)의 부인이 창안해 낸 음식이라고 한다. 궁중의 잔치 때에 각 신하들의 집에서 솜씨를 다투어 일품요리(一品料理)를 한 그릇씩 만들어 올리기로 하였다. 이때 홍현주의 부인이 만들어 올린 것이 그 누구도 처음 구경하는, 바로 이 소박한 음식이었다. 먹어 보니 얼근하고 싱싱하여 맛이 매우 뛰어났다. 그래서 임금이 "그 음식의 이름이 무엇이냐?"하고 묻자 "이름이 없습니다. 평소에 우연히 무를 깍둑깍둑 썰어서 버무려 봤더니 맛이 그럴듯하기에 이번에 정성껏 만들어 맛보시도록 올리는 것입니다."라고 하였다. "그러면 깍두기라 부르면 되겠구나." 그 후 깍두기가 우리 음식의 한 자리를 차지하여 상에 자주 오르내리게 된 것이 그 유래라고 한다. 그 부인이야말로 참으로 우리 음식을 만들 줄 아는 솜씨 있는 부인이었다고 생각한다.
> (가) 아마 다른 부인들은 산해진미, 희한하고 값진 재료를 구하기에 애쓰고 주방 주위에서 흔히 볼 수 있는 무 · 파 · 마늘은 거들떠보지도 아니했을 것이다. 갖은 양념, 갖은 고명을 쓰기에 애쓰고 소금 · 고춧가루는 무시했을지도 모른다. 그러나 재료는 가까운 데 있고 허름한 데 있었다. ㉠ <u>중국 음식의 모방이나 정통 궁중 음식을 본뜨거나 하여</u> 음식을 만들기에 애썼으나 하나도 새로운 것은 없었을 것이다. 더욱이 궁중에 올릴 음식으로 그렇게 막되게 ⓐ <u>썬</u>, 규범에 없는 음식을 만들려 들지는 아니했을 것이다. 썩둑썩둑 무를 썰면 곱게 채를 치거나 나박김치처럼 납작납작 예쁘게 썰거나 ⓑ <u>장아찌처럼 갸찍갸찍 썰지</u>, 그렇게 ⓒ <u>꺽둑꺽둑 막 썰</u> 수는 없다. 고춧가루도 적당히 치는 것이지, 그렇게 ⓓ <u>싯뻘겋게</u> 막 버무리는 것을 보면 질색을 했을 것이다. 그 점에 있어서 깍두기는 무법이요, 창의적인 대담한 파격이다.
> (나) 김 군은 영리한 사람이다. "선생님, 지금 깍두기를 통해 '수필(隨筆)' 이야기를 하시는 것이지요? 결국 수필은 (   )"

17 다음 중 (가)의 밑줄 친 ㉠을 가장 자연스럽게 고친 것은?

① 중국 음식을 모방하고 정통 궁중 음식을 본뜨거나 하여
② 중국 음식을 모방하거나 정통 궁중 음식을 본뜨거나 하여
③ 중국 음식의 모방이나 정통 궁중 음식을 본떠
④ 중국 음식의 모방과 정통 궁중 음식을 본뜨거나 하여

18 다음 중 (가)의 ⓐ~ⓓ 중 맞춤법에 가장 어긋난 것은?

① 썬
② 장아찌
③ 꺽둑꺽둑
④ 싯뻘겋게

19 다음 중 (나)의 괄호 안에 들어갈 말로 가장 적절한 것은?

① 어떤 제목에 구애되지 않고 써 나가야 한다는 말씀이시지요?
② 신기하고 어려운 기법을 사용하여 써 나가야 한다는 말씀이시지요?
③ 우리 주변의 평범한 데에서 소재를 구해야 한다는 말씀이시지요?
④ 소박하고 진실하며 품위 있는 주제를 다루어야 한다는 말씀이시지요?

20 다음 작품에 대한 설명으로 적절하지 않은 것은?

> 이튿날 양생은 여인의 말대로 은 주발을 들고 보련사 가는 길에서 기다렸다.
> 과연 어떤 귀족 집안에서 딸자식의 대상(大祥)에 재(齋)를 올려 천도(薦度)하려고 하여, 수레와 말이 길을 가득 메우고 보련사로 올라가고 있었다. 그러다가 길가에서 어떤 서생이 주발을 손에 들고 있는 것을 보고, 귀족의 하인이 말하였다.
> "아가씨 무덤에 묻은 순장물을 벌써 다른 사람이 훔쳐 갔습니다!"
> 귀족이 말하였다.
> "무얼 두고 하는 말이냐?"
> 하인이 말하였다.
> "저 선비님이 손에 들고 있는 주발을 보십시오."
> 귀족은 마침내 말을 서생이 있는 곳으로 몰아가서 은 주발을 얻은 경위를 물었다. 양생은 전날 여인과 약속한 그대로 대답하였다.
> 여인의 부모가 한참 동안 감동하기도 하고 의아해 하기도 하였다. 그러다가 마침내 이렇게 말하였다.
> "내게는 오직 딸자식 하나가 있었는데, 왜적이 침입하여 난리치는 때에 적에게 해를 입어 죽었네. 난리 통이라 묘지를 정해 제대로 장례를 치르지 못하고 개령사의 골짜기에 임시로 매장을 하였지. 그리고는 이러저러한 일 때문에 그대로 두고 아직 장례를 치르지 못한 채 오늘에 이르게 되었다네. 오늘 대상날이 벌써 이르렀기에, 잠시 제수(祭需)를 갖추고 공양의 자리를 열어 저승길을 추도하려고 한다네. 그대는 딸아이와의 약속대로 딸아이를 기다렸다가 오게. 부디 조금도 놀라지 말게나!"
> 말을 마치고 귀족은 먼저 보련사로 떠났다.
> 양생은 우두커니 서서 기다렸다. 약속한 시간이 되자 과연 한 여자가 몸종을 데리고 나긋나긋한 자태로 오는데, 바로 그 여인이었다. 양생과 여인은 서로 기뻐하면서 손을 잡고 보련사로 향하였다.
>
> – 김시습, 「만복사저포기」 –

① 시간의 흐름에 따라 서술하고 있다.
② 생사를 초월한 남녀 간의 사랑을 다루고 있다.
③ 가치관이 대립적인 인물 간의 갈등이 나타나고 있다.
④ 비현실적이고 환상적인 분위기가 드러나는 부분이 있다.

제 2 과목 영 어

01 다음 중 밑줄 친 부분과 의미가 가장 가까운 것은?

> Death is often the harbinger of a heroic reputation. The great Spartacus, leader of the slaves who threw off their bondage, knew what he was about when he killed his horse during the final battle so that he could not escape.

① precursor
② antithesis
③ ordeal
④ ultimatum

02 다음 중 대화상 밑줄 친 부분에 들어갈 가장 적절한 것은?

> A : Would you mind if I went home early?
> B : No, I wouldn't.
> A : Are you sure? I mean if you'd rather I didn't, I won't.
> B : No. Honestly, it doesn't matter to me whether you go home early or not. ________

① Don't mention it.
② It's entirely up to you.
③ Don't let me down.
④ It's beyond my comprehension.

03 다음 중 밑줄 친 부분에 들어갈 가장 적절한 것을 고르시오.

> ________ that all diseases without exception are preventable.

① Certainly
② A certainty is
③ A certainty it would be
④ It is certain

04 다음 밑줄 친 부분과 그 뜻이 가장 가까운 것은?

> Local authorities and government have developed them recklessly under populist welfare policies.

① discreetly
② imprudently
③ ruthlessly
④ audaciously

05 다음 밑줄 친 부분 중 어법상 옳은 것은?

> In his book, Marco Polo does not ① mention about the important invention of paper, which ② were first introduced by the Chinese. The Moors, ③ having taught by Chinese paper makers, brought paper into Europe. ④ By the twelfth century Spain and then France knew the art of papermaking, thanks to their Moorish invaders.

06 다음 중 문법적으로 가장 옳지 않은 것은?

For all folk ① music lovers, Johnny's CD, the Long Harvest, ② releasing two weeks ago, will be a great addition to their collection. Bob recently ③ went solo after five years with the folk band Blue Mountain. He is proud of the ④ musical heritage of his native Kentucky.

07 다음 중 전체 흐름과 가장 관계가 없는 문장은?

The National Center for Languages in the UK claims that 20% of exporting companies lose business as a direct result of language barriers. This shows that having a second language under your belt can help improve your career opportunities in today's globalized business world. ① It can also boost your confidence at work if you are in a position where you have to network with clients or colleagues across different international markets. ② When you learn a second foreign language, you need to consider the schedule of the company. ③ "Languages are vital if the UK wants to remain competitive." argues Michael Lefante, marketing manager for Europe. ④ He also believes as the world becomes more globalized, the ability to communicate clearly with clients and suppliers abroad can have a major impact on a company's success. Therefore, companies are investing more money and time in foreign language learning because they can be more secure and compete more effectively.

08 다음 중 〈보기〉 뒤에 이어질 글의 순서로 가장 적절한 것은?

보기

A dispute can also break out over prenuptial agreements if a couple decides to divorce while living abroad, or when they hold different citizen ships.

(A) Jeremy Levison, a partner with Collyer — Bristow, a London law firm that often handles divorces for British — American couples, noted that in Britain, prenuptial agreements were "just about ignored" by the courts because British law says that circumstances of a marriage change over time and therefore a judge should decide how financial assets will be divided.

(B) That can lead to "forum-shopping," said Mr. Levison, since what matters is the law of the country where the couple is getting divorced. He gave the following example: "Mr. Ed Smith gets married to Mrs. Smith. He's worth 5 million and wants to protect that against eventual divorce, so he enters into a New York prenuptial contract. They live in England, have two children, and then decide to get divorced.

(C) English lawyer will say to Mrs. Smith, "No, that contract is not valid," while Mr. Smith will want it to be an American case. The issue of where it will be held can be a lengthy battle."

① (A) – (B) – (C)
② (B) – (C) – (A)
③ (C) – (A) – (B)
④ (A) – (C) – (B)

09 다음 글의 빈칸에 들어갈 말로 가장 적절한 것은?

In a lot of negotiations, each side explains and condemns at great length the motivations and intentions of the other side. It is more persuasive, though, to describe a problem in terms of its impact on you than in terms of what they did or why: "I feel let down" instead of "You broke your word." "We feel you treat us unfairly" rather than "You're a racist." If you make a statement about them that they believe is untrue, they will ignore you or get angry; they will not concentrate on your concern. But a statement about _______ is difficult to challenge. You send the same information without causing a defensive reaction that will prevent them from taking it in.

① what you expect
② how you feel
③ why you disagree
④ when you will negotiate

10 다음 중 글의 제목으로 가장 적절한 것은?

"No matter how much you invest in creating a premium experience, at the end of the day and especially through the night, if you don't get a comfortable sleep, the perception of service comes down a notch," he said. Among the findings that surprised him was how much the seat foam affects comfort. The density, thickness and contour that makes a seat comfortable will make a bed uncomfortable. Mr. Spurlock said that research showed that passengers want soft seats that are not contoured to their body from the waist up. Virgin Atlantic solved the problem of making one piece of furniture serve two purposes with the touch of a button. The passenger stands up, presses the button and the seat back electronically flips to become a flat bed. The seat side is contoured and covered in soft leather; the reverse is built of firm foam.

① The importance of the quality of seats in passenger comfort
② The role of contour and surface in the quality of beds and seats
③ The way airline companies try to improve their service with beds and seats
④ The kinds of seats airline companies design to save money

11 다음 중 글의 내용과 가장 일치하는 것은?

Charles Darwin, the author of the influential book "The Origin of Species" lamented that nobody seemed to understand that natural selection is a process without purpose, that is, without a preordained outcome and without an active selection process as in Man's selection. I believe that this aspect of Darwin's idea has never become widely understood and that instead, history and culture have dictated that evolution, as an active conscious selector and an inevitably progressive force, is widely thought to represent natural selection.

① Darwin believed that natural selection is to be represented by history and culture.
② Darwin believed that natural selection is a progressive force in man's history.
③ Darwin's idea of natural selection has not been properly understood in the past as well as in the present.
④ In Darwin's theory, natural selection actively participates in evolution.

12 다음 중 우리말을 영어로 가장 잘못 옮긴 것은?

① 나는 기꺼이 그것을 받아들이겠다.
→ I am only too glad to accept it.
② 그녀는 전적으로 행복한 것은 아니다.
→ She is not at all happy.
③ 그러한 사람은 있다고 해도 거의 없다.
→ There are few, if any, such men.
④ 비용은 말할 것도 없고 시간도 많이 걸린다.
→ It takes up too much time, let alone the expenses.

13 다음 중 밑줄 친 부분과 의미가 가장 가까운 것은?

I am angry only at those who assert <u>vociferously</u> that the Four Freedoms and the Atlantic Charter are nonsense because they are unattainable.

① reasonably
② continuously
③ shamefully
④ noisily

14 다음 중 글의 주제로 가장 적절한 것은?

You may have heard so many different definitions of plagiarism that you feel confused about exactly what it is. Despite all this variation, you can avoid the serious charge of committing plagiarism by adopting a conservative definition of the term and following the guidelines below. The UNC Honor court defines plagiarism as "the deliberate or reckless representation of another's words, thoughts, or ideas as one's own without attribution in connection with submission of academic work, whether graded or otherwise."

① how to illegalize plagiarism
② how you can avoid plagiarism
③ how you can punish plagiarism
④ how serious it is to commit plagiarism

15 다음 중 밑줄 친 (A)와 (B)에 들어갈 가장 적절한 것은?

Back in February, I reviewed Ford's new 2012 hatchback. At the time, the car hadn't hit dealers yet — and its release was so far off that Ford couldn't tell me when it would be available. The intense competition of the gadget world makes that sort of leisurely pace ___(A)___. Product development, manufacturing, distribution and marketing happen at such a ___(B)___ pace that there's no margin for error.

	(A)	(B)
①	undeniable	jaunty
②	unacceptable	sluggish
③	unthinkable	blistering
④	unprecedented	precise

16 다음 중 어법상 가장 옳지 않은 것은?

① The patient being taken by an ambulance were in a serious condition.

② The teacher recommended that he study more English before enrolling in the university.

③ A bank is to a country what the heart is to the body.

④ That's not something that I feel particularly comfortable with.

17 다음 중 글의 내용과 일치하는 것은?

For many of us, prestige means "keeping up with the Joneses," or perhaps getting ahead of them. That is to say, we try to show the world that we are as good as or better than those around us, such as our relatives, friends, neighbors, or coworkers. At all events, prestige carries with it respect and status and influences the way people talk and act around an individual. A company president has considerable prestige and is treated with great respect by his or her employees. Out on the golf course, however, the company president may have limited prestige among the players, and the country club's golf pro is given the greatest amount of respect.

① leadership has nothing to do with prestige

② one's prestige depends on the situation

③ a person's happiness is not based on prestige

④ prestige is tied to future prospects

18 다음 중 글을 읽고 추론한 것으로 가장 옳은 것은?

The federal government has a handful of government corporations. These are not exactly like private corporations in which you can buy stocks and collect dividends, but they are like private corporations and different from other parts of the government in two ways. First, they provide a service that could be handled by the private sector. Second, they typically charge for their services, though often at rates cheaper than those the consumer would pay to a private-sector producer. The granddaddy of the government corporations is the Tennessee Valley Authority. Established in 1933 as part of the New Deal, it has controlled floods, improved navigation, protected the soil against erosion, and provided inexpensive electricity to millions of Americans in Tennessee, Kentucky, Alabama, and neighboring states. The Post Office, one of the original cabinet departments (first headed by Benjamin Franklin) has become the government's largest corporation: the U.S. Postal Service.

① There are many government corporations in the federal government.
② The government corporations provide services for free.
③ The Tennessee Valley Authority is one of the oldest government corporations.
④ There are few similarities between private and government corporations.

19 다음 중 밑줄 친 부분에 들어갈 가장 적절한 것은?

Most of the people who settled the United States were poor. The country they came to was a wilderness. Land had to be cleared of trees in order to make farms, mines had to be developed, houses, shops, and public buildings had to be built. Everyone had to help build them. ________. Later, it was the man who worked with his head to achieve success in business and industry who was looked up to. Now there is in America a curious combination of pride in having risen to a position where it is no longer necessary to depend up on manual lab or for a living and genuine delight in what one is able to accomplish with one's own hands.

① Manual labor was highly valued
② All men were man−made men
③ The majority of families couldn't afford servants
④ All elements of society strived for equal treatment

20 다음 중 글의 내용과 가장 일치하지 않는 것은?

Many people rely on social security checks every month. During their working years, employees contribute a certain percentage of their salaries to the government. Each employer also gives a certain percentage to the government. When people retire, they receive this money as income. These checks do not provide enough money to live on, however, because prices are increasing very rapidly. Senior citizens, those over age 65, have to have savings in the bank or their retirement plans to make ends meet. The rate of inflation is forcing prices higher each year. The government offers some assistance, medicare (health care) and welfare (general assistance), but many senior citizens have to change their life styles after retirement. They have to spend carefully to be sure that they can afford to buy food, fuel, and other necessities.

① Social security checks do not meet the growing expenses.
② The government does not offer enough medicare and welfare.
③ Many senior citizen can maintain their life styles after retirement.
④ Both employees and employers contribute some money for social security.

제 3 과목 한국사

01 (가), (나) 사이의 시기에 있었던 사실로 옳은 것을 〈보기〉에서 모두 고른 것은?

(가) 위만이 망명하여 호복(胡服)을 하고 동쪽의 패수를 건너 준왕에게 투항하였다. …… 준왕은 그를 믿고 총애하여 …… 백 리의 땅을 봉해 서쪽 변경을 지키도록 하였다.
(나) 처음 우거가 아직 격파되기 이전에 조선상 역계경이 간하였지만, 우거가 이를 듣지 않았다. 이에 역계경은 동쪽 진국(辰國)으로 갔다. 이때 민(民)으로 따라가 옮긴 자가 2,000여 호(戶)에 이르렀다.

보기
ㄱ. 왕 아래에 상, 대부, 장군 등의 관직을 두었다.
ㄴ. 고조선에 복속되어 있던 예(濊)의 남려가 28만여 명의 주민을 이끌고 한(漢)에 투항하자, 이에 한(漢)은 예(濊)가 위치해 있던 압록강 중류와 그 지류인 동가강 유역 일대에 창해군(滄海郡)을 설치하였다.
ㄷ. 한강 이남의 진(辰)과 중국의 한(漢) 사이에서 중계무역으로 큰 이득을 취하였다.
ㄹ. 중국연(燕)의 장수 진개의 침입으로 서쪽 2,000리 땅을 상실하였다.

① ㄱ, ㄴ ② ㄴ, ㄷ
③ ㄷ, ㄹ ④ ㄱ, ㄹ

02 다음 중 삼국 항쟁과 관련된 다음 연표의 (가) 시기에 나타난 특징을 가장 바르게 서술한 것은?

	(가)				
	평양성 전투	평양 천도	한성 함락	사비 천도	안시성 전투

① 고이왕 때 율령 반포 등 고대 국가로 발전하였다.
② 근초고왕 때는 중국의 요서와 산둥, 일본의 규슈 지방으로 진출하였고, 고흥이 「서기」를 편찬하였다.
③ 백제는 웅진으로 천도한 이후, 신라와의 동맹을 강화하였다.
④ 지방 세력을 통제하기 위해 지방에 왕족을 파견하고 22담로를 설치하였다.

03 다음 비문의 글을 지어 반포한 국왕의 정책으로 옳은 것은?

周而不比, 乃君子之公心
[원만해 편벽되지 않음은 군자의 공정한 마음이요]
比而不周, 寔小人之私意
[편벽되어 원만하지 않음은 소인의 사사로운 마음이다.]

① 국왕의 친위 부대인 장용영을 육성하였다.
② 민생 안정을 위하여 균역법을 시행하였다.
③ 금위영을 설치하여 5군영 체제를 갖추었다.
④ 수령이 군현 단위의 향약을 직접 주관하게 하였다.

04 다음 중 조선의 건국과 통치체제의 정비에 관한 설명으로 가장 옳지 않은 것은?

① 정도전은 민본적 통치 규범을 마련하고, 재상중심의 정치를 주장하였다.
② 성종은 「경국대전」을 반포하여 왕조의 통치체제를 확립하고, 홍문관 관원 모두에게 경연관을 겸하게 하였다.
③ 세종은 의정부에서 정책을 심의하는 의정부 서사제를 실시하여 훌륭한 재상을 등용하였다.
④ 세조는 두 차례의 왕자의 난을 통해 왕위에 올라 호패법을 실시하고, 사원의 토지를 몰수하였다.

05 다음 통일 신라 왕들에 대한 설명으로 옳지 않은 것은?

① 신문왕은 김흠돌의 난을 진압하며 귀족 세력을 숙청하였고, 9주 5소경의 지방 행정 제도 및 9서당 10정의 군사 조직을 정비하였다.
② 진성여왕 때 최치원이 시무 10조를 건의하였으나 수용되지 않았고, 원종과 애노의 난 및 적고적의 반란 등이 발생하였다.
③ 성덕왕 때에는 백성들에게 정전이라는 토지를 지급하여 민심을 수습하였다.
④ 혜공왕 때에는 국학을 태학으로 개칭하고 박사와 조교를 두어 논어와 효경을 교육하였다.

06 다음 글을 쓴 인물에 대한 설명으로 가장 옳은 것은?

> 동명왕의 일은 변화 · 신이로써 여러 사람의 눈을 현혹한 것이 아니고, 실로 나라를 창시한 신기한 사적이니 이것을 서술하지 않으면 후인들이 장차 어떻게 볼 것인가? 그러므로 시를 지어 기록하여 우리나라가 본래 성인(聖人)의 나라라는 사실을 천하에 알리고자 하는 것이다.

① 고금의 예문을 모은 「상정고금예문」을 편찬하였다.
② 우리 역사를 중국사와 대등하게 파악한 「제왕운기」를 저술하였다.
③ 그의 시와 글을 모은 「동국이상국집」이 남아 있다.
④ 현존하는 우리나라 최고의 역사서를 편찬하였다.

07 다음의 고려 후기에 일어난 사건을 순서대로 바르게 연결한 것은?

> ㉠ 흥왕사의 난
> ㉡ 위화도 회군
> ㉢ 사림원 설치
> ㉣ 정치도감 설치

① ㉠ – ㉡ – ㉢ – ㉣
② ㉡ – ㉢ – ㉠ – ㉣
③ ㉢ – ㉣ – ㉠ – ㉡
④ ㉢ – ㉣ – ㉡ – ㉠

08 다음 중 고려시대 승려 의천에 관한 설명으로 가장 옳지 않은 것은?

① 흥왕사를 근거지로 삼아 화엄종을 중심으로 교종을 통합하려 하였다.
② 이론의 연마와 실천을 강조하는 교관겸수와 지관을 강조하였다.
③ 천태종에서 백련 결사를 제창하였다.
④ 원효의 화쟁사상을 계승하고 교선의 대립을 극복하려 하였다.

09 다음 중 우리나라 각 시기 통일 운동에 관한 설명으로 가장 잘못된 것은?

① 4 · 19 혁명을 주도한 일부 학생들은 한반도 분단이 강대국의 이해관계 때문에 형성된 것으로 보고 중립화 통일론을 주장하였다.
② 북한은 4 · 19 혁명 직후부터 당분간 남북한의 정치 체제를 그대로 두자는 과도적 연방제안을 내세웠다.
③ 남북 당국자 사이에 통일 원칙이 마련된 것은 6 · 15 남북공동선언이다.
④ 조봉암은 평화 통일론을 내세웠다가 이승만 정부에 의해 간첩죄의 누명을 쓰고 처형당하였다.

10 다음 자료를 읽고 추론한 내용으로 가장 적절한 것은?

> 이번에 일본이 군대를 동원하여 우리 국경 내에 들어와 단속을 무시하고 도성문으로 들어오면서 조금도 꺼려하지 않아 백성들을 더욱 소란스럽게 하였습니다. …(중략)… 돌이켜 보건대 우리가 청에 도움을 청한 것은 좋은 계책이 아니었습니다. 보잘것없는 무리를 수령이나 감사가 제지하지 못하고 큰 세력으로 만들고는 끝내 초토사로 하여금 군대를 거느리고 가게 하였으니, 이것은 천 근짜리 쇠뇌를 생쥐에게 쏘는 것과 같습니다.
>
> –「이남규 상소」–

① 갑 : 일본은 거류민 보호를 구실로 군대를 보냈다.
② 을 : 일본인이 도성에 난입한 것은 명성황후를 살해하기 위해서였다.
③ 병 : 분노한 백성들은 일본 경비병이 주둔하고 있던 공사관을 습격하였다.
④ 정 : 청에 출병을 요구한 것은 구식 군인의 봉기를 진압하기 위해서였다.

11 다음 중 고대문화에 대한 설명으로 가장 옳지 않은 것은?

① 백제 미륵사지 석탑은 목탑 양식의 특징이 반영된 탑이다.
② 법주사의 쌍사자석등은 통일신라 조형미술의 특징이 잘 나타나 있다.
③ 신라의 천마총은 도굴이 용이한 구조인 반면 내부에는 천마도 등의 벽화가 남아 있다.
④ 발해 정혜공주묘의 모줄임천장 구조는 고구려 고분의 영향을 받은 것이다.

12 다음 내용에 대한 설명과 가장 관계가 깊은 것은?

조선 왕조의 통치 질서는 16세기 중엽 이래로 해이해지더니 왜란과 호란을 겪으면서 한층 더 와해되어 갔다. 이에 당시 권력을 장악하고 있던 양반 계층은 지배 체제를 유지하기 위한 하나의 방편으로써 정치 · 군사 · 경제 등 여러 면에서 개혁을 추진하여 사회의 변화에 대처하려 했다.

① 이앙법과 이모작을 국가에서 적극 장려하여 생산 증대가 이루어졌다.
② 최고 합의 기구인 비변사를 설치하여 의정부와 6조의 기능을 약화시키고 왕권의 강화를 도모하였다.
③ 왜란 중 5위 체제가 제대로 운영되지 못하자 궁궐과 수도 방위를 위한 종합적인 계획으로 5군영이 설치되었다.
④ 왜란 당시 제승 방략 체제가 실효를 거두지 못하자 각 지방 주민 대부분을 속오군에 편제하는 지방군 체제를 실시하였다.

13 조선 후기 실학의 성격을 아래와 같이 규정할 때, 이와 합치되는 실학 운동을 〈보기〉에서 모두 고른 것은?

• 민족주의적 성격
• 근대 지향적 성격
• 민본주의적 성격

보기

㉠ 민족의 역사적 정통성을 밝히고자 했고, 발해를 우리의 역사로 인식함으로써 한반도 중심의 협소한 사관을 극복하고자 하였다.
㉡ 중앙 집권과 국방력 강화를 위한 필요에서 대동여지도와 같은 지도와 지리서를 제작하였다.
㉢ 교조화된 성리학에 대한 비판에서 고증학이 연구됨에 따라 유교 통치 이념을 부정하였다.
㉣ 자영농의 육성을 주장한 외에도, 양반 제도의 비생산성을 비판하고 수레, 선박의 이용이나 화폐 유통의 필요성을 강조하였다.
㉤ 중국을 통해 들어온 서양의 철학과 정치사상 서적을 통해 유교 사상의 극복을 주장하였다.

① ㉠, ㉡ ② ㉢, ㉣
③ ㉠, ㉣ ④ ㉡, ㉤

14 다음 중 조선시대 토지제도와 수취제도에 대한 설명으로 가장 옳지 않은 것은?

① 과전은 18품계에 따라 관리들에게 지급한 것이므로 수조권적으로 사전에 속하는 토지였다.
② 과전은 수신전, 휼양전 등으로 세습되어 점차 신진 관료에게 지급할 토지가 부족하게 되었다.
③ 요역은 성종 때 경작하는 토지 8결을 기준으로 한 사람씩 동원하게 하고, 1년에 동원할 수 있는 날은 6일 이내로 제한하였다.
④ 양반, 서리, 향리 신분은 군역 대신 군포를 부담하였다.

15 다음은 일본의 한국 침략과 관련된 자료 중의 일부이다. 다음 중 역사 전개의 맥락을 생각할 때 ㉠과 ㉡ 사이에 들어갈 수 있는 내용으로 가장 적절한 것은?

> ㉠ 일본국 정부는 그 대표자로 한국 황제 폐하의 아래에 1명의 통감을 두되, 통감은 오로지 외교에 관한 사항을 관리하기 위하여 경성에 주재하고 친히 한국의 황제 폐하를 비밀히 알현할 권리를 가진다.
> ㉡ 한국 황제 폐하는 한국 전부에 관한 일체의 통치권을 완전 또 영구히 일본국 황제 폐하에게 넘긴다.

① 일본의 내정 간섭에 대항하여 동학 농민군이 대규모로 다시 일어났다.
② 광무 정권은 옛 법과 새로운 법을 절충하는 방향에서 개혁을 추진하였다.
③ 일제의 국권 침탈에 분개하여 장지연이 '시일야방성대곡'이라는 논설을 썼다.
④ 명성 황후 시해 사건과 단발령을 계기로 일어난 의병이 친일 관리와 일본인들을 처단하였다.

16 다음 중 대한민국 임시정부의 활동을 시기별로 가장 바르게 연결한 것은?

> ㉠ 김구는 상하이에서 한인애국단을 조직하였다.
> ㉡ 국민대표회의에서 창조파와 개조파, 고수파로 나뉘어졌다.
> ㉢ 한국광복군은 연합군의 일원으로 인도와 미얀마 전선에서 활약하였다.
> ㉣ 조선의용대가 한국광복군에 흡수되었다.

① ㉠ – ㉡ – ㉢ – ㉣
② ㉡ – ㉠ – ㉣ – ㉢
③ ㉢ – ㉡ – ㉠ – ㉣
④ ㉣ – ㉡ – ㉠ – ㉢

17 다음 중 한미상호방위조약의 내용으로 가장 옳지 않은 것은?

① 1953년 6월 판문점에서 체결되어, 1953년 11월 발효된 대한민국과 미국 간의 상호방위조약이다.
② 대한민국과 미국 중 어느 한 나라가 외부의 무력 공격에 의하여 정치적 독립 또는 안전이 위협 받는 경우 양국은 언제든지 서로 협의한다.
③ 미국은 자국의 육 · 해 · 공군을 대한민국 영토와 그 부근에 배치할 수 있는 권리를 가지며 대한민국은 이를 허락한다.
④ 이 조약은 어느 한 당사국이 상대 당사국에게 1년 전에 미리 폐기 통고하기 전까지는 항상 유효하다.

18 다음 중 조선시대 대동법에 대한 설명으로 가장 옳지 않은 것은?

① 지역 특산물 대신 미(米) · 포(布) · 전(錢)으로 징수하게 하였다.
② 상품화폐경제의 발달을 촉진 시켰다.
③ 유치미에 비해 상납미의 비율이 감소하여 수령과 아전의 농민 수탈로 이어졌다.
④ 유통경제의 성장으로 농민층 분해가 촉진되었다.

19 다음 중 〈보기〉의 시기에 추진된 일제의 정책으로 가장 옳지 않은 것은?

보기

4월 중순 나는 충북 지역 조선인을 대상으로 한 징병 신체 검사를 받았다. 7월 20일에 면사무소 직원으로부터 소집 영장을 받았는데, 8월 1일까지 함경북도에 주둔한 일본군 제19사단에 입대하라는 내용이었다. 7월 30일 '무운장구(武運長久)'라고 쓰인 어깨띠를 두르고 신사에 참배한 후, 수백 명의 환송객과 학생들이 부르는 노래를 뒤로 하고 순사와 함께 배를 타고 고향을 떠났다.

① 남부에는 면화, 북부에는 면양 사육을 시도하는 정책을 수립하였다.
② 조선일보, 동아일보 등 우리민족의 신문 발행은 허가되었으나 철저한 사전검열을 시행하였다.
③ 성씨와 이름을 일본식으로 고쳐쓰게 강요하였다.
④ 소비 규제를 목적으로 식량배급제도를 실시하였다.

20 다음 사료 이후 토지제도의 변화를 나열한 〈보기〉를 순서대로 가장 바르게 나열한 것은?

재상가에는 녹(祿)이 끊이지 않았다. 노동이 3000명이고, 비슷한 수의 갑옷과 무기, 소, 말, 돼지가 있었다. 바다 가운데 섬에서 길러 필요할 때에 활로 쏘아서 잡아먹었다. 곡식을 꾸어서 갚지 못하면 노비로 삼았다.

－「신당서」－

보기

ㄱ. 청주 거노현으로 국학생의 녹읍을 삼았다.
ㄴ. 백성에게 정전을 지급하였다.
ㄷ. 문무관료전을 지급하되 차등을 두었다.
ㄹ. 내외간의 녹읍을 혁파하고 매년 조를 내리되, 차등이 있게 하여 이로써 영원한 법식을 삼았다.

① ㄱ → ㄴ → ㄷ → ㄹ
② ㄷ → ㄹ → ㄴ → ㄱ
③ ㄴ → ㄷ → ㄱ → ㄹ
④ ㄹ → ㄷ → ㄴ → ㄱ

제 4 과목 수산일반

01 해조류 양식 중 밧줄로 양식하는 해조류가 아닌 것은?

① 다시마
② 김
③ 톳
④ 모자반

02 다음 용어에 대한 설명으로 옳지 않은 것은?

① MSY – 주어진 환경 조건 하에서 하나의 자원으로부터 지속적으로 취할 수 있는 최대 어획량을 말하며 최대 지속 생산량이라 한다.
② OSY – 어업에 관련되는 많은 요인을 중요도의 우선 순위에 따라 신축성 있게 자원을 관리하는 개념을 말하며 최적 지속 생산량이라 한다.
③ MEY – 경제적으로 최대의 생산을 가져오는 것으로 어획의 결과와 비용의 차이가 최대가 되는 어획량을 말하며 최대 경제 생산량이라 한다.
④ MLE – 일정한 다짐에 의해서 최대 건조밀도를 주는 함수비를 말하며 최적함수비라 한다.

03 다음 중 수산업법에서 정의한 내용으로 옳지 않은 것은?

① 어획물운반업종사자란 어획물운반업을 경영하는 자를 말한다.
② 어획물운반업이란 어업현장에서 양륙지까지 어획물이나 그 제품을 운반하는 사업을 말한다.
③ 유어는 낚시 등을 이용하여 놀이를 목적으로 수산동식물을 포획 · 채취하는 행위를 말한다.
④ 입어는 입어자가 마을어업의 어장에서 수산동식물을 포획 · 채취하는 것을 말한다.

04 우리나라 연근해의 해역별 어황 예보 사업으로 옳지 않은 것은?

① 동남서 전역 : 기선 저인망어업, 트롤어업
② 서해 : 명태 연승 및 자망 어업, 기선 선망 어업
③ 남해 : 멸치 유자망어업, 기선 권현망어업, 기선 선망어업
④ 동해 : 오징어 외줄낚시어업, 꽁치 유자망어업, 명태 연승 및 자망어업

05 다음 중 적조현상의 발생을 방지하기 위한 방법에 해당하지 않는 것은?

① 부영양화 방지
② 밀식 방지
③ 코클로디니움 살포
④ 황토 살포

06 특성이 다른 2개의 해수덩어리 또는 해류가 서로 접하는 경계에서 형성되며, 우리나라의 동해안에 주로 나타나는 형태의 어장으로 옳은 것은?

① 조경어장　② 용승어장
③ 와류어장　④ 대륙붕어장

07 다음은 낚시어구의 종류에 대한 설명이다. (가)와 (나)에 들어갈 말로 옳은 것은?

> 대낚시는 낚시어구의 기본적인 어구이다. (가)는 연안 소형 어선으로 조업하는 삼치 어획이 대표적이다. 연근해에서 조업하는 땅주낙의 주 어획 대상은 명태, 갈치, 붕장어 등이다. (나)의 대표적인 것으로는 원양 다랑어 연승 어업이 있다.

	(가)	(나)
①	끌낚시	선주낙
②	손줄 낚시	선주낙
③	선주낙	뜬주낙
④	끌낚시	뜬주낙

08 다음 중 제3호 선저 도료(B/T)를 칠하여야 하는 부분은?

① 경하 흘수선 하단 부분
② 만재 흘수선 상단 부분
③ 만재 흘수선 하단 부분
④ 만재 흘수선과 경하 흘수선 사이

09 다음 중 해사안전법상 등화에 대한 설명으로 옳지 않은 것은?

① 마스트등 – 선수와 선미의 중심선상에 설치되어 225도에 걸치는 수평의 호(弧)를 비추되, 그 불빛이 정선수 방향으로부터 양쪽 현의 정횡으로부터 뒤쪽 22.5도까지 비출 수 있는 흰색 등(燈)
② 현등 – 선수와 선미의 중심선상에 설치된 붉은색과 녹색의 두 부분으로 된 등화로서 그 붉은색과 녹색 부분이 각각 양색등의 붉은색 등 및 녹색 등과 같은 특성을 가진 등
③ 전주등 – 섬광등을 제외하고, 360도에 걸치는 수평의 호를 비추는 등화
④ 선미등 – 135도에 걸치는 수평의 호를 비추는 흰색 등으로서 그 불빛이 정선미 방향으로부터 양쪽 현의 67.5도까지 비출 수 있도록 선미 부분 가까이에 설치된 등

10 다음 중 해사안전법상 선박이 시계 안에 있는 상태에서 마주치는 상태에 대한 설명으로 옳지 않은 것은?

① 선박은 마주치는 상태에 있는지가 분명하지 아니한 경우에는 마주치는 상태에 있다고 보고 필요한 조치를 취하여야 한다.
② 2척의 동력선이 마주치거나 거의 마주치게 되어 충돌의 위험이 있을 때에는 각 동력선은 서로 다른 선박의 우현 쪽을 지나갈 수 있도록 침로를 좌현 쪽으로 변경하여야 한다.
③ 밤에는 2개의 마스트등을 일직선으로 또는 거의 일직선으로 볼 수 있거나 양쪽의 현등을 볼 수 있는 경우에는 선박이 마주치는 상태에 있다고 본다.
④ 낮에는 2척의 선박의 마스트가 선수에서 선미(船尾)까지 일직선이 되거나 거의 일직선이 되는 경우에는 선박이 마주치는 상태에 있다고 본다.

11 **다음 해양 생물에 대한 특징으로 옳지 않은 것은?**

① 개불은 몸에 마디가 없는 의충동물에 속한다.
② 멍게는 척삭동물에 속하며 입수공과 출수공이 존재한다.
③ 성게는 극피동물에 속하며 자웅동체이다.
④ 해삼은 성게, 불가사리와 같은 극피동물이며 홀로수린이라는 독소를 가지고 있다.

12 **다음 중 물의 흐름이 원활하지 않은 저수지·못 등의 저질을 검게 변화시키고 악취를 풍기게 하는 주요 성분으로 가장 옳은 것은?**

① 질산염(NO_3)
② 아질산염(NO_2)
③ 황화수소(H_2S)
④ 인산염(PO_4)

13 **다음 중 아래의 양식조건을 만족하는 어류가 아닌 것은?**

- 해산어류
- 대량 종묘 생산
- 완전 양식

① 방 어
② 조피볼락
③ 참 돔
④ 넙 치

14 **다음 훈제 방법 중 조미보다는 저장을 목적으로 하는 것은?**

① 온훈법
② 열훈법
③ 액훈법
④ 냉훈법

15 **다음 중 염장법의 설명으로 옳지 않은 것은?**

① 염장법은 식염에 의한 삼투압 원리를 이용한다.
② 사용하는 식염의 농도는 5%가 적당하다.
③ 개량 물간법으로 염장하면 외관과 수율이 좋다.
④ 염장을 하면 수분 활성도(AW)가 낮아져서 저장성이 증가한다.

16 **다음 중 어류질병의 감염경로 중 수평 감염에 해당하지 않는 것은?**

① 사육수
② 접 촉
③ 환 경
④ 매개동물

17 다음 중 수산물의 기능성 성분에 대한 설명으로 옳지 않은 것은?

① 키틴은 점질성 다당류로 상어, 고래 등의 포유동물 연골, 피부 등에 분포되어 있고, 뼈 형성 기능, 신경통, 요통, 관절통 등의 치료제로 이용된다.
② 스쿠알렌은 상어의 간유에서 추출한 고도 불포화 탄화수소로 인체 노폐물을 제거하고 산소를 공급해 주는 생리 활성 기능이 있다.
③ EPA와 DHA는 혈액 흐름 개선, 중성지질 감소, 심혈관계 질환 예방 등의 기능이 있다.
④ 콜라겐, 젤라틴은 어류 껍질에 많고 관절 건강, 피부 재생, 보습 효과의 기능이 있다.

18 수산물 유통에서 제공한 자금의 대가 일부 또는 전부를 약속대로 받을 수 없는 위험에 해당되는 것은?

① 경제적 위험
② 물적 위험
③ 대손 위험
④ 자연적 위험

19 다음 중 수산물을 산지에서 직접 수집하여 도매시장 및 수산물 공판장에 출하하고, 소비지의 가격 동향 및 판매 상황에 대한 정보를 산지생산자에게 전달하는 역할을 수행하는 자는?

① 경매사
② 시장도매인
③ 지구별 수협
④ 산지유통인

20 EEZ에 서식하는 동일 어족 또는 관련 어족이 2개국 이상의 EEZ에 걸쳐 서식할 경우 당해 연안국들이 협의하여 조정하는 어류를 뜻하는 용어로 옳은 것은?

① 경계 왕래 어류
② 강하성 어류
③ 소하성 어류
④ 고도 회유성 어류

제 5 과목 수산경영

01 다음의 특징을 갖는 것으로 옳은 것은?

> • 수산생물의 성장을 목표로 하지 않는다.
> • 가격차이로 인해 얻는 이익을 목적으로 한다.
> • 먹이를 공급하지 않는 경우도 있다.

① 배 양
② 양 식
③ 증 식
④ 축 양

02 수산물의 생산과 소비에 대한 특성으로 옳지 않은 것은?

① 농산물에 비해 재배 기간이 짧아 필요시 즉각적인 공급이 가능하다.
② 전처리 수산물의 수요가 감소하는 추세이다.
③ 산지 직거래 등 수직적 결합이 증가하는 추세이다.
④ 친환경 수산물의 생산과 소비가 증가하고 있다.

03 다음 중 어선과 어구에 대한 설명으로 옳지 않은 것은?

① 보조 어구는 어법이 발달하면서 어획에 있어 중요한 역할을 하고 있다.
② 잡 어구는 물속에 있는 어군의 존재를 확인하기 위한 집어등이 대표적이다.
③ 어선의 크기가 작을수록 어획 대상을 쫓아 방향을 돌리는데 용이하다.
④ 100톤 이상의 어선을 대형선, 10톤 이하의 어선을 소형선으로 구분한다.

04 다음 중 어업노동의 고용에 있어 잘못 설명한 것은?

① 개인의 숙련된 노동이 중요하므로 고용 기간이 일반적으로 장기적이다.
② 필요한 노동력을 필요한 시기에 맞춰 조달하는 것을 고용이라 한다.
③ 선원 고용 및 모집은 선장이 중심이 된다.
④ 노동력이 연안 지역에 집중되어 있다.

05 어떤 어선의 총 어획금액이 10억 원, 공동경비 3억 원, 선장의 분배 짓수 50짓, A 선원의 분배 짓수 3짓, 선주와 선원의 분배비율이 5할과 5할이라고 할 때, 이 어선에 종사하고 있는 A 선원이 분배받을 임금은?

① 1,000만 원
② 1,400만 원
③ 1,750만 원
④ 2,100만 원

06 다음 중 수산업에 있어서의 노동조합에 대한 설명으로 옳은 것은?

① 의무가입을 원칙으로 한다.
② 수산업에 있어 가장 대표적인 노동조합은 지역별 노동조합이다.
③ 가장 교섭력이 큰 노동조합은 산업별 노동조합으로 일정한 산업에 종사하고 있으면 소속과 직업의 구별 없이 모든 노동자가 조합원으로 가입할 수 있다.
④ 단체교섭권과 노동협약의 2권이 인정되며, 원활한 수산물 공급을 위해 노동쟁의권은 인정되지 않는다.

07 수산업을 경영함에 있어 외부 자금을 조달하는 방법으로 옳지 않은 것은?

① 수협은 조합원의 어획물을 특정 상인에게 매도할 것을 약속할 수 있다.
② 고정 자산 구입에 필요한 자금을 단기 차입금으로 조달하여 효과적인 투자를 할 수 있고 높은 투자 수익률을 모색할 수 있다.
③ 어획물을 담보로 상인으로부터 미리 자금을 차입하는 방식을 전도금이라 한다.
④ 장기 차입금은 담보물 확보가 중요하다.

08 수산경영 계획 방법 중 표준계획법의 시행 순서를 바르게 나열한 것은?

① 모델 선정 → 일람표 작성 → 투입량과 생산량 계획 → 경영성과 분석 → 손익계산서 작성
② 모델 선정 → 투입량과 생산량 계획 → 손익계산서 작성 → 경영성과 분석 → 일람표 작성
③ 모델 선정 → 일람표 작성 → 경영성과 분석 → 투입량과 생산량 계획 → 손익계산서 작성
④ 모델 선정 → 투입량과 생산량 계획 → 일람표 작성 → 손익계산서 작성 → 경영성과 분석

09 다음 중 상품 매매 거래를 기장한 것으로 바르지 않게 기장한 것은?

①

수익계정	
차 변	대 변
수익의 발생	수익의 소멸

②

비용계정	
차 변	대 변
증 가	감 소

③

자본계정	
차 변	대 변
감 소	증 가

④

자산계정	
차 변	대 변
증 가	감 소

10 다음 중 원가 계산에 대한 설명으로 가장 옳지 않은 것은?

① 원가는 정상적인 생산과정에서 발생하는 비용과 부수적으로 발생하는 비용을 모두 포함한다.
② 수산물을 생산하기 위해서 소비된 경제적 가치를 집계하는 절차를 말한다.
③ 손익계산서와 대차대조표 등 재무제표를 작성하는 데에 기초적인 정보를 제공하여 준다.
④ 둘 이상의 어선에 운반선이 있는 경우 운반 배부비용은 어선별 원가에 합산하지 않는다.

11 다음 중 발생주의의 특징으로 옳지 않은 것은?

① 거래의 이중성을 회계처리에 반영하여 기록하는 방식이다.
② 대차평균의 원리에 따라 차변과 대변에 이중 기록한다.
③ 데이터의 신뢰성이 높다.
④ 고정 자산과 장기 차입금 및 장기 미지급금 등 고정 부채의 변동상황 파악은 곤란하다.

12 다음 중 수산물 마케팅의 환경에 대한 설명으로 옳지 않은 것은?

① 수산물 거래에 관한 국내적 · 국제적 기준이 강화되고 있다.
② 해양법 발효로 TAC 제도가 도입되면서 수산물 어획이 자유로워졌다.
③ 건강에 대한 인식이 커지면서 소비자의 소비 패턴이 변화하고 있다.
④ 우루과이 협상 이후 유통시장이 전면 개방되어 외국기업의 진출이 활발해졌다.

13 다음에서 설명하는 수산물 시장의 종류는?

> • 대부분 수산업 협동조합에서 개설 · 운영한다.
> • 생산자 · 수협 · 중도매인 · 매매 참가인들 간 거래가 형성된다.
> • 신속한 판매 및 대금 결제가 가능하다.
> • 어획물의 다양한 이용형태에 따라 신속한 배분이 가능하다.

① 중앙 도매시장
② 지방 도매시장
③ 소매시장
④ 산지 위판장

14 다음 중 수산물 무역에서 수출방법 및 절차에 관한 설명으로 옳은 것은?

① 수출업자가 수입업자에게 대금 지급을 보증할 수 있는 신용장 개설을 요구하지 않더라도 수입업자는 거래은행에 신용장을 개설하여 수출업자에게 발송하여야 한다.
② 수입자에게 인도되지 않은 상태라면 수출신고필증이 발급되더라도 외국물품이 되는 것은 아니다.
③ 수출업자가 보험료와 운임을 부담하는 CIF 조건 수출인 경우, 수출 품목의 해상 운송 및 보험에 관한 계약을 체결하고 통관준비를 진행하게 된다.
④ 수출상은 선적사실과 어음 취결을 통지하는 송장 및 선하증권의 사본을 동봉한 선적안내서를 수입상에게 발송한 뒤, 세관에 납부한 관세를 수입상에게 환급 받는다.

15 다음 중 마을어업권 면허를 받을 수 있는 조직으로 옳은 것은?

① 어촌계, 마을행정기관
② 지구별 수산업 협동조합, 업종별 수산업 협동조합
③ 업종별 수산업 협동조합, 어촌계
④ 어촌계, 지구별수산업협동조합

16 **다음 중 수산업 협동조합 중앙회의 임직원이 다음과 같은 행위를 하였을 때의 벌칙으로 옳은 것은?**

> • 중앙회의 사업 목적 외 용도로 자금을 사용하거나 대출하는 행위
> • 투기의 목적으로 중앙회의 재산을 처분하거나 이용하는 행위

① 5년 이하의 징역 또는 5천만 원 이하의 벌금
② 10년 이하의 징역 또는 1억 원 이하의 벌금
③ 10년 이하의 징역 또는 1천만 원 이하의 벌금
④ 3년 이하의 징역 또는 1천만 원 이하의 벌금

17 **다음 중 수산업 협동조합 중앙회의 임원에 대한 설명으로 옳지 않은 것은?**

① 회장의 임기는 4년으로 하되, 1회에 한하여 연임할 수 있다.
② 총회에서 선출하되, 회원인 조합의 조합원이어야 한다.
③ 회원은 회원 3분의 1 이상의 동의를 받아 총회에 임원의 해임을 요구할 수 있다.
④ 비상임이사는 총회에서 선출하되, 5명은 회원조합장이 아닌 사람 중에서 인사추천위원회에서 추천한 사람을 선출하고, 나머지 인원은 회원조합장 중에서 선출한다.

18 **수산물 시세변동에 대한 위험을 회피하기 위한 대책이 아닌 것은?**

① 수산물 생산성 증대
② 선물거래
③ 품질보증제도 도입
④ 보험가입

19 **다음 중 어항개발 사업으로 옳지 않은 것은?**

① 어항기본 사업
② 어항정비 사업
③ 어항복지 사업
④ 어항환경개선 사업

20 **우리나라 수산 관련 행정기관인 동 · 서해 어업관리단이 수행하는 업무로 옳지 않은 것은?**

① 불법어업 지도 및 단속
② 배타적 경제수역(EEZ) 관리
③ 해상교통안전시설 확충 및 기능 개선
④ 우리 어선에 대한 수산정보, 조난구조 · 예인 등의 조업지원업무

해양수산직

전공과목 히든 모의고사

목 차

※ 3회분의 모의고사로 부족한 수험생들을 위해, 전공과목인 수산일반과 수산경영의 2과목으로 구성된 전공과목 히든 모의고사를 수록하였습니다.

I wish you the best of luck!

빼박 해양수산직

최종모의고사

해양수산직

전공과목 히든 모의고사

제 1 과목 수산일반

01 다음 중 배타적 경제수역에 대한 설명으로 옳지 않은 것은?

① 영해기선부터 200해리까지를 이르는 수역 중 대한민국의 영해를 제외한 수역을 배타적 경제수역으로 보고 있다.
② 배타적 경제수역 안에서 외국 선박의 항해의 자유는 보장된다.
③ 외국인이 특정금지구역에서 어업활동을 하려면 선박마다 해양수산부장관의 허가를 받아야 한다.
④ 배타적 경제수역 안에서 관련 법규를 위반한 외국 어선 및 선원은 국내법의 적용을 받는다.

02 식품안전관리인증기준(HACCP)의 7원칙 12절차 체계 중 준비단계에 해당하는 것은?

① HACCP팀 구성
② 위해요소 분석
③ 중요관리점(CCP)의 결정
④ CCP 모니터링 체계 확립

03 다음 중 2018년부터 변경된 TAC제도에 대한 내용으로 옳지 않은 것은?

① TAC 어획량 조사와 어린물고기 보호 강화를 위해 수산자원조사원이 70명에서 85명으로 충원된다.
② TAC 소진율이 80%를 초과한 어업인에게 SMS를 통하여 개인별 소진현황을 제공한다.
③ 기존 1월에서 12월까지였던 TAC 시행시기를 7월에서 다음년도 6월까지로 조정한다.
④ TAC 대상어종 11종에 주꾸미를 추가하여 총 12종으로 변경된다.

04 다음 중 자망 어구에 대한 설명으로 가장 옳지 않은 것은?

① 그물코의 크기는 아가미 둘레와 거의 일치하여야 한다.
② 어군이 헤엄쳐 다니는 곳에 수평 방향으로 펼쳐 설치한다.
③ 운용방법에 따라 고정, 흘림, 두릿 걸그물로 구분한다.
④ 지나가는 어류가 그물코에 꽂히게 하여 어획한다.

05 다음 중 연령형질법을 사용하는 연령사정의 특징으로 옳지 않은 것은?

① 어류의 비늘, 이석, 등뼈, 패각 등을 이용한다.
② 이석을 통한 연령사정은 넙치, 고등어, 대구 등에 효과적이다.
③ 연간 1회의 짧은 산란기를 가지며, 개체의 성장률이 비슷한 생물의 연령사정에 효과적이다.
④ 연령형질이 뚜렷하지 않은 어린 개체들의 연령사정에는 비효율적이다.

06 다음과 같은 특징을 갖고 있는 어업으로 옳은 것은?

> • 주로 주광성 어종을 어획 대상으로 한다. 낚싯줄에 여러 개의 낚시를 달고 낚싯(모릿)줄 끝에 추를 달아 어구를 상승 · 하강시키면서 대상생물이 낚시에 걸리도록 하여 어획한다.
> • 동해안 및 남해안에서 주로 오징어와 갈치를 대상으로 조업이 이루어지고 있다.

① 채낚기어업
② 정치망어업
③ 연승어업
④ 자망어업

07 다음 중 어업관리의 유형이 아닌 것은?

① 자원 관리형
② 어장 관리형
③ 정보 관리형
④ 어가 유지형

08 다음 글에서 설명하는 어선의 설비로 옳은 것은?

> 구 모르스 코드에 의한 해상조난안전시스템을 확대 · 발전시킨 제도로서 위성통신과 디지털 통신기술을 사용한, 보다 고도화된 시스템이다. 조난 통신이 부근의 항해 중인 선박뿐만 아니라 육상(COSPAS-SARSAT) 및 위성(INMARSAT)을 통하여 지상의 통합구조센터에 신속히 전달됨으로써 구조 활동이 신속하고 광범위하게 이루어지도록 하는 데 목적이 있다.

① GPS
② RADAR
③ AIS
④ GMDSS

09 다음 중 생물의 배설물이 어류에 무해하게 되는 여과 과정으로 옳은 것은?

① 아질산염(NO_2) → 질산염(NO_3) → 암모니아(NH_3)
② 질산염(NO_3) → 암모니아(NH_3) → 아질산염(NO_2)
③ 암모니아(NH_3) → 질산염(NO_3) → 아질산염(NO_2)
④ 암모니아(NH_3) → 아질산염(NO_2) → 질산염(NO_3)

10 100kg의 잉어에 200kg의 사료를 5개월간 먹여 725kg으로 성장시켰을 때 사료 효율은?

① 32%
② 62.5%
③ 72.5%
④ 82.5%

11 **다음의 문제점을 해결하기 위해 첨가하는 물질로 옳은 것은?**

> 사료의 지방 및 지방산은 양식 어류의 에너지원과 생리 활성 역할을 하지만 공기 중의 산소와 결합하여 유독하게 된다.

① 착색제
② 항산화제
③ 항생제
④ 호르몬

12 **다음 새우류 양식에 대한 설명 중 옳지 않은 것은?**

① 과거 보리새우 · 대하가 우리나라 양식의 주종이었으나, 2008년 이후 질병에 강한 흰다리새우가 양식의 약 90%를 차지하고 있다.
② 보리새우는 대하와 달리 주간성으로 야간에는 모래 속에서 서식하다가 낮에 활동한다.
③ 보리새우는 여름철에 산란하고, 1년 만에 성체가 된다.
④ 대하는 고수온기를 넘긴 9~10월에 집중 성장시키는 것이 좋다.

13 **수산물의 건제품에 대한 설명으로 옳지 않은 것은?**

① 소건품은 마른 오징어, 마른 대구, 마른 미역, 마른 김 등이 있다.
② 염건품은 굴비, 간대구포, 염건 고등어 등이 있다.
③ 동건품은 마른 명태(북어 또는 황태), 한천 등이 있다.
④ 자배건품은 마른 해삼, 마른 굴, 마른 전복 등이 있다.

14 **냉동 수산물의 처리방법 중 내장과 아가미를 제거한 것을 의미하는 것은?**

① 세미드레스(Semi-Dressed)
② 필렛(Fillet)
③ 라운드(Round)
④ 드레스(Dressed)

15 **수산물 전자상거래에 대한 특징으로 옳지 않은 것은?**

① 상품의 표준규격화가 어렵다.
② 영업시간과 진열공간의 제약이 없다.
③ 가격 대비 운송료가 낮다.
④ 짧은 유통기간으로 인해 반품처리가 어렵다.

16 **다음 글과 관련된 선박 설비는?**

> • 선박의 방향 전환과 침로를 유지한다.
> • 최근 자동화로 인력 감축의 효과를 얻고 있다.
> • 동력의 전달 방식은 유압식 텔레모터(Telemotor)가 일반적이다.

① 조타 설비
② 기관 설비
③ 하역 설비
④ 항해 설비

17 항행 시 신호 규칙에 대한 설명 중 좌현으로의 추월 신호는?

① 단음 2회
② 장음 2회+단음 1회
③ 장음 2회+단음 2회
④ 장음 1회+단음 1회 + 장음 1회+단음 1회

18 농수산물품질관리법령상 수산물 품질인증제도에 대한 설명 중 옳지 않은 것은?

① 해양수산부장관은 수산물의 품질을 향상시키고 소비자를 보호하기 위하여 품질인증제도를 실시한다.
② 품질인증을 받으려는 자는 대통령령으로 정하는 바에 따라 해양수산부장관에게 신청하여야 한다.
③ 품질인증의 기준 · 절차 · 표시방법 및 대상품목의 선정 등에 필요한 사항은 해양수산부령으로 정한다.
④ 품질인증 대상품목은 식용을 목적으로 생산한 수산물로 한다.

19 해양수산부장관이 수산물의 소매유통을 개선하기 위해 지원할 수 있는 사업이 아닌 것은?

① 수산물직거래 및 소매유통의 활성화를 위하여 해양수산부장관이 인정하는 사업
② 수산물의 생산자 또는 생산자단체와 소비자 또는 소비자단체간의 직거래사업
③ 수산물소매시설의 현대화 및 운영에 관한 사업
④ 수산물공판장의 설치 및 운영에 관한 사업

20 다음 중 갈조류에 함유된 다당류로 옳지 않은 것은?

ㄱ. 한천(Agar)	ㄴ. 카라기난(Carrageenan)
ㄷ. 알긴산(Alginic Acid)	ㄹ. 후코이단(Fucoidan)

① ㄱ, ㄴ
② ㄱ, ㄷ
③ ㄴ, ㄹ
④ ㄷ, ㄹ

제 2 과목 수산경영

01 다음 수산경영의 중요성에 대한 설명 중 옳지 않은 것은?

① 연안의 수산자원으로 생산이 가능하기 때문에 원재료를 수입하는 기타 공산품에 비하여 외화 가득률이 높다.
② 연안지역의 인구가 빠져나가는 것을 방지하고 연안지역 발전의 중심적 역할을 한다.
③ 농산물에 비해 재배 기간이 짧아 필요시 즉각적인 공급이 가능하며, 식량 안전 보장 측면에서 농산물보다 중요한 역할을 한다.
④ 우리나라는 수산물보다 축산물을 통해 다량의 동물성 단백질을 획득한다.

02 A씨는 최근 소규모 연안어업 · 양식업과 같은 개인 기업을 가족 · 친지 등 신뢰할 수 있는 동업자와 함께 운영하려고 한다. 이에 A씨에게 적합한 공동기업의 유형으로 옳은 것은?

① 합자회사
② 합명회사
③ 주식회사
④ 유한회사

03 수산경영 방식 중 수산경영 요소의 이용도에 따라 구분하는 방식으로 옳은 것은?

① 집약경영 – 조방경영
② 어업경영 – 양식경영
③ 단일경영 – 복합경영
④ 생산경영 – 소비경영

04 다음 중 우리나라의 수산업의 발달 및 활동에 대한 설명으로 옳지 않은 것은?

① 수산 가공업에서 수입산 원료 의존도가 높아지고 있다.
② 근대 이후 동력 어선과 어업 기술이 과학화 되면서 수산 기업이 발달하기 시작하였다.
③ 수산 자원은 타율 갱신적 자원에 해당하므로 남획할 경우 자원이 쉽게 고갈된다.
④ 수산업의 생산은 어업 시간 및 투망 횟수에 비례하지 않는다.

05 다음 중 합작회사(joint venture)에 대한 설명으로 옳지 않은 것은?

① 자본 · 기술 · 판매망을 가진 수산 선진국과 자원이 풍부한 연안 개발도상국 사이에서 주로 이루어진다.
② 장기적으로 해외 수산 자원을 확보에 적합한 기업 형태이다.
③ 한 회사가 2개국 이상에 기업을 설립하고, 생산 · 판매 · 경영하는 기업을 말한다.
④ 200해리 경제수역의 선포로 연안국들 간 협력 필요가 증대되면서 중요해지고 있다.

06 수산경영의 생산 운영 관리 중 투입관리에 포함되지 않는 것은 무엇인가?

① 시장조사
② 작업계획
③ 업계능력
④ 출어계획

07 다음 중 짓가림제 임금제도에서 공동경비의 의미로 옳은 것은?

① 선주와 선주협회가 공동으로 부담하는 경비
② 선주와 수산업 협동조합이 공동으로 부담하는 경비
③ 선원 간 공동으로 부담하는 경비
④ 선주와 선원이 공동으로 부담하는 경비

08 고등어를 어획하는 대형선망어업과 같이 망선, 등선, 어탐선, 운반선 등이 일체를 이루어 어획활동을 하는 생산조직은?

① 단선복합조직
② 선단조직
③ 단독조직
④ 선대조직

09 유통비용은 직접비용과 간접비용으로 구분할 수 있는데, 다음 중 직접비용이 아닌 것은?

① 저장비
② 통신비
③ 포장비
④ 가공비

10 수산물 유통의 관리 및 지원에 관한 법률에서 명시된 수산물 직거래 활성화에 대한 내용으로 옳지 않은 것은?

① 지방자치단체의 장은 해양수산부령으로 정하는 단체가 운영하는 수산물직매장, 소매시설을 지원·육성하여야 하며, 그 운영에 필요한 자금을 수산발전기금으로 융자·지원할 수 있다.
② 해양수산부장관 또는 지방자치단체의 장은 수산물의 생산자와 소비자를 보호하고 유통의 효율화를 위하여 수산물 직거래에 대한 시책을 수립·시행하여야 한다.
③ 해양수산부장관은 수산물 직거래의 활성화를 위하여 생산자단체와 대형마트 등 대규모 전문유통업체 또는 단체가 직거래 촉진을 위한 협약을 체결하는 경우 이를 지원할 수 있다.
④ 해양수산부장관은 수산물 직거래의 촉진과 지원을 위하여 수협중앙회에 수산물직거래촉진센터를 설치할 수 있으며, 이 경우 수산물직거래촉진센터의 운영에 필요한 경비를 지원할 수 있다.

11 다음 중 주 산지 도매시장과 소비지 도매시장의 기능을 비교한 것으로 적절하지 않은 것은?

	산지 도매시장	소비지 도매시장
①	거래 형성 기능	수집된 수산물을 도시로 유통시키는 분산 기능
②	신속한 판매 및 대금 결제 기능	신속한 현금으로의 대금 결제 기능
③	어획물의 양륙과 진열 기능	산지시장으로부터 상품을 수집하는 집하 기능
④	최종 가격형성 기능	최종 판매 기능

12 **다음 중 수산업 협동조합 중앙회에 대한 설명으로 옳지 않은 것은?**

① 중앙회는 회원의 사업이 원활히 이루어지도록 돕고, 회원의 공동이익을 위한 사업을 수행함을 원칙으로 한다.
② 중앙회의 정기총회는 회계연도 경과 후 6개월 이내에 회장이 매년 1회 소집하고, 임시총회는 회장이 필요하다고 인정할 때 수시로 소집한다.
③ 조합과 중앙회는 설립 취지에 반하여 영리 또는 투기를 목적으로 하는 업무를 하여서는 아니 된다.
④ 중앙회는 공직선거에서 특정 정당을 지지하는 행위와 특정인이 당선되게 하거나 당선되지 아니하도록 하는 행위를 하여서는 아니 된다.

13 **중앙회가 어업인과 조합에 필요한 금융을 제공함으로써 어업인과 조합의 자율적인 경제활동을 지원하고 그 경제적 지위의 향상을 촉진하기 위하여 신용사업을 분리하여 그 사업을 하는 법인으로 옳은 것은?**

① 조합공동사업법인
② 어촌계
③ 수협은행
④ 지구별 수산업 협동조합

14 **다음 선박의 정액법에 따른 연간 감가상각비는 얼마인가?**

- 취득원가 : 10억 원
- 잔존가액 : 2억 5천만 원
- 내용년수 : 20년

① 2천 5백만 원
② 3천 2백 5십만 원
③ 3천 5백만 원
④ 3천 7백 5십만 원

15 **다음 중 수산물 유통 경로로 수협을 거치는 경우에 대한 설명으로 옳지 않은 것은?**

① 생산자가 가격결정에 참여하여 판매 및 마케팅만을 수협에 위탁한다.
② 판매대금을 신속하게 지불받을 수 있다.
③ 판매비용 및 마케팅 비용을 절감할 수 있다.
④ 판매의 책임이 수협에 있기 때문에 판매에 대한 위험성이 낮다.

16 **수출입 상품 인도 조건 중 수출업자에게 가장 불리한 것은 무엇인가?**

① DDP
② EXW
③ FCA
④ CIP

17 **다음 중 수산업 협동조합법에 명시된 업종별 수산업 협동조합의 교육 · 지원 사업이 아닌 것은 무엇인가?**

① 수산종자의 생산 및 보급
② 어업질서 유지
③ 신제품의 개발 · 보급 및 기술 확산
④ 어업권과 어업피해 대책 및 보상 업무 추진

18 **위험 대처 방법 중 손실에 대해 미리 대응하여 예방하거나 사고 발생 후 손실을 줄이기 위해 노력하는 방법으로 옳은 것은?**

① 위험 전가
② 손실 통제
③ 위험 회피
④ 위험 인수

19 **다음 중 수산업 협동조합 공제사업의 효용으로 옳지 않은 것은?**

① 저축의 효용
② 위험보장의 효용
③ 채산성 감소의 효용
④ 어촌 경제에의 기여

20 **다음 중 수산업 · 어촌발전 기본법에서 명시된 생산자단체에 대한 내용으로 옳지 않은 것은?**

① 생산자단체는 수산업의 생산력 향상과 수산인의 권익보호를 위한 수산인의 자주적인 조직으로서 해양수산부령으로 정한 단체를 말한다.
② 영어조합법인 중 자본금이 1억 원 이상인 영어조합법인은 생산자단체에 포함된다.
③ 수산업 협동조합과 수산업 협동조합중앙회는 생산자단체에 포함된다.
④ 어업인이 5명 이상이 참여하고 자본금이 1억 원 이상인 어업회사법인은 생산자단체에 포함된다.

해양수산직

정답 및 해설

목 차

I wish you the best of luck!

빼박 해양수산직

최종모의고사

해양수산직

제 1 회 정답 및 해설

제 1 과목 국 어

01	02	03	04	05	06	07	08	09	10
④	④	②	②	②	①	③	③	①	③
11	12	13	14	15	16	17	18	19	20
④	③	②	③	④	④	①	①	①	②

01 ④ • '삯일'은 표준 발음법 제29항 – "합성어 및 파생어에서 앞 단어나 접두사의 끝이 자음이고 뒤 단어나 접미사의 첫 음절이 '이, 야, 여, 요, 유'인 경우에는, 'ㄴ' 소리를 첨가하여 [니, 냐, 녀, 뇨, 뉴]로 발음한다."에 따라 [상닐]로 발음한다.

• '들일'과 '물엿'은 표준 발음법 제29항 붙임 1 – "'ㄹ' 받침 뒤에 첨가되는 'ㄴ' 소리는 [ㄹ]로 발음한다."에 따라 [들:릴], [물렫]으로 발음한다.

① • 표준 발음법 제29항 붙임 1에 따라 'ㄹ' 받침 뒤에 첨가되는 'ㄴ' 소리는 [ㄹ]로 발음한다. 하지만 이러한 소리의 첨가가 없을 경우에는 자연히 앞의 자음을 연음하여 발음하게 된다. '금요일'과 '절약'이 이에 해당하므로 [그묘일], [저략]으로 발음한다.

• 표준 발음법 제6항에 따라 모음의 장단을 구별하여 발음하되, 단어의 첫 음절에서만 긴소리가 나타나는 것을 원칙으로 한다. 다만, 합성어의 경우 두 번째 음절 이하에서도 분명한 긴소리로 발음되는 것만은 그 긴소리를 인정하는데, 선남선녀가 이에 해당한다. 따라서 [선:남선:녀]로 발음한다.

② • '색연필'과 '맨입'은 표준 발음법 제29항에 따라 [생년필], [맨닙]으로 발음한다.

• '디귿이'는 [디그시]로 발음한다. 표준 발음법 제16항에서 "한글 자모의 이름은 그 받침소리를 연음하되, 'ㄷ, ㅈ, ㅊ, ㅋ, ㅌ, ㅍ, ㅎ'의 경우에는 특별히 디귿이[디그시], 디귿을[디그슬]과 같이 발음한다."고 규정하고 있다.

③ • '육이오'와 '송별연'은 'ㄴ(ㄹ)' 소리를 첨가하여 발음하지 않으므로 [유기오], [송:벼련]으로 발음한다(표준 발음법 제29항).

• '뚫으니'는 표준 발음법 제12항의 4. "'ㅎ(ㄶ, ㅀ)' 뒤에 모음으로 시작된 어미나 접미사가 결합되는 경우에는, 'ㅎ'을 발음하지 않는다."에 따라 [뚜르니]로 발음한다.

답 ④

02 ④ '먹(을) + 거리'는 용언(먹다)에 관형사형 어미가 생략되어 어간이 직접 명사와 결합한 비통사적 합성어이다. 그러나 '겉돌다'는 파생어이다. '겉'은 명사로도 쓰이고 접두사로도 쓰인다. 명사일 때는 '물체의 바깥 부분', '밖으로 드러난 모습이나 현상'을 의미한다.

① '독서'(讀書, 책을 읽다.)는 목적어가 서술어 뒤에 왔다. 우리말의 일반 어순과 다른 방식을 보이는 한자어로 비통사적 합성어이고, '꺾자'는 '용언 + (관형사형 어미 생략) + 명사'로 비통사적 합성어이다.

② '가끔가다'는 부사와 용언이 결합하였고, '겉모습'은 명사와 명사가 결합한 통사적 합성어이다.

③ '날짐승'은 '날(다) + 관형사형 어미(ㄹ) + 짐승'으로 '날다'의 어간 '날–'에서 'ㄹ'이 탈락하고 관형사형 어미 'ㄹ'이 결합했으므로 통사적 합성어이다. '재미있다'는 '명사(조사 생략) + 용언'으로 통사적 합성어이다.

답 ④

03 제시된 글의 글쓴이는 민족의 성산인 백두산 절정에 올라 그 웅대한 신비를 맛보는 데에 무한히 감격스러워 하면서 특별한 가치를 부여하고 있다.

② 작자는 백운대에 올라 주변을 조망하면서 감격한 나머지 바람소리조차 신령스러워하고 있다. 즉, 제시문과 ②의 필자 모두 대자연을 신령스러운 존재로 대하고 있다.

답 ②

04 ② '기반(基盤)'은 기초가 되는 바탕 또는 사물의 토대를 의미한다. 따라서 이 단어를 대신할 수 있는 표현으로 가장 적절한 것은 사물의 발생 · 발전의 근거가 되는 토대를 비유적으로 이르는 '모태(母胎)'이다.

① 動脈(동맥)
③ 分水嶺(분수령)
④ 羅針盤(나침반)

답 ②

05 ② '불타다', '물오르다', '수놓다', '잠들다'는 모두 다의어로서 여기서는 여러 뜻 중에서도 비유적인 의미로 사용되었다. 그러나 '손꼽다'는 '손가락을 하나씩 고부리며 수를 세다'라는 일반적인 뜻으로 쓰였을 뿐이다.

답 ②

06 ① 각주구검(刻舟求劍) : 융통성 없이 현실에 맞지 않는 낡은 생각을 고집하는 어리석음을 이르는 말이다.

② 사면초가(四面楚歌) : 아무에게도 도움을 받지 못하는, 외롭고 곤란한 지경에 빠진 형편을 이르는 말이다.

③ 연목구어(緣木求魚) : 나무에 올라가서 물고기를 구한다는 뜻으로, 도저히 불가능한 일을 굳이 하려 함을 비유적으로 이르는 말이다.

④ 오월동주(吳越同舟) : 서로 적의를 품은 사람들이 한자리에 있게 되는 경우나 서로 협력하여야 하는 상황을 비유적으로 이르는 말이다.

답 ①

07 ① 4문단의 '일상에서 벗어나'에서 확인할 수 있다.

② 2문단에서 확인할 수 있다.

④ 3문단의 '낯선 사람과 자유롭게 만나 대화하고 친구가 되는'에서 확인할 수 있다.

답 ③

08 제시문은 고유어와 한자어가 1:다(多)의 대응을 이루고 있는 경우를 설명하고 있다. 이 경우 대개 고유어가 대응되는 한자어를 의미적, 통사적으로 포괄하고 있는 반면에, 대응되는 한자어들은 고유어의 여러 의미 가운데 일부분을 떼어내서 자기 몫으로 삼고 있기 때문에 고유어를 한자어로 대체할 때는 그 의미를 신중히 검토해야 한다.

③ 한자어 '착용(着用)하다'는 포괄적 의미를 지니고 있고, 이에 대응되는 우리말이 구체적인 의미를 지니고 있다. 즉, 한자어와 고유어가 1:다(多)의 대응을 이루고 있으므로, 제시문의 설명과 거리가 멀다.

답 ③

09 ① '旱害(한해)'는 가뭄으로 인한 피해를 말한다. 추위로 인한 피해는 '寒害(한해)'이다.
② 亞流(아류) : 1. 둘째가는 사람이나 사물 2. 예술, 학문에서 독창성이 없이 모방하는 일이나 그렇게 한 것 또는 그런 사람
③ • 改定(개정) : 이미 정하였던 것을 고쳐 다시 정함[= 변경(變更)]
• 改正(개정) : 주로 문서의 내용 따위를 고쳐 바르게 함(= 변경, 수정)
• 改訂(개정) : 글자나 글의 틀린 곳을 고쳐 바로잡음
④ 個性(개성) : 개인이나 개체의 특유한 성격이나 특징

답 ①

10 ③ 각 단락의 핵심 내용을 파악한 후에 인접한 단락을 찾으면 글의 흐름 순서를 파악할 수 있다.
- (라) : 사실 전달 – 한 전방소초에서 벌어진 총기난사 참극은 여전히 병영생활에 문제가 있음을 보여주었고, 이러한 참극은 병역 기피, 사기를 넘어 엄청난 국가적 손실이라 할 수 있다.
- (나) : 사건 원인 – 군에서 발생되는 참극은 개인의 문제점이 아니라 낡은 병영문화에서 그 책임과 원인을 따져보아야 한다.
- (가) : 구체화 – 병사들은 훈련보다 내무반 생활문화에 적응하는 것을 더 힘들어 하고, 민주적 사회에서 성장한 신세대 병사들에게 군의 문화를 적응해주기를 기대해서는 안 된다. 즉, 병영문화의 해결 방법은 병사의 인권 보호에서부터 시작되어야 한다.
- (다) : 해결방안 – 가혹행위를 금지한 군 당국의 조처가 나온 후에도 가혹행위는 사라지지 않았다. 따라서 앞으로의 가혹행위와 참극을 막기 위해서는 병영문화를 변화시킬 수 있는 획기적인 방안을 찾아야 한다.

답 ③

11 개요에 이미 결론의 내용이 '보완된 문화 상대주의'라 제시되어 있으므로 정답은 ④이다.
① 개요의 앞부분을 다룬 글이다.
② 문화 상대주의의 근본적 반성을 촉구하는 글에 해당한다.
③ 문화 상대주의에 대한 회의감을 제시한 글이다.

답 ④

12 ③ 〈보기〉는 '종성부용초성(종성은 초성을 다시 사용한다)'에 대한 설명으로 종성에 'ㅈ, ㅊ, ㅌ, ㅍ'이 사용된 작품을 찾아야 한다. '종성부용초성'의 표기는 표의적 표기로 중세 국어의 일반적 표기인 표음적 표기와 맞지 않아서 「용비어천가」와 「월인천강지곡」의 실험적 과정에서만 사용되었다가 곧 8종성법으로 바뀌었다.
① 두보, 「강남봉이구년」
② 훈민정음 서문
④ 두보, 「절구」

답 ③

13 ② '벌써 한 세 시간쯤 지났다.'의 '한'은 '대략'의 뜻을 나타내고, '옛날 한 마을에 효자가 살고 있었다.'의 '한'은 '어떤'의 뜻을 나타내는 말로 '한'은 모두 관형사에 해당한다.
① '다른 색'의 '다른'은 '딴 것'을 의미하는 관형사이고 '다른 사람이다.'의 '다른'은 '같지 않다.'를 뜻하는 형용사가 관형사형 어미가 결합하여 관형어로 사용된 것이다. 즉, 'different'의 뜻일 때는 형용사이고, 'another'의 의미일 때는 관형사이다.
③ '아니 온다고~'의 '아니'는 '부정이나 반대'를 뜻하는 부사이고, '아니 아무 일도~'의 '아니'는 묻는 말에 부정하여 대답할 때 쓰는 말로 감탄사이다.

④ '새벽이 밝아 온다.'의 '밝다'는 '밤이 지나고 환해지며 새날이 오다.'를 뜻하는 동사이고, '벽지가 밝아 환해 보인다.'의 '밝다'는 '빛깔의 느낌이 환하고 산뜻하다.'를 뜻하는 형용사이다.

답 ②

14 ③ 김광균의 「와사등」은 도시의 물질 문명 속에서 살아가는 현대인의 고독과 비애를 매우 감각적이고 주지적으로 표현한 작품이다.

김광균, 「와사등」

- 심상 : 시각적, 촉각적, 공감각적 심상
- 표현 : 수미상관 구성, 감각적 묘사와 비유를 통해 이미지 제시
- 운율 : 겉으로 드러나는 운율은 없으나, 부분적으로 3음보(제2연) 및 2음보(제3연)의 율격이 보임
- 구성
  - 1연 : 방향을 잃은 현대인의 고독
  - 2연 : 도시 문명의 종말감
  - 3연 : 도시적 삶에서 느끼는 비애
  - 4연 : 현대 물질 문명 속의 비애감
  - 5연 : 현대인의 방향 감각 상실
- 주제 : 도시문명 속에서 느끼는 현대인의 고독과 비애

답 ③

15 ④ '사물의 인상은'이 주어이고, 서술어 '아니다', '떠오르게 된다.'와 호응한다.

① '새다'는 자동사이고, '새우다'는 타동사이므로 '밤을 새우다.'라는 표현은 맞지만 '밤을 새다.'는 틀린 표현이다. '좀처럼'은 부정적인 의미를 가진 단어와 호응하여 '여간하여서는'의 뜻을 지닌 말이다. 따라서 '밤을 새우고 잠의 유혹을 물리치기란 매우 어려운 일이다.' 정도로 고쳐야 한다.

② '절대로'가 부정어와 호응하므로 '언제나' 또는 '반드시'로 고쳐야 한다.

③ 주어인 '장점은'과 서술어 '부러지지 않는다.'가 호응하지 않으므로 '이 연필의 장점은 연필심이 잘 부러지지 않는다는 것이다.'로 바꿔야 한다.

답 ④

16 ④ 단순히 감동이나 기쁨을 나타내는 희열에서 더 나아가 특히 그것이 불교적인 분위기를 배경으로 하고 있음을 고려해야 한다. 즉, 문맥상 의미와 글의 분위기 모두를 고려해 보았을 때 괄호 안에 들어갈 단어로 가장 적절한 것은 '법열(法悅)'이다.

- 法悅(법 법, 기쁠 열) : 1. 참된 이치를 깨달았을 때 느끼는 황홀한 기쁨 2. 〈불교〉 설법을 듣고 진리를 깨달아 마음속에 일어나는 기쁨

① 快樂(쾌할 쾌, 즐길 락/낙) : 1. 유쾌하고 즐거움 또는 그런 느낌 2. 〈심리〉 감성의 만족, 욕망의 충족에서 오는 유쾌하고 즐거운 감정

② 感動(느낄/한할 감, 움직일 동) : 크게 느끼어 마음이 움직임

③ 戰慄(싸움 전, 떨릴 률/율) : 1. 몹시 무섭거나 두려워 몸이 벌벌 떨림 2. 몸이 떨릴 정도로 감격스러움을 비유적으로 이르는 말

답 ④

17 ① 뒤에 이어지는 "내 속에서 너 났으니 만고 열녀 아니 되겠느냐"에서 유추할 수 있다. '위에서 부은 물이 발치까지 흐른다'는 윗사람이 나쁜 짓을 하면 곧 그 영향이 아랫사람에게 미치게 됨을 비유적으로 이르는 속담이다.

* 灌頂之水 必流足底(관정지수 필류족저) : 정수리에 부은 물은 반드시 발 아래로 흘러간다.

답 ①

18 ① '빛'은 화자가 바라는 고향 모습을, '꽃불'은 고향에 대한 그리움을, '연기'는 고향으로 날아가고 싶은 화자의 심정을 표현한 것이다.

이육사, 「자야곡」

- 갈래 : 자유시, 서정시
- 율격 : 내재율
- 성격 : 저항적, 역설적, 감각적
- 주제 : 잃어버린 고향에 대한 정한
- 특징
  - 선명한 감각적 이미지로 형상화함
  - 수미상관의 구조를 사용하여 주제 의식을 강조함

답 ①

19 ① 네 번째 문단의 앞 부분에서 해수가 심해층대로 가라앉으면 그 자리를 카리브해의 열대성 바람에 의한 따뜻한 해류가 채운다고 했다.

② 해류의 순환은 오랜 세월 동안에 느리게 일어나는 현상임을 네 번째 문단을 통해 알 수 있다. 그러나 그 속도가 점차 빨라지고 있다는 내용은 찾아볼 수 없다.

③ 전체 해양의 80%가 수심 1,000m 이상인 심해층대이다.

④ 그린란드 지역은 찬 공기와 빙하로 인해 해수면을 급격히 냉각시켜 해수의 밀도를 증가시킨다고 했다.

답 ①

20 ② '만'은 앞말이 가리키는 동안이나 거리를 나타내는 의존 명사이므로 앞 단어와 띄어 쓴다.

① 집한채 → 집 한 채 : 집(명사) + 한(관형사) + 채(의존 명사)

③ 나 만큼 → 나만큼 : '조사'는 앞말에 붙여 쓴다.

④ 사는데를 → 사는 데를 : 여기서 '데'는 처소 및 경우의 뜻을 나타내는 의존 명사이므로 앞 단어와 띄어 쓴다.

답 ②

제 2 과목 영 어

01	02	03	04	05	06	07	08	09	10
②	①	②	②	④	③	④	①	①	④
11	12	13	14	15	16	17	18	19	20
①	③	②	④	③	①	④	③	②	④

01

[분석]

out of the blue : 갑자기(all of a sudden, suddenly)

[어휘]

- beside oneself : 제정신이 아닌
- violently : 사납게, 거칠게
- depressively : 우울하게
- squeeze : 압박, 압력

[해석]

사장님이 갑자기 판매에 압력을 가해서 거의 죽을 지경이야.

답 ②

02

[분석]

① 신체의 일부를 나타내는 명사 앞에는 정관사 "the"를 사용한다. 동사에 따라서 수반되는 전치사가 다르기 때문에 동사와 전치사를 확인해야 하는데, 지금처럼 "보다" 계열의 동사가 있을 때 전치사 in을 사용한다.

② 전치사 by 다음에는 교통수단이 나올 수 있는데, 교통수단을 사용할 때는 "무(無)관사명사"로 사용하는 것이 원칙이다. 따라서 by an ambulance는 by ambulance로 수정해야 한다. 그리고 주어인 The patient가 단수이기 때문에 were를 단수동사 was로 고쳐야 한다.

③ 과거표시어구가 있을 때는 과거동사를 사용하는 것이 원칙으로 현재완료 have attempted를 attempted로 수정해야 한다. 「전치사 + 관계대명사」 뒤에는 완전한 문장이 나와야 한다.

④ every 다음에는 단수명사가 필요하기 때문에 problem이라고 수정해야 한다. mentioned는 동사가 아니라 과거분사 p.p의 형태로 앞에 있는 명사 every problem을 수식하고 있다. does는 강조의 조동사 do[정말로]로 주어가 3인칭 단수일 때 does로 사용해야 한다.

[어휘]

- rabies : 광견병
- mention : 말하다, 언급하다

[해석]

① 노신사는 그의 얼굴을 보더니 그를 젊은 도둑이라고 불렀다.
② 구급차로 실려 온 그 환자는 중태에 빠져 있었다.
③ 수천 년 전에, 사람들은 그들이 살고 있는 대기권에 대해 이해하려는 시도를 했다.
④ 이것은 처음에 언급된 모든 문제가 실제로 발생하는 경우들이다.

답 ①

03 [분석]

② 첫 번째 문장에서 문화 통념이 우리에게 친근한 것들에 대한 관계를 정의하고 있으므로 문화 통념은 우리의 마음속에 깊이 새겨져 있다는 의미가 되어야 한다.

[어휘]

- embed : (마음 속 등에) 깊이 간직하다, 깊이 새겨두다
- cultural myth : 문화적 통념
- myth : (근거 없는) 이야기, 사회적 통념
- assumption : 가정
- boggle : (무서워서, 놀라서) 펄쩍 뛰다, 움찔하다
- pluck : 잡아 뜯다
- subdue : 정복하다

[해석]

> 문화적 통념은 친구와 애인, 과거와 현재, 자연, 권력과 국가에 관한 우리의 관계들을 정의한다. 비판적 사고를 하는 사람이 되는 것은 그들 안에 깊이 새겨진 이러한 문화적 통념들과 가정들을 넘어서서 보는 방법을 배우는 것을 의미한다.

답 ②

04 [분석]

② 졸업한 것을 기념하기 위한 물건인 스웨터나 모자를 산다고 했으므로 이에 상응하는 ② insignia(휘장, 표장)가 가장 자연스럽다.

① (주민 등록상의) 주소
② 연설, 식사, 화법
④ 평판

[어휘]

- milestone : 획기적인 사건, 중대 사건
- a partnership in : ~에 있어서의 협력
- crowd : 몰려들다, 붐비다
- emblazon : 문장으로 꾸미다, (아름다운 색으로) 그리다, 장식하다

[해석]

> 졸업식 날은 한 가족의 중요한 사건이며 아메리칸 드림의 완전하고 적극적인 협력에 대한 공식적인 인정이다. 부모들은 학교 휘장으로 장식된 운동선수용 스웨터와 야구 모자를 사기 위해 서점으로 몰려든다.

답 ②

05
[분석]
조동사 뒤에는 동사 원형이 나와야 한다.
④ being → be

[어휘]
- mayor : 시장
- repair : 보수
- complete : 완성하다
- in time : 시간에 맞추어

[해석]

> 그 시장은 보수가 토요일까지 완성될 것이라고 말했다. 그리고 고속도로는 월요일 출근 시간에 맞춰서 개방되어야 한다고 말했다.

답 ④

06
[분석]
제시문의 harsh는 가혹한, 엄격한의 뜻으로, 이와 다른 의미는 ③ trifling(하찮은)이다.

[어휘]
- undergo : 겪다, 경험하다

[해석]

> 그들의 업무의 복잡성은 교육적 심리학자들이 가혹한(엄격한) 전문적인 훈련을 경험해야만 한다는 의미이다.

답 ③

07
[분석]
④ 'By the time + 주어 + 동사'에서 시제가 현재이면, 주절의 시제에는 미래완료를 사용한다. 'By the time + 주어 + 동사'에서 시제가 과거이면, 주절의 시제에는 과거완료를 사용한다.
① 5형식 동사 enable은 목적격 보어로 반드시 to 부정사를 사용해야 하므로 to keep up으로 수정해야 한다.
② "~의 영향을 받기 쉽다"라는 의미의 be subject to에서 to는 전치사라는 것을 기억해야 한다. 따라서 prove을 proof로 수정해야 한다.
③ 과거표시어구가 있을 때는 과거동사를 사용하는 것이 원칙으로 현재완료 have attempted를 attempted로 수정해야 한다. '전치사+관계대명사'뒤에는 완전한 문장이 나와야 한다.

답 ④

08
[분석]
① '인정했다(admitted 과거시제)'보다 거짓말을 한 시제가 앞선 시제이므로 동명사를 완료형(having told)으로 써야 한다.

[어휘]
- instill : 스며들게 하다, 서서히 주입시키다

답 ①

09 [분석]

① 첫 문장에서 시작하는 구문이 more than으로 시작하므로 비교구문이라는 것을 알 수 있다. 그러므로 any other film과 동급으로 비교 대상이 뒤에 나와야 하므로, 주어는 영화의 성공이 아니라 성공을 한 영화가 되어야 한다.
the financial success of James Cameron's Titanic → James Cameron's financially successful Titanic

[어휘]

- financial : 재정적인
- gross : ~의 총수익을 올리다

[해석]

최근 역사에서 다른 어떤 영화보다도, 박스오피스에서 6억 불 이상 흥행수익을 올려 재정적으로 성공한 James Cameron의 Titanic이 미국에서 영화를 개발하고 거래하는 방법을 바꾸어 놓았다.

답 ①

10 [분석]

④ 첫 문장을 읽어보면 이 글의 주제는 "사람들이 인터넷에 의존하는 이유"임을 알 수 있다. (A)는 그 이유를 언급하고 있으므로 제시된 문장과 (A)는 응집성이 높다. (B)에서 "인터넷 중독자와 각종 상태 사이의 연관성은 존재하지만 인과 관계는 아직 명확하지 않다"고 했다. (C)에서 "놀랍게도, 인터넷으로 끊임없는 커뮤니케이션을 하는 사람들이 우울증이 심각하다"라고 했고 그 이유를 물었는데 "이런 온라인으로 맺은 관계는 개인적이고 얼굴을 마주보는 상호 작용이 부족하다"라고 언급했다. 그러므로 제시된 문장이 이어지면 "사람들은 여전히 서로 안거나 신체적인 애정을 필요로 하는 사회적 동물이다"가 나오는 것이 논리적이다.

[어휘]

- Internet-dependent : 인터넷 중독의
- underlying : 밑에 놓여있는, 근본적인
- clinical psychologist : 임상 심리학자
- extensively : 광범위하게
- excitement : 자극; 흥분
- companionship : 동료애, 동지애
- correlation : 연관성, 상관관계
- phobia : 공포증
- impulse control disorder : 충동조절장애
- attention deficit disorder : 주의력결핍장애
- cause-and-effect relationship : 인과관계
- face-to-face : 서로 마주 대하는, 면대면의

[해석]

사람들이 서로 다른 이유들로 인터넷 중독이 되고 있지만, 근본적인 몇몇 요인들이 있다. Harvard 의학학교의 임상 심리학자인 Maressa Orzack은 사람들이 자극, 정체성에 대한 새로운 의식, 또는 동지애와 같은 이유들 때문에 인터넷을 광범위하게 사용하기 시작한다는 것을 발견했다. 인터넷 중독과 사회 공포증, 충동조절장애, 그리고 주의력결핍장애와 같은 상태 사이의 연관성이 발견되었지만 인과관계는 아직 확실히 규명되지 않고 있다. 흥미롭게도, 무절제한 양의 시간을 사이버 공간에서 소비하는 사람들은 (보통 하루에 두 시간 이상으로 정의되는) 그들의 끊임없는 온라인상에서의 타인들과의 소통에도 불구하고 종종 심각한 우울증으로 고통받는다는 것이 발견되었다. 그 이유는 무엇인가? 이 온라인 친구관계는 개인적인 대면적 상호작용의 균등성을 결여하고 있다. 사람들은 여전히 가끔의 포옹 또는 신체적인 애정의 어떤 형태를 필요로 하는 사회적 동물이다.

답 ④

11

[분석]

① 신문기사의 내용으로 첫 문장에서 학교에서의 휴대폰 사용 금지를 없애는 것(lift the ban)에 대한 교육부의 발표 내용이 쓰여 있고, 그 다음 내용도 반복되고 있으므로 ①이 정답이다

[어휘]

• lift the ban on~ : ~에 대한 금지를 없애다
• consultation : 협의, 상담

[해석]

> 뉴욕시 교육부가 수요일에 교내 휴대폰 사용에 대한 금지를 폐지한다는 발표를 할 예정이라고, 이 결정에 대해 잘 알고 있는 한 사람이 화요일에 말했다. 이전 시장 Michael R. Bloomberg에 의해 시행되었던 그 금지는 부모들 사이에서는 환영받지 못했다. 부모들이 학교에 있을 시간과 등교 전후에 그들의 자녀와 연락이 되지 않는 것을 걱정하기 때문이다. 다른 뉴스 보도에 따르면, 새로운 정책 하에 교장들은 교사 그리고 학부모와의 논의를 통해 휴대폰 사용의 선택 범위를 결정할 것이다.

답 ①

12

[분석]

부당한 법에 대해 저항하고 개혁을 해야 하는 것은 정부인데, 그렇게 하지 않는 것은 정부 자체의 잘못이라고 주장하고 있으므로 글의 제목은 ③이 적절하다.

[어휘]

• unjust : 불공평한, 부당한
• endeavor : 노력, 시도
• amend : 수정하다, 개정하다
• transgress : (한도, 범위 등을) 넘다, 벗어나다, (법률, 규칙 등을) 어기다, 위반하다
• cherish : 소중히 하다, 귀여워하다
• crucify : 십자가에 못 박다, 몹시 괴롭히다
• on the alert : 방심하지 않고 경계하여, 준비가 갖추어져서
• excommunicate : 추방하다, 쫓아내다
• pronounce : 선언하다, 발음하다
• rebel : 반역자

[해석]

> 부당한 법이 존재한다. 그것들을 지키는 것에 만족해야 하는가? 아니면 개정하려고 노력해서 성공할 때까지 지켜야 하는가? 또 아니면 바로 그것들을 어겨야 하는가? 일반적으로 사람들은 그런 정부 하에서는 그것들을 개정하기 위해 다수를 설득할 때까지 기다려야 한다고 생각한다. 만약 그들이 저항한다면, 치료가 악보다 더 나쁠 것(작은 흠이나 결점을 고치려다가 도리어 일을 그르치는 것)이라고 생각한다. 그러나 치료가 악보다 나쁘다는 것은 정부 자체의 잘못이다. 그것이 상황을 악화시킨다. 왜 정부는 개혁을 더 많이 예상하고 개정하려고 하지 않는가? 왜 정부는 자신의 현명한 소수를 소중히 여기지 않는 것인가? 왜 정부는 자신의 잘못을 지적하려는 시민들을 조심하도록 격려하지 않고 더 나아지도록 하지 않는가? 왜 정부는 항상 그리스도를 십자가에 못 박고, Copernicus와 Luther를 추방하며, Washington과 Franklin을 반역자로 선언하는가?

답 ③

13 [분석]

② (A) 다음에는 앞 문장에 나온 순수한 기계적 에너지에 대한 예시이므로 for instance(예를 들면)이 맞고, (B)의 앞 문장에서 총 에너지는 변하지 않는다고 했으나 뒷 문장에서 공들이 완벽히 탄력성이 있을 때만 가능하다고 제한을 두고 있으므로 however(그러나)가 정답이다.

[어휘]

- principle : 원리, 원칙
- conservation of energy : 에너지 보존
- recent : 최근의
- pure : 순수한, 깨끗한
- billiard : 당구의
- collide : 충돌하다, 부딪히다
- unaltered : 불변의
- transaction : 거래, 처리
- elastic : 탄력 있는, 탄성의
- ideal : 이상적인
- spring back : 다시 튀다

[해석]

> 에너지 보존 법칙의 또 하나의 원리는 모든 것 중에 가장 최근의 것이다. 에너지는 다양한 형태로 존재할 수 있다. 그리고 그 중에서 가장 간단한 것이 동작의 순수에너지법칙이다. – 테이블위의 당구공의 움직임처럼. Newton은 이런 순수하게 기계적인 에너지가 보존된다는 것을 보여주었다. 예를 들어, 두 개의 당구공이 충돌하면, 각각의 에너지는 변화된다. 그러나 두 개의 전체 에너지는 변하지 않는 채로 남아 있다; 하나의 에너지가 다른 것에 에너지를 주지만 어떤 에너지도 상실되거나 교환될 때 증가하지 않는다. 그러나 이 공들이 완벽히 탄력성이 있을 때만 사실이다. 즉, 공들이 접근했던 것과 같은 속도로 서로에게 다시 돌아갈 때 같은 이상적인 상태이다.

답 ②

14 [분석]

사람들이 자신에게 직접적 관계가 없는 사회적 문제들에 관심을 갖는 것은 자신들이 이 사회에 통합되어 있으며, 그래서 자신이 사회 전체에서 필요한 일부임을 보여주고자 하는 것이라고 말하고 있다.

④ 개인들은 사회에서 그들의 통합을 보여주기를 원한다.
① 개인들은 그들의 정치적인 권력을 증명하기를 원한다.
② 개인들은 사회적인 프로그램들을 최대한 활용하기를 원한다.
③ 개인들은 이러한 문제들에 의해서 방해받고 싶어하지 않는다.

[어휘]

- indicate : 가리키다
- integrate : 통합하다; 완전하게 하다
- be concerned with : ~에 관계가 있다
- mold : (성격을) 형성하다; 영향을 미치다
- adapt : 적응하다
- variable : 변수
- psychologically : 심리적으로
- bother : 걱정[근심]하다
- bearing : 관계, 관련
- integral : 없어서는 안 될, 절대 필요한; 완전한
- burden : (의무, 책임의) 짐, 부담
- constant : 불변의, 일정한, 지속적인

• belong : ~에 속하다 (to)
• organization : 조직, 단체

[해석]

개인들에게는, 그들의 결정이 매우 중요하다. 개인의 결정은 그들이 사회 및 사회의 발전과 얼마나 잘 통합되어 있는지 보여준다. 우리는 개인들이 사회에 어떻게 영향을 미치는지에 별 관심을 갖지 않으며, 오히려 그들이 사회와 사회의 발전을 결정하는 변수들에 잘 적응하고 있는지에 관심을 갖는다. 개인들이 사회와 성공적으로 관계를 맺지 못하면, 그들은 사회가 제공하는 것을 제대로 활용할 수 없고, 그들 자신에 대해서도 심리적으로 평온할 수 없다. 오늘날 우리는 왜 우리의 삶에 직접적인 관계가 거의 없는 주제와 문제들에 신경을 써야 하는가? 우리가 그러한 일들에 신경을 쓰는 것은 우리가 사회에서 꼭 필요한 일부가 되기를 원하기 때문이다. 만약 우리가 오늘날 그러한 것들과 관계가 없다면, 우리는 우리 사회 속에 있는 다른 사람들과 관계를 맺을 수 없는 것이다. 사실상, 우리가 지니고 있는 가장 중요한 책무들 중 하나는 우리가 얼마나 잘 통합되어 있는가 하는 것을 보여주는 것이다. 우리는 우리가 집단에 속해있다는 것을 증명해야할 지속적 필요를 느낀다. 그 집단이 자체의 행동 양식을 갖고 있는 사회단체이든, 우리 자신들의 가족이든지 간에 말이다.

답 ④

15 [분석]

③ Conrad van Houten의 기술 개발은 19세기에 있었고, 1700년대는 18세기에 해당된다. 즉, 18세기 사람들은 초콜릿바의 존재를 알 수 없었다.
① 마야 사람들이 매일 초콜릿 음료를 마셨는지는 알 수 없다.
② 스페인 사람들이 초콜릿에 감미료를 섞었다는 것은 제시문에 언급되어 있지만, Montezuma 황제가 초콜릿 음료에 감미료를 넣었는지의 여부는 알 수 없다.
④ 탐험가 Cortez가 스페인에 초콜릿 음료를 전달했다고 언급했고, Conrad van Houten은 카카오 원두에서 지방을 제거하는 기술을 개발한 사람이다.

[어휘]

• Montezuma : 몬테수마 2세
• no other than : 다름 아닌
• chocolatl : 카카오와 물의 합성어
• sweetener : 감미료, 뇌물
• mold : 틀, 주형, 성질

[해석]

역사에 따르면 우리는 초콜릿이나 최소한 카카오 원두의 발견에 대하여 마야 원주민들에게 감사를 해야 한다. 그들은 종교의식을 위하여 카카오 원두를 가지고 특별한 음료를 만들어 준비하였는데 향신료, 포도주, 그리고 물과 함께 이 초기 형태의 초콜릿을 혼합하였다. 아즈텍 사람들은 마야 사람들로부터 초콜릿을 배웠다. 아즈텍 황제인 Montezuma가 마셨다고 알려진 음료는 다름 아닌 초콜라틀 또는 초콜릿이었다. Hernam Cortez가 1519년 멕시코에 도착하였을 때, 이 초기 스페인 탐험가는 아즈텍 황제 Montezuma로부터 초콜릿 음료를 소개받았다. Cortez는 초콜릿 음료를 스페인으로 가져온 사람으로 여겨진다. 스페인 사람들은 바닐라, 향신료, 그리고 감미료를 그들 방식의 음료에 첨가하였다. 1828년 네덜란드의 Conrad van Houten이 카카오 원두에서 지방을 제거하는 공정을 개발하여 코코아 분말과 코코아 기름을 만들어냈고, 그리하여 초콜릿은 마침내 틀에 넣어 막대로 만들 수가 있었다.

답 ③

16

[분석]

밑줄 친 부분은 요지를 뒷받침하거나 요지 그 자체이므로 정답은 ① '반드시 일어날 일을 고른다'임을 알 수 있다.

[어휘]

- due : ~하기로 되어 있는; 만기일이 된
- ritual : 의식 절차; 의례히 하는 일

[해석]

> 당신이 자신이 할 어떤 일을 기억하기를 원할 때, 그 일을 당신이 알고있는 다른 사건과 연결시켜라. 당신이 일하러 걸어가고 있다가 당신의 책이 도서관에서 내일이 반납일이라는 것을 갑자기 당신이 깨달았다고 하자. 당신의 손목시계를 당신의 왼쪽에서 오른쪽으로 옮겨라. 매시간 당신이 당신의 시계를 볼 때마다 그것은 당신이 어떤 것을 기억해야 한다는 것을 생각나게 하는 것이 된다. 만약 당신이 주머니를 매일 밤 비운다면, 잠자러 가기 전에 당신 자신이 할 어떤 일을 상기시키기 위해 일상적이지 않은 물건을 당신의 주머니에 넣어 두어라. 당신의 여동생에게 그녀의 생일날 전화하는 것을 기억하기 위해, 주방에서 아마도 포크와 같은 하나의 물체를 집어 들고 그것을 당신의 주머니에 넣어두어라. 그날 저녁, 당신이 당신의 주머니를 비우면서 포크를 발견할 때, 당신은 여동생에게 전화하는 것을 더 기억하기 쉽다. 비결은 반드시 발생하는 사건들을 고르는 것이다. 시계를 보고, 자동차 열쇠를 향해 손을 뻗고, 그리고 신발 끈 풀기 같은 의식들은 좀처럼 잊혀지지 않는다.

답 ①

17

[분석]

① '도덕'에 관한 언급이 제시문에 나오지 않았으며 더구나 이것을 부(wealth)와 비교하는 내용은 전혀 없다.
② 건강과 관련한 구체적인 내용이 제시문에 나오지 않았다.
③ 제시문에서는 전반적으로 부를 생산함으로써 지구상의 수많은 사람들을 지탱할 수 있는 여건을 만들게 되었음을 말하고 있으므로 제시문의 내용과 부합하지 않는다.

[어휘]

- millennia : 수천 년
- get better : 나아지다, 회복되다
- for better or (for) worse : 좋을 때나 궂을 때나, 몸이 성할 때나 아플 때나
- overweight : 중량을 초과한, 비만한
- undernourished : 영양부족의
- plow : 쟁기
- chariot : 전차, 경마차
- collectively : 집합적으로, 총괄하여
- succession : 연속, 계속, 연속하는 것

[해석]

> 인간은 수천 년 동안 부(wealth)를 생산해오고 있으며 지구상의 온갖 가난에도 불구하고 장기적인 현실은 우리가, 한 종족으로서, 가난에서 회복되어 오고(벗어나고) 있다는 점이다. 우리가 그렇지 못했더라면, 지구는 거의 65억명이나 되는 우리를 지금 지탱해 나갈 수 없을 것이다. 우리는 살아가는 만큼(수명이 다할 때까지) 살 수 없을 것이다. 그리고, 좋든 나쁘든, 우리는 지금 그러는 것처럼 지구상에 영양이 부족한 사람들보다 더 중량을 초과한 사람을 두고 있어선 안 된다. 우리는 쟁기, 마차, 증기 기관차 및 빅맥(상표명)을 발명하는 것 이상의 일을 해냄으로써 (우리가 이것을 업적이라고 부르기를 원한다면) 이 모든 것을 달성해왔다. 우리는 일련의 부(wealth) 제도라고 불러오고 있었던 것을 집합적으로 발명함으로써 그것을 이루어냈다. 사실, 이런 것들이 역사상 가장 중요한 발명품에 속하는 것들이다.

답 ④

18 [분석]

③ 실천 사항은 얼마 되지 않는다면서 해야할 일(a few Dos)을 언급한 마지막 문장의 내용으로 보아 '첫 번째 해야 할 일(The first Do)'이 다음 단락의 첫 번째 문장으로 나오기에 가장 적합하다.

[어휘]

- manager : 관리자, 경영자
- chief executive : 주지사, 행정수반
- abound in : ~에 풍부하다(=opulent, affluent, copious)
- subordinate : 부하
- bellyache about : ~에 대해서 불평하다(=discontent)

[해석]

대부분의 계열사 대표 이사들을 포함하여, 중간급 경영자들의 대부분은 최고 경영자인 보스가 있다. 이런 중간 경영자의 업무 성과와 성공에 가장 중요한 인물은 바로 그 최고 경영자인 보스이다. 그러나 경영학 책이나 과정들이 어떻게 부하들을 관리하느냐에 관해서는 풍부하다고 할지라도, 보스를 관리하는 내용에 관해서는 설사 있다 하더라도 거의 없다. 거의 중간급 경영자들은 보스를 관리하는 것이 얼마나 중요한지 실감하지 못하는 것처럼 보이며 더욱 심하게는 그것이 행해져야 하는지 믿지를 않는 것처럼 보인다. 그들은 보스에 대해 불만은 하지만, 그를 관리하는 노력조차 하지 않는다. 그러나 보스를 관리하는 것은 상당히 간단하다. 부하를 관리하는 것보다 실제로 일반적으로 훨씬 더 단순하다. 실천 사항으로 해야 할 일도 몇 개 되지 않지만 하지 말아야 할 일은 훨씬 더 적다.

답 ③

19 [분석]

제시문은 선택할 수 있는 것들이 처음에 제시되느냐, 나중에 제시되느냐에 따라 우리의 선택이 달라진다는 내용으로 ② According to order, availability of information can be change(순서에 따라, 정보의 이용 가능성은 달라질 수 있다)가 가장 일치한다는 것을 알 수 있다.

① 사람들은 첫 번째 보다는 마지막 것을 더 잘 기억하는 경향이 있다.
③ 사람들은 각각의 선택사항의 강점을 파악하여 선택을 한다.
④ 모든 관심사는 정보가 된다.

[어휘]

- pay attention to : ~에 주의를 기울이다, ~에 유의하다
- available : 가능한, 이용할 수 있는
- encounter : 마주치다, 만나다
- option : 선택권, 옵션, 선택
- display : 전시하다, 진열하다
- unknowingly : 모르고
- candidate : 후보자, 지원자

[해석]

우리 머릿속 정보는 우리가 무엇에 관심을 두고 중요하다고 여기는지를 결정한다. 즉 다시 말해서, 우리에게 이용 가능한 정보는 우리의 선택에 영향을 미친다. 이러한 정보의 이용 가능성에 영향을 미치는 한 가지 요인은 우리가 선택할 수 있는 것을 접하는 순서이다. 우리는 한 집단 내에서 첫 번째와 마지막 선택사항을 더 잘 기억하는 경향이 있다. 그래서 선택할 수 있는 각각이 가진 강점에 주목하기 보다는 우리는 주로 각각이 제시되는 위치에 의해 영향을 받을 수 있다. 이것이 바로 가게 선반의 양쪽 끝에 있는 상품이 가운데에 놓인 상품보다 더 잘 팔리는 이유이다. 그리고 이것은 또한 면접관이 구인 면접에서 첫 번째와 마지막 지원자에게 알게 모르게 더 많이 주목하게 될 수 있는 이유이기도 하다.

답 ②

20 [분석]

④ lest(that) S+should+R=lest ~ should는 부정의 특성을 갖는 목적을 나타내는 접속사(~하지 않기 위해서)로서 조동사 should를 사용하며 not을 쓰면 틀린 문장이다.
that S+may not+R=not to+R=for fear that S
should+R=for fear of ~ing

① '누가 ~한 이래로 몇 년이 되었다(지났다).'는 표현은 암기해야 할 표현이다.

※ 그녀가 죽은 이래로 10년이 지났다.
- She died ten years ago.
- Ten years have passed since she died.
- She has been dead for ten years.
- It is ten years since she died.
- It has been ten years since she died.

③ ~하지 않는 사람이 누가 있겠습니까? (Who ~ but)
that ~ not ⇧

[어휘]
- live beyond one's means : (자신의) 수입을 초과해서 살다
- fragile : 부서지기 쉬운, 연약한

답 ④

제 3 과목 한국사

01	02	03	04	05	06	07	08	09	10
③	②	③	④	①	②	①	③	②	②
11	12	13	14	15	16	17	18	19	20
①	②	③	②	④	③	④	②	①	②

01 ㉠은 사실로서의 역사(객관적 의미의 역사), ㉡은 기록으로서의 역사(주관적 의미의 역사)의 내용이다.

③ 일제 강점기의 이병도와 손진태 등에 의해 이루어진 실증주의 사학은 랑케가 주장한 ㉠의 객관적 의미의 역사인 사실로서의 역사를 계승한 것이다.

사실로서의 역사(객관으로서의 역사) – 랑케(L. Ranke)
- 객관적 사실로서, 시간적으로 현재에 이르기까지 일어났던 모든 과거의 사건을 의미한다.
- 한국의 실증주의 사학이 이를 계승함 → '제3자적 입장', '자기 자신을 숨기고'

기록으로서의 역사(주관으로서의 역사)
역사란, 과거 사실을 토대로 역사를 서술하는 역사가에 의해 기록된 것을 말한다. 역사가들이 특별한 의미가 있다고 가치를 부여하여 선택한 사실에 한정된다.

답 ③

02 (가)는 탄화된 조와 피가 발견된 신석기 유적지이며, (나)는 중석기 유적지, (다)는 후기 구석기 유적지, (라)는 붓이 발견된 초기 철기 시대 유적지이다.

② 중석기시대에는 신생대 제4기 마지막 간빙기로 한반도와 일본, 중국이 분리되었으며, 기후의 온난화로 인해 초원이 형성되어 작고 빠른 짐승을 사냥하기 위한 활이 제작되었다. 벼농사는 청동기시대이다.

답 ②

03 ③ 제시문은 신문왕 때 김흠돌의 반란을 진압한 이후, 신문왕이 내린 교서의 일부이다. 이 반란은 비록 3, 4일 정도에 그쳤지만, 규모는 상당히 컸다. 삼국 통일 과정에서 왕권을 확립한 무열계 왕족은 전제 왕권을 강화하였는데, 이에 다른 진골 귀족들이 불만을 품고 반란을 일으켰다.

① 김씨 왕위 세습은 4세기 내물왕과 관련이 있다.
② 신라 하대의 상황이다.
④ 신문왕은 반란을 철저하게 진압하고, 무열계 왕권을 확립하였다.

답 ③

04 ④ 세 곳 모두 고구려와 관련된 유적들이다. 장수왕은 영토가 넓어지자 남진정책을 적극적으로 추진해 백제와 신라를 압박하였다. 이에 백제와 신라가 나제동맹을 맺어 대항했고, 고구려는 백제와의 전쟁에서 승리하고 한강 유역을 차지함으로써 삼국간의 항쟁에서 주도권을 잡게 되었다.

답 ④

05 ① 밑줄 친 '이 신문'은 대한매일신보이다.
② 한성순보에 대한 설명이다.
③ 만세보에 대한 설명이다.
④ 황성신문에 대한 설명이다.

답 ①

06 ② 조선 후기에는 쌀의 상품화가 활발하고 수요가 증가하여 밭을 논으로 바꾸는 현상이 활발하였다. 보리 농사는 벼를 수확한 후 가을에 논에서 경작하여 다음해 봄에 수확하였다.

조선 후기 농업 경제의 발전
- 농민 경제의 발전 : 농민은 황폐한 농토를 다시 개간하고 수리 시설을 복구하였으며, 생산력을 높이기 위하여 농기구와 시비법을 개량하고, 새로운 영농 방법을 시도하였다.
- 모내기법의 확대와 이모작 : 모내기로 벼와 보리의 이모작이 가능하여 단위 면적당 생산량을 증가시켜 소득을 증대하였다. 이모작이 널리 행해지면서 보리의 재배가 확대되었고, 논에서의 보리농사는 대체로 소작료의 수취 대상이 되지 않았기 때문에 소작농들은 보리 농사를 선호하였다.
- 광작
- 상품작물의 재배

답 ②

07 ① 조선 후기 향촌사회는 사족의 힘이 약화되고, 수령을 중심으로 한 관권이 강화되었으며 관권을 맡아보던 향리의 역할도 커졌다.

답 ①

08 ③ ㄷ. 역분전(940, 태조) → ㄱ. 시정전시과(976, 경종) → ㄴ. 개정전시과(998, 목종) → ㄹ. 경정전시과(1076, 문종) → ㅁ. 녹과전(1271, 원종)

답 ③

09 ② 제시문은 삼한의 천군과 소도에 대한 내용이다. 삼한의 초기철기시대 단계의 토착적인 지배자는 제정일치적인 모습이 강하였다. 그러나 기원전 1세기 이후 북방으로부터 철기문화가 유입되고 유이민이 삼한으로 유입되었다. 새로운 철기문화 유이민 세력의 영향력이 점차 커지게 되고 철기문화가 보급되면서 군장 세력의 정치 · 사회적 비중이 증대하였다. 이에 따라 군장은 정치를 전담하고, 제사장의 역할을 천군에게 위임하게 되면서 제정분리의 사회가 되었다. 천군은 단순히 주술사의 역할을 한 것이 아니라 읍락과 소국을 제천의식을 통하여 내적인 통합을 추구한 제사장이었다.

답 ②

10 ② 조선시대의 사림은 향약의 간부인 약정(約正)에 임명되었는데, 향촌 질서를 규율하였고, 이를 어긴 자는 향촌에서 추방시킬 수도 있었다. 따라서 사림들은 농민에 대하여 중앙에서 임명된 지방관보다도 강한 지배력을 가지고 있었으며, 그들의 사회적 기반을 구축할 수 있었다.

서원과 향약

㉠ 서원
- 시초 : 백운동 서원(중종 때 풍기 군수 주세붕이 설립)
- 기능 : 선현에 대한 제사, 교육과 학문 연구
- 사액 서원
  - 국가의 지원 : 서적, 토지, 노비 등 지급
  - 시초 : 소수 서원(백운동 서원)
- 의의 : 개성 있는 학문 발달, 지방 사림의 지위 향상, 성균관과 학문적으로 대등하다는 긍지

㉡ 향약
- 성격 : 향촌 교화의 규약
- 성립
  - 전통적 향촌 규약 계승 : 향규, 계(상부상조) 등
  - 유교 윤리 가미 : 유교 질서에 입각한 삼강오륜
- 시행과 운영
  - 시행 : 중종 때 조광조 등이 보급하기 시작하여 16세기 후반 사림의 집권기에 전국적으로 시행
  - 운영 : 지방의 유력한 사람이 약정(향약의 간부)에 임명되었고 농민은 자동적으로 포함
- 결과 : 사림의 향촌지배력 강화, 지방관보다 더 강력한 지배력 행사

사림의 기반
- 학문적 기반 : 서원에 모여 성리학 연구
- 경제적 기반 : 향촌의 중 · 소 지주

답 ②

11 제시문은 박정희정부 시기이다.
① 1980년 초 전두환정부 시기이다.
② · ③ · ④ 모두 박정희정부 중 1970년대의 유신체제와 관련하여 발생한 사건들이다.

답 ①

12 ② 제시된 자료는 지방 통제 강화와 관련된 글이다. 조선시대에는 모든 군현에 지방관이 파견되어 고려시대에 비해 중앙 집권이 강화되었다. 수령은 왕의 대리인으로 지방의 행정 · 사법 · 군사권을 가지고 있었다. 또, 조선은 건국 초부터 교통과 통신체계를 정비하여 군사적인 위급 사태를 알리기 위한 봉수제가 정비되고, 물자 수송과 통신을 위한 역참을 설치하였다. 이러한 시책들은 모두 중앙 집권을 강화하기 위한 목적으로 시행된 것이었고, 팔도지리지와 동국여지승람은 국가 통치를 위한 기초 자료의 기록을 목적으로 하고 있다.

답 ②

13 ③ 〈보기〉는 윤여형의 '도톨밤의 노래'로, 고려시대 귀족들의 토지겸병으로 인해 고통받는 백성들의 삶을 확인할 수 있다. 이에 신돈은 공민왕에게 건의해 전민변정도감을 설치하였다.

① 고구려 고국천왕의 진대법
② 통일신라 성덕왕의 정전 지급
④ 조선시대 인조 영정법

답 ③

14 ② 제시문에 소개된 것은 2001년 유네스코 기록 유산으로 등재된 「승정원일기」이다. 「승정원일기」는 국왕의 비서실에서 남긴 기록으로 「조선왕조실록」을 편찬할 때 기본 자료로 이용되었다.

③ 「동의보감」은 임상의학 분야를 정리한 허준의 저술로 광해군 때 편찬되었다.
④ 조선왕조의 「의궤」는 조선시대 왕실과 국가의 주요 행사에 관해 기록한 책이다.

답 ②

15 조일수호조규는 우리나라 최초의 근대적 조약으로 3곳의 항구(부산, 원산, 인천)를 개항하게 되었다. 또한 일본에게 치외법권과 해안측량권을 허용하여 자주권이 침해된 불평등 조약이었다.

④ 일본 공사관 보호를 위해 일본군대의 주둔을 허용한 것은 제물포조약이다.

답 ④

16 ㉠ 신식화폐발행장정은 은본위제를 기본으로 한다.
㉤ 당백전은 대원군시대에 남발되었으며 광무개혁 때는 백동화가 남발되었다.

답 ③

17 〈보기〉는 카이로 회담(1943.11.22 ~ 1943.11.26, 미국 · 영국 · 중국)에 따른 카이로 선언(1943.11.27)이다. 여기서는 한국의 독립이 최초로 보장되었으나 중국의 즉각 독립안과 미국의 "적절한 시기, 절차"에 따른 독립안이 대립하였고, 결국 미국안이 수용되어 발표되었다.

④ 모스크바 3상회의(1945.12, 미 · 영 · 소)에서는 최고 5개년간 미 · 영 · 소 · 중 네 나라에 의한 신탁통치안이 결정되었다.

답 ④

18 ② 〈보기〉에서 설명하는 상인 집단은 개성의 송상이다. 송상은 개성 상인으로 인삼을 재배하였으며, 청 · 일본간 중계 무역에 참여하고, 전국적인 유통망으로 송방을 설치하였다.

① 한양 육의전
③ 객주, 여각
④ 경강상인

답 ②

19 ① 조선혁명군은 남만주 일대에서 중국 의용군과 연합작전을 전개하였다. 중국 호로군과 연합작전을 전개한 것은 한국독립군으로, 북만주 일대에서 활동하였다.

② 1931년 김구가 중심이 되어 한인애국단을 조직하였으며, 이봉창은 도쿄에서 일본 국왕에게 폭탄을 투척하고, 윤봉길은 상하이 홍커우 공원에서 전승 축하식 때 식장을 폭파하였다.

③ 김원봉은 중 · 일 전쟁(1937) 직후 중국 국민당 정부의 도움을 받아, 1938년 조선의용대를 결성하였다.

④ 동북항일연군 내의 한인 항일유격대가 함경남도 갑산의 보천보에 들어와 경찰 주재소, 면사무소 등을 파괴하여 국내 신문에 크게 보도되었다.

답 ①

20 ② 우리 풍토에 알맞은 약재와 치료 방법을 개발, 정리한 약학서는 「향약집성방」이다. 「의방유취」는 세종 때 편찬한 의학백과사전이다.

답 ②

제4과목 수산일반

01	02	03	04	05	06	07	08	09	10
③	④	②	③	④	②	④	①	①	①
11	12	13	14	15	16	17	18	19	20
③	③	②	②	①	④	③	①	①	②

01 ③ "외해수면"이란 바다의 수심이 공간정보의 구축 및 관리 등에 관한 법률 제6조 제1항 제3호에 따른 기본수준면을 기준으로 35미터 이상인 수면을 말한다(수산업법 시행령 제1조의2).

답 ③

02 ④ 불꽃 속에서 잘 타지 않으며, 타고 남은 재가 원색의 덩어리로서 단단하다는 것으로 볼 때 폴리에틸렌에 대한 설명이다.

그물실의 종류와 특징

나일론	• 태우면 약간 타지만 불꽃을 제거하면 금방 꺼진다. • 타면서 악취가 나고 단단한 검은 덩어리가 생긴다.
비닐론	• 태우면 오므라들며 조금 타지만, 불꽃을 제거하면 잘 타지 않는다. • 흑갈색의 덩어리가 생기는데, 나일론보다는 다소 무르다.
아크릴	• 태우면 오므라들며 약간 탄다. • 흑갈색의 덩어리가 생기고, 단단하다.
폴리에틸렌	• 불꽃 속에서 잘 타지도 오므라들지도 않는다. • 타고 남은 재는 원색의 덩어리로서 단단하다.
폴리에스테르	• 쉽게 타지는 않으나 녹아서 둥글어지고 향기 있는 냄새가 난다. • 무른 흑갈색의 덩어리가 생긴다.

답 ④

03 ② 자원분포영역이 확대되어, 어장면적이 증가되므로 단위 노력당 어획량이 감소하는 현상을 보이는 것은 대표적인 남획의 징후이다.

답 ②

04 형태 측정법

형태 측정법	어획물의 체장 조성을 이용하여 자원생물의 동태와 계군의 특성을 파악하는 방법이다.	
	전장 측정법	입 끝부터 꼬리 끝까지 측정하는 방식 예 어류, 문어, 새우
	표준 체장 측정법	입 끝부터 몸통 끝까지 측정하는 방식 예 어류
	피린 체장 측정법	입 끝부터 비늘이 덮여 있는 말단까지 측정하는 방식 예 멸치
	두흉 갑장 측정법	머리부터 가슴까지의 길이를 측정 예 게류, 새우
	두흉 갑폭 측정법	머리와 가슴의 좌우 길이를 측정 예 게류
	동장 측정법	몸통 길이만 측정 예 오징어

답 ③

05 ④ 상대적으로 온도가 낮은 심층에 더 많은 영양염류가 분포해 있다.

영양염류

- 질산염(NO_3), 인산염(PO_4), 규산염(SiO_2) 등 영양염류는 광합성에 필수요소이다.
- 영양염류 분포
  - 열대 < 온대 · 한대
  - 외양 < 연안
  - 여름 < 겨울
  - 표층 < 심층

답 ④

06 사이드 드럼

- 여러 종류의 줄을 감아올리기 위한 장치로, 기선저인망 어선의 끌줄이나 후릿줄을 감아올리는 데 필수 장치이다.
- 기관실 벽 좌우측에 한 개씩 장치되어 있다.
- 소형 연근해 어선에 널리 사용된다.

답 ②

07 ④ 선박이 바람이나 파도 등 외력에 의하여 한쪽으로 기울어졌을 때, 원래의 위치로 돌아가려는 힘을 복원력이라 한다. 1노트(Knot)란 배가 1시간에 1해리(1,852m)만큼 전진하는 빠르기를 말한다.

답 ④

08 ① 선박의 선수와 선미에 있는 환기장치 · 조명장치 · 항해장치 등의 용적을 제외한 선박용적률로 나누어 나온 숫자를 총톤수라 한다.

답 ①

09 선박도료

광명단 도료	내수성과 피복성이 강하여 가장 널리 사용된다.
제1호 선저 도료 (A/C)	부식 방지를 위해 외판 부분에 칠하며, 광명단 도료를 칠한 그 위에 칠한다.
제2호 선저 도료 (A/F)	해양 생물 부착을 방지하기 위하여 외판 중 항상 물에 잠겨 있는 부분에 칠한다.
제3호 선저 도료 (B/T)	부식 및 마멸방지를 위해 만재 흘수선과 경하 흘수선 사이의 외판에 칠한다.

답 ①

10

① (가)는 가두리 양식, (나)는 유수식 양식이다. 순환여과식은 사육조의 물을 여과조나 여과기로 정화하여 다시 사용하는 방법으로 좁은 면적에서 고밀도 양식이 가능하다.

답 ①

11 사료 계수

사료 계수 $= \dfrac{\text{사료공급량}}{\text{증육량}}$ (단, 증육량 = 수확 시 중량 − 방양 시 중량)

$$= \frac{(200 \times 6)}{500\text{kg} - (1{,}000 \times 20\text{g})} = \frac{1{,}200}{500 - 20} = 2.5$$

답 ③

12

③ 새우류의 유생단계는 '노플리우스 → 조에아 → 미시스 → 포스트 라바(후기 유생) → 새끼 새우'로 진행되며, 조에아기로 변태하면 입이 개구되고 소화기관이 형성되어 먹이 섭식을 하게 된다.

답 ③

13

② 방사륵 수가 17~18개로 가장 적은 것은 고막이다.

피조개

- 남해안과 동해안의 내만에 분포하며, 고막류 중 가장 깊은 곳까지 서식한다.
- 육질이 붉고 연하며, 방사륵 수는 42~43개로 고막류 중 가장 많다.
- 1~2cm의 치패를 1ha당 40만 마리를 기준으로 살포하여 1~2년 후 수확한다.

답 ②

14 수산가공품의 정의(농수산물 품질관리법 시행령 제2조)

1. 수산물을 원료 또는 재료의 50퍼센트를 넘게 사용하여 가공한 제품
2. 제1호에 해당하는 제품을 원료 또는 재료의 50퍼센트를 넘게 사용하여 2차 이상 가공한 제품
3. 수산물과 그 가공품, 농산물(임산물 및 축산물을 포함)과 그 가공품을 함께 원료 · 재료로 사용한 가공품인 경우에는 수산물 또는 그 가공품의 함량이 농산물 또는 그 가공품의 함량보다 많은 가공품

답 ②

15 ① 수산물은 내구성이 약하고 부패되기 쉬워 콜드체인시스템(Cold Chain System)이 필요하다. 콜드체인시스템은 산지에서부터 소비지에 이르기까지 운송하는 동안 신선도를 유지할 수 있도록 저온 냉장 운송하는 시스템이다.

답 ①

16 동결장치

구분	내용
접촉식	• 냉매나 염수(brine)을 흘려 금속판(동결판)을 냉각(암모니아 · 프레온)시킨 후 압력을 가하여 동결하는 방식이다. • 금속판을 통해 냉매와 직접 접촉하므로 동결 속도가 빠르다. • 일정한 모양을 가진 포장 식품을 동결할 때 보다 효과적이다. • 금속판에 온수를 흘려보낼 경우 해동 장치로도 사용가능하다.
송풍식	• 냉각기를 설치하고, 송풍기로 냉풍을 순환시켜 식품을 동결시키는 방식이다. • 대용량을 단시간에 처리할 수 있으며 동결 속도가 빠르다.
침지식	염화칼슘 · 염화마그네슘 · 에틸알콜 · 프로필렌글리콜 등의 2차 냉매 안에 식품을 침지하여 동결하는 방식이다.
액화 가스식	• 액화 가스를 식품에 직접 살포하여 급속 동결하는 방식이다. • 새우 등 고품질 소량 수산물을 동결시킬 때 적합하다.

답 ④

17 ③ 일반 세균의 발육 최저 수분활성도(Aw)는 0.90이고 곰팡이는 0.80이다.

답 ③

18 ① 어패류가 부패 · 변질하기 쉬운 이유는 세균의 부착 기회가 많고, 신체 조직이 연약하며, 조직 내에 들어있는 효소의 활성이 강하고, 수분 함량이 많기 때문이다.

답 ①

19 ① 정보 유통은 거래상품에 대한 정보를 제공하거나 물적 유통의 각 기능 사이에 흐르는 정보를 원활하게 연결하여 고객에 대한 서비스를 향상시키는 활동이다. 상품의 포장 활동은 물적 유통에 포함된다.

답 ①

20 농수산물의 원산지 표시에 관한 법률 제18조(과태료)

① 다음 각 호의 어느 하나에 해당하는 자에게는 1천만 원 이하의 과태료를 부과한다.

1. 원산지 표시를 하지 아니한 자
2. 원산지의 표시방법을 위반한 자
3. 제6조(거짓 표시 등의 금지) 제4항을 위반하여 임대점포의 임차인 등 운영자가 같은 조 제1항 또는 제2항에 해당하는 행위를 하는 것을 알았거나 알 수 있었음에도 방치한 자

3의2. 제6조 제5항을 위반하여 해당 방송채널 등에 물건 판매중개를 의뢰한 자가 같은 조 제1항 또는 제2항에 해당하는 행위를 하는 것을 알았거나 알 수 있었음에도 방치한 자

4. 수거 · 조사 · 열람을 거부 · 방해하거나 기피한 자
5. 영수증이나 거래명세서 등을 비치 · 보관하지 아니한 자

② 원산지 표시 위반에 대한 교육을 이수하지 아니한 자에게는 500만 원 이하의 과태료를 부과한다.

③ 제1항 및 제2항에 따른 과태료는 대통령령으로 정하는 바에 따라 농림축산식품부장관, 해양수산부장관, 관세청장 또는 시 · 도지사가 부과 · 징수한다.

답 ②

제 5 과목 수산경영

01	02	03	04	05	06	07	08	09	10
④	①	③	②	③	①	④	④	②	①
11	12	13	14	15	16	17	18	19	20
③	②	④	①	②	②	①	③	③	④

01 ④ 수산업은 어선 운항 시간 또는 투망 횟수에 비례하지 않기 때문에 생산량의 예측이 매우 어려운 불확실성을 갖는다.

답 ④

02 ① 어가경영도 영리를 목적으로 하는 것은 맞지만 이익의 재투자보다는 생계유지에 더 중요한 관심을 갖으며, 이익의 재투자와 투자 자본에 대한 이익 극대화가 목적인 것은 기업경영이다.

답 ①

03 ③ 바닷가란 만조수위선과 지적공부에 등록된 토지의 바다 쪽 경계선 사이를 말한다(수산업법 제2조 제18호).

답 ③

04 수산경영 활동

구분	내용
계 획	기업 또는 조직이 나아갈 방향과 목표를 설정, 전략 제시, 예산 편성, 담당 부서 및 구성원 결정 등이 이루어진다.
조 직	• 직무를 분담하여 직무 · 책임 · 권한을 명확하게 부여하는 것을 말한다. • 직무의 범위를 정할 때에는 구성원의 창의력과 만족도를 높일 수 있도록 고려하여야 한다.
실 행	• 조직 구성원들이 창의성과 적극성을 가지고 자발적으로 주어진 업무를 수행하도록 하는 것을 말한다. • 관리자의 리더십이 중요한 덕목이 된다.
조 정	• 상호 조정 : 직접 조정 방식 • 통제식 조정 : 직접 조정 방식, 활용 빈도가 가장 높음 • 표준화를 이용한 조정 : 간접 조정 방식, 대규모 경영에 적합함
통 제	• 처음 계획한 대로 추진되어 실적 및 성과가 목표에 제대로 달성되었는지를 측정하여 그 결과에 따라 시정 · 평가하는 관리활동을 말한다. • 관리 과정의 최종 단계로 사후적 활동에 해당한다. • '표준설정(계획) → 성과측정(시행) → 비교분석(통제) → 성과 미달 → 시정조치'의 절차를 통해 진행된다.

답 ②

05 표준계획법

제1단계	자신이 경영하고자 하는 형태 및 규모와 비슷한 모델을 선정한다.
제2단계	선정한 모델의 기록을 활용하여 경영성과를 표시하는 성과 일람표를 작성한다.
제3단계	작성한 일람표에 따라 경영성과를 분석한다.
제4단계	투입량과 생산량을 계획한다.
제5단계	소요비용과 수익을 계획 · 분석하여 손익계산서를 작성한다.

답 ③

06 ① 어떤 재화의 가격의 변화율보다 수요량의 변화율이 작으면 수요의 가격탄력성은 비탄력적이다.

수요의 가격탄력성

수요량의 변화율/가격의 변화율 < 1 → 비탄력적

수요량의 변화율/가격의 변화율 > 1 → 탄력적

답 ①

07 경매방식

- 영국식 경매방법 : 상향식 경매라고도 하는데 이는 낮은 가격으로부터 시작하여 높은 가격을 불러 최고 가격을 신청한 사람에게 낙찰시키는 경매방식이다.
- 네덜란드식 경매방법 : 하향식 경매라고도 하는데 이는 높은 가격으로부터 시작하여 낮은 가격으로 불러 최고 가격을 신청한 사람에게 낙찰시키는 방식이다.

답 ④

08 선주와 선원 간 노동계약 체결 시 명시해야할 사항

- 취업 장소, 노동 시간, 휴일 및 휴가
- 업무에 관한 사항
- 임금 결정 · 계산 · 지불방법 · 지불시기
- 노동자가 부담해야 할 식비 · 식품 · 위생용품 · 작업용품
- 재해보상
- 실업수당, 퇴직수당

답 ④

09 어선조직 구분

단선조직		• 한 척의 어선이 단독으로 생산을 수행하는 조직이다. • 기업에 많은 수의 어선이 있다 하더라도 개개의 어선이 홀로 어업 활동을 한다. • 선장을 중심으로 운영이 된다.
선대조직	집중식	• 육지에서 경영자가 어선의 어로 작업을 조정하고 통제하면서 어선들 사이에 경쟁을 자극시키는 방식이다. • 어선 간에 어장 정보를 교환하고, 어황 · 어획량 등을 영업소에 보고하면, 영업소에서 종합하여 다시 어선에 통지하는 방식을 사용함으로써 어업 효율을 높인다.
	교체식	• 같은 종류의 두 척 이상의 어선 간에 팀을 조직하여 서로 교체해가며 조업을 하는 방식이다. • 한 기업의 어선이 어장을 발견하면 그 기업에 속해있는 여러 어선에 정보를 통지하여 그 어장에 집중시켜 조업을 한다.

선단조직	• 기선저인망 · 선망 등 대규모 조업 시 계획적인 조업과 정보교환, 수송, 보급 등을 위해 공선(모선)을 중심으로 운반선 · 집어선 · 어로탐지선 등으로 구성된 형태를 말한다. • 어장과 항구를 왕래하는데 소비되는 경비와 시간을 절약하고 작업시간을 증가시켜 어획량을 증대시키는데 목적이 있다. • 공선에 냉동 · 냉장 · 가공 시설을 갖추고 있어 어획물의 선도유지를 높일 수 있다. • 선단조직은 ① 어획기능, ② 어군탐지기능, ③ 어획물 가공기능, ④ 집어기능, ⑤ 운반기능을 모두 할 수 있다.

답 ②

10 ① 당기 총 매입액 – (매입 에누리액 + 환출액)은 당기 순매입액 계산 공식이다. 매출원가는 다음과 같이 계산한다.
→ 매출원가 = (기초 상품 재고액 + 당기 순매입액) – 기말 상품 재고액

답 ①

11 ③ 일반관리비, 판매비, 이익은 생산원가에 포함되지 않는다. 생산원가에는 재료비, 노무비, 경비가 해당된다. 즉, 직접이든 간접이든 재료비, 노무비, 경비를 모두 합하면 생산원가는 960이 된다.

답 ③

12 고정비와 변동비

고정비	고정인건비, 선박 · 고정자산에 대한 감가상각비 등
변동비	짓가림제 방식(비율방식)의 인건비, 사료비, 재료비 등

답 ②

13 ④ 수산물 마케팅은 생산자가 수산물의 적극적인 판매활동을 통해 경영성과를 극대화한다는 의미에서 중간 역할적인 유통과는 다른 의미를 내포한다.

답 ④

14 ② 쇠퇴기에는 비용을 절감하고 투자한 것을 회수해야 하는 시기로 폐기전략, 유지전략, 집중전략, 회수전략 등을 선택한다. 광고는 제품을 잊지 않을 정도로만 지속시킬 수 있다.
③ 성숙기에는 이익을 극대화하고 시장점유율을 유지하는데 그 목표를 가지는 시기로 수요의 탄력성이 높은 경우에는 가격을 인하하고, 수요의 가격탄력성이 낮은 경우에는 가격을 고정시키는 전략을 주로 사용할 수 있다.
④ 도입기에는 잠재고객들의 제품인지를 증대시키기 위한 홍보활동을 전개한다. 즉, 판매촉진활동보다 홍보활동이 우선시 된다.

답 ①

15 ② 일반적으로 본선 인도 조건(FOB; Free On Board)과 운임 · 보험료 포함 조건(CIF; Cost Insurance and Freight)이 많이 이용된다.

답 ②

16 ② 어촌계원의 수가 10명 미만이 되는 경우에 해산한다. 단, 만조(滿潮) 시에 바다로 둘러싸인 지역(도서)의 경우에는 어촌계원의 수가 5명 미만이 되는 경우로 한다(수산업 협동조합법 시행령 제8조 제1항).

답 ②

17 ① 지구별 수산업 협동조합은 조합원의 어업 생산성을 높이고 조합원이 생산한 수산물의 판로(販路) 확대 및 유통의 원활화를 도모하며, 조합원이 필요로 하는 자금 · 자재 · 기술 및 정보 등을 제공함으로써 조합원의 경제적 · 사회적 · 문화적 지위 향상을 증대시키는 것을 목적으로 한다(수산업 협동조합법 제13조).

답 ①

18 수산업 협동조합 공제의 특징

- 수산업 협동조합법에 근거하여 실시되므로 보험법에 의한 정부 규제에서 상대적으로 자유롭다.
- 법적으로 비조합원도 가입할 수 있기는 하나, 실제적으로는 어업인과 조합원으로 제한하여 공평한 공제료 부담이 이루어진다.
- 조합원 정보가 공개되어 보험사고를 예방할 수 있고, 수산업에 대한 전문적인 상품 개발이 가능하다.
- 생명보험과 손해보험을 겸영할 수 있다.
- 수협은 비영리 조직이므로 공제료가 저렴하다.

답 ③

19 ③ 해양수산부장관은 수산업의 지속가능한 발전과 어촌의 균형 있는 개발 · 보전을 위하여 5년마다 수산업 · 어촌 발전 기본계획을 수립하여야 한다(수산업 · 어촌 발전 기본법 제7조 제1항).

답 ③

20 ① 국립수산과학원 : 해양 환경 및 어업 자원의 관리에 관한 연구, 수산생물의 양식기술 개발 및 자원 조성에 관한 연구, 어구 어법 및 양식 시설물의 개발에 관한 연구, 수산물 위생 관리 연구 및 고부가가치의 기능성 식품 소재 개발, 해양수산 분야에 종사하는 공무원 및 어업인 등에 대한 교육 훈련을 실시한다.

② 국립해양조사원 : 수로측량과 · 해도수로과 · 해양예보과 · 해양관측과 등 5개 과와 해양조사연구실, 동 · 남 · 서해 3개 지방사무소로 이루어져 있으며, 주요 업무로 해상교통 안전, 해양재해 예방, 해양영토 수호, 해양과학기술 개발 등의 사업을 추진하고 있다. 연구선을 활용하여 해도 · 전자해도를 제작하고 해양을 측량 · 관측하는 등 해양연구도 하고 있으며, 이를 기반으로 국내 바다에 대한 자료를 관리하고 국제해저지명을 등록하는 업무를 맡고 있다.

③ 해양수산부 : 정부조직법에 의거하여 설립된 기구로, 수산 · 해운 · 항만 건설 운영, 해양 조사, 선박 · 선원 관리, 공유수면 및 연안 관리, 해양 환경 보전, 해양자원 관리, 해양안전심판 사무 등의 역할을 담당한다.

답 ④

해양수산직

제 2 회 정답 및 해설

제1과목 국어

01	02	03	04	05	06	07	08	09	10
②	③	②	③	②	②	③	②	①	③
11	12	13	14	15	16	17	18	19	20
④	④	①	①	④	①	②	③	③	③

01
- 덮밥, 감발 → 용언의 어간 + 명사
- 오르내리다, 높푸르다 → 용언의 어간 + 용언
- 보슬비 → 비자립성 어근 + 명사

① • 흔들바위, 곶감 → 비통사적 합성어
  • 건널목, 가져오다 → 통사적 합성어
  • 새빨갛다 → 파생어

③ 꿈꾸다, 어린이, 작은아버지, 새사람, 빛나다 → 통사적 합성어

④ • 척척박사 → 비통사적 합성어
  • 새언니, 돌다리, 장군감 → 통사적 합성어

답 ②

02 ③ 사실(事實) 중에서 특히 역사적 가치를 가진 것이 사실(史實)이다. 또한 수많은 게임 중에서 많은 운동량을 요구하는 것을 스포츠라 한다. 이렇게 '사실(事實) : 사실(史實)', '게임 : 스포츠'는 각각 후자가 전자에 포함되는 대소(大小) 관계에 있다.

① 교차 관계이다.

②·④ 동일 관계이다.

답 ③

03 ① 우리말에는 고유어보다 한자어가 더 많다.

③ 단어에 성과 수의 구별이 없다.

④ 상하관계를 중시하던 전통 유교 사회의 영향으로 높임법이 발달하게 되었다.

답 ②

04 ③ '모색(摸索)'은 일이나 사건 따위를 해결할 수 있는 방법이나 실마리를 찾는 것을 의미하므로 적절하게 사용되었다.
- 탐색(探索) : 드러나지 않은 사물이나 현상 따위를 찾아내거나 밝히기 위하여 살피어 찾음

① • 부분(部分) : 전체를 이루는 작은 범위. 또는 전체를 몇 개로 나눈 것의 하나
- 부문(部門) : 일정한 기준에 따라 분류하거나 나누어 놓은 낱낱의 범위나 부분

② • 체계(體系) : 일정한 원리에 따라서 낱낱의 부분이 짜임새 있게 조직되어 통일된 전체
- 체제(體制) : 1. 체재 2. 사회를 하나의 유기체로 볼 때에, 그 조직이나 양식. 또는 그 상태를 이르는 말 3. 일정한 정치 원리에 바탕을 둔 국가 질서의 전체적 경향

④ • 동감(同感) : 어떤 견해나 의견에 같은 생각을 가짐. 또는 그 생각
- 공감(共感) : 남의 감정, 의견, 주장 따위에 대하여 자기도 그렇다고 느낌. 또는 그렇게 느끼는 기분

답 ③

05 ② '-ㄹ수록'은 연결 어미로 붙여 쓴다.

① '내지'는 (수량을 나타내는 말들 사이에 쓰여) '얼마에서 얼마까지'의 뜻을 나타내는 부사로 띄어 써야 한다. 주어진 문장에서 틀린 것은 '열 한명'이다. '명'은 의존 명사이므로 '열 내지 열한 명'으로 써야 한다.

③ '좀 더 큰 것'은 띄어 쓰는 것이 원칙이다. 다만 '좀더 큰것 / 이말 저말 / 한잎 두잎'과 같이, 단음절로 된 단어가 연이어 나타날 적에는 붙여 쓰는 것을 허용하므로 '좀더'와 같이 붙여 적는 형태도 쓰일 수 있다.

④ 주어진 문장에서의 '지'는 어떤 일이 있었던 때로부터 지금까지의 동안을 나타내는 의존 명사로 앞 단어와 띄어 쓴다. 이에 반해 '-ㄴ지'는 "무엇이 틀렸는지 답을 맞춰 보자."처럼 막연한 의문을 나타낼 때 쓰는 어미로 붙여 쓴다.

답 ②

06 (가) '휴전선 지역'에 국한된 현상을 '우리나라 전반'에 나타난 현상으로 결론지은 성급한 일반화의 오류를 범하고 있다.
(나) '우리나라의 개인 속도가 빨라진 것만을 가지고 우리나라의 경제 성장이 빨라질 것'이라고 성급하게 결론을 내리고 있다.
따라서 (가)와 (나)는 '성급한 일반화의 오류'를 범하고 있으며, 이와 동일한 오류를 범하고 있는 것은 ②이다.
① 흑백 논리의 오류에 해당한다.
③ 잘못된 유추의 오류(기계적 유비 추리)에 해당한다.
④ 인과혼동의 오류(거짓 원인의 오류)에 해당한다.

답 ②

07 ①, ②, ④는 물질 만능 사고와 계층 간의 갈등을 초래하는 것이 과소비이므로 '과소비'를 막아야 한다는 내용이고, ③은 '과소비로 인한 물질 만능 사고와 계층 간의 갈등'이 유해하므로 막아야 한다는 내용이다.

답 ③

08 ② ㉣ 춘향전 소설을 통한 화제 제시 → ㉡ 다른 사례 제시 → ㉢ 잘못된 사고를 하는 경우 언급 → ㉠ 다각적 사고의 필요성 제시

답 ②

09 ① 밑줄 친 부분 뒤에 나오는 '동양 사상의 정수(精髓)는 말로써 말이 필요 없는 경지를 가리키려는 데에 있다.'라는 표현은 얼핏 앞뒤가 맞지 않는 모순된 말로 여겨진다. 이 때문에 밑줄 친 부분처럼 말한 것이다.

답 ①

10 ① • 풍납토성 : Pungnaptoseong
• 청룡산 : Cheongnyongsan
② • 양주 별산대놀이 : Yangju byeolsandaenori
④ • 메밀국수 : memil-guksu
• 불낙비빔밥 : bullak-bibimbap

답 ③

11 ④ 홀태 : 뱃속에 알이나 이리가 들지 않고 홀쭉한 생선을 말하기도 하며, 홀태 바지(통이 좁은 바지), 홀태 버선(볼이 좁은 버선) 등과 같이 '좁게 된 물건'을 이르는 말로 쓰이기도 한다.

답 ④

12 ④ 현대 사진은 현실을 포장지로밖에 생각하지 않기 때문에 왜곡하는 것에 구애를 받지 않는 것이다. 따라서 '현실을 부각'하기 위해 현실을 왜곡한다는 설명은 적절하지 않다.

답 ④

13 ① (가)의 '동쪽 바다'는 '큰 고래'인 외세가 날뛰는 공간이므로 '위기의 공간'으로 설명할 수 있으나, (나)의 '높은 뫼'는 화자가 임의 모습을 보기 위해 올라가는 공간이므로 '탈속의 공간'이라는 설명은 적절하지 않다.

㉠ 임제, 「잠령민정(蠶嶺閔亭)」
• 갈래 : 한시, 5언 고시(五言古詩)
• 성격 : 우국적, 비판적, 상징적
• 제재 : 애국심
• 주제 : 나라를 걱정하는 대장부의 기상
• 특징
– 남성적 어휘를 통해 화자의 기백, 의지적 목소리를 드러내고 있다.
– 가상적 대상을 설정하여 주장을 펼치고 있다.
• 연대 : 조선 중기

㉡ 정철, 「속미인곡(續美人曲)」
• 갈래 : 가사
• 주제 : 연군(戀君)의 정
• 특징
– 순우리말을 절묘하게 구사하였다.
– 대화 형식으로 내용을 전개하고 있다.
• 의의
– 「사미인곡」과 더불어 가사문학의 백미(白眉)로 평가받는 작품이다.
– 충신연주지사(忠臣戀主之詞)의 대표적인 작품이다.
• 연대 : 조선 전기(선조 때)

답 ①

14 ① 그 / 많 / -더- / -ㄴ / 싱아 / 는 / 누(구) / 가 / 다 / 먹 / -었- / -을까 → 12개
② 집 / 에서 / 내리 / -어 / 오 / -는 / 길 / 에 / 그녀 / 를 / 만나 / -았- / -다 → 13개
③ 마당 / 에서 / 눈 / 사람 / 을 / 만들 / 고 / 있- / -다 → 9개
④ 집 / 웅 / 위 / 로 / 차갑 / -ㄴ / 바람 / 이 / 세 / 차 / -게 / 불 / -었- / -다 → 14개

형태소의 분류

• 자립성 유무에 따른 분류

자립 형태소	혼자 자립해서 쓰일 수 있는 형태소 예 명사, 대명사, 수사, 관형사, 부사, 감탄사
의존 형태소	혼자 쓰일 수 없고 다른 말에 기대어 쓰이는 형태소 예 조사, 접사, 용언의 어간, 선어말 어미, 어말 어미

• 실질적인 의미의 유무에 따른 분류

실질 형태소	실질적 의미를 갖고 구체적인 대상이나 상태 · 동작 등을 표시하는 형태소 예 자립 형태소 전부, 용언의 어간
형식 형태소	실질 형태소에 붙어 문법적 관계나 형식적 의미를 더해 주는 형태소 예 조사, 접사, 선어말 어미, 어말 어미

답 ①

15 ④ '개똥밭에 굴러도 이승이 낫다'는 '아무리 현실이 괴로워도 죽는 것보다는 낫다'는 뜻으로 전쟁터에 나가지 못하고 숨어 있는 자신을 부끄러워하는 (가)의 주인공과는 어울리지 않는다.

㉠ 김승옥, 「무진기행」
• 갈래 : 단편 소설
• 성격 : 회고적, 독백적
• 시점 : 1인칭 주인공 시점
• 배경 : 1960년대 무진(霧津)
• 주제 : 현실 속에 던져진 자기 존재의 파악
• 의의 : '안개'라는 배경을 단순한 기후 현상으로서가 아니라 주인공의 의식의 한 모습(허무감)으로 그려 냄으로써 새로운 감수성을 성공적으로 표현함

㉡ 이육사, 「절정」
• 갈래 : 자유시, 서정시
• 성격 : 상징적, 남성적, 지사적
• 제재 : 현실의 극한 상황
• 주제 : 극한 상황에서의 초월적 인식
• 특징
– 주제를 역설적 표현을 통해 효과적으로 형상화함
– 강렬한 상징어와 남성적 어조로 강인한 의지를 표출함
– 현재형 시제를 사용하여 긴박감을 더하고 대결 의식을 드러냄

답 ④

16 ① • 軋轢(삐걱거릴 알, 칠 력/역) : 수레바퀴가 삐걱거린다는 뜻으로, 서로 의견이 맞지 아니하여 사이가 안 좋거나 충돌하는 것을 이르는 말

- 埋立(묻을 매, 설 립/입) : 우묵한 땅이나 하천, 바다 등을 돌이나 흙 따위로 채움
- 揭示板(높이 들/걸 게, 보일 시, 널빤지 판) : 여러 사람에게 알릴 내용을 내붙이거나 내걸어 두루 보게 붙이는 판

② 矜恤(긍휼) → 救恤(구휼)

- 救恤(구원할 구, 불쌍할 휼) : 사회적 또는 국가적 차원에서 재난을 당한 사람이나 빈민에게 금품을 주어 구제함
- 矜恤(자랑할 긍, 불쌍할 휼) : 불쌍히 여겨 돌보아 줌

③ 刮目(긁을/모진 바람 괄, 눈 목) : 눈을 비비고 볼 정도로 매우 놀람

- 睦(화목할 목)

④ 褒賞(기릴 포, 상줄 상) : 칭찬하고 장려하여 상을 줌

- 報償(갚을 보, 갚을 상) : 남에게 진 빚 또는 받은 물건을 갚음, 어떤 것에 대한 대가로 갚음.

답 ①

17 ② '원숭이'는 소리나는 대로 적은 단어이고, '난센스(nonsense)'는 외래어 표기법에 맞다. 참고로 '넌센스'는 틀린 표기이다.

① '파이팅'이 맞고, '화이팅'은 틀리다.

③ '닭[닥]'은 소리대로 적은 것이 아니라 어법에 맞도록 한 것이다. '할리우드'는 맞고, '헐리우드, 헐리웃, 할리웃'은 틀리다.

④ '늑대[늑때]'는 소리대로 적은 것이 아니라 어법에 맞도록 한 것이다. '라켇'이 아니라 '라켓(racket)'이 외래어 표기법에 맞다.

답 ②

18 (가) 고려 왕조 멸망의 한을 노래한 회고가로, 비유적 표현을 사용하여 인생무상(人生無常)을 나타낸 작품이다.

(나) 임과의 이별과 그리움을 은유법을 사용하여 섬세하게 그려낸 작품이다.

- 일장춘몽(一場春夢) : 한바탕의 봄 꿈이라는 뜻으로, 헛된 영화나 덧없는 일을 비유적으로 이르는 말
- 오매불망(寤寐不忘) : 자나 깨나 잊지 못한다는 뜻으로 누군가를 잊지 못하고 그리워 하는 것을 비유적으로 이르는 말

㉠ **길재, 「오백 년(五百年) 도읍지(都邑地)를」**

- 갈래 : 평시조, 단시조
- 성격 : 회고적, 애상적
- 제재 : 오백 년 도읍지
- 주제 : 망국의 한(恨)과 인생무상(人生無常)
- 특징
  - 4음보의 율격
  - '처음 → 중간 → 끝'의 3단 구성
  - 자연과 인간의 대조

㉡ **계랑, 「이화우(梨花雨) 흣뿌릴 제」**

- 갈래 : 평시조, 단시조, 서정시
- 성격 : 애상적, 감상적, 연정가
- 제재 : 이화, 낙엽, 이별
- 주제 : 이별의 슬픔과 임에 대한 그리움
- 특징
  - 임과 헤어진 뒤의 시간적 거리감과 임과 떨어져 있는 공간적 거리감을 적절히 표현함
  - 시간의 흐름과 하강의 이미지를 통해 시적 화자의 정서를 심화시킴

답 ③

19 ① '받아들이다'의 주어인 '철학자들이'가 생략되었다.
② '돌이켜'와 '회고(回顧)'가 중복되는 표현이다. '돌이켜 생각해 보면~', '회고해 보면~'으로 고쳐야 한다.
④ '매사'는 '하나하나의 모든 일'을 뜻하므로 '매사'와 '일'이 중복된다. 따라서 '매사를 쉽게 처리하는 경향이 있다.'로 고쳐야 한다.

답 ③

20 ③ '감소하다'는 양이나 수치가 준다는 의미이다. 문맥상 ㉠은 출산율이 줄어든다는 의미이므로 ㉠과 바꾸어 쓸 수 있는 말로는 '감소하고'가 적당하다.
① 하강(下降)하고 : '하강하다'는 높은 곳에서 아래로 향하여 내려온다는 의미로 경기나 온도 따위를 언급할 때 적절하다.
② 정체(停滯)하고 : '정체하다'는 사물이 발전하거나 나아가지 못하고 한자리에 머물러 그치는 경우를 언급할 때 적절하다.
④ 격추(擊墜)하고 : '격추하다'는 비행기나 비행선 따위를 쏘아 떨어뜨리는 경우를 언급할 때 적절하다.

답 ③

제 2 과목 영 어

01	02	03	04	05	06	07	08	09	10
③	②	②	①	②	①	③	②	②	①
11	12	13	14	15	16	17	18	19	20
②	①	④	③	②	④	④	④	③	①

01 [분석]

글의 주제가 피드백을 할 때, 업무와 관련된 피드백을 해야지, 사적인 비난을 하지 마라는 내용이고 빈칸 뒷부분은 사적인 비판은 역효과를 낳는다는 내용이므로 ③ personally(사적으로, 인신공격적으로)가 적합하다.

[어휘]

• severely : 엄하게, 혹독하게
• directly : 직접적으로
• officially : 공식적으로
• descriptive : 묘사하는
• evaluative : 평가하는
• counterproductive : 비생산적인, 역효과를 낳는
• overlook : 간과하다
• censure : 비난하다, 질책하다

[해석]

특히 부정적 종류의 피드백은 판단하거나 평가적이라기보다는 묘사적이어야 한다. 아무리 당신이 화가 난다 할지라도 피드백이 업무와 관련되도록 유지해야 하며 부적절한 행위로 인해 결코 인신공격적으로 누군가를 비난해서는 안 된다. 그들이 어리석고 무능력하다는 등으로 그들에게 말하는 것은 거의 언제나 역효과를 낳는다. 그것은 감정적인 반응을 일으키기 때문에 일의 잘못은 종종 간과되기 쉽다. 당신이 비판을 할 때, 당신은 그 개인이 아니라 업무와 관련된 행동을 비난해야 한다는 것을 기억해라.

답 ③

02 [분석]

빈칸 뒤에 ingratiate(환심을 사다)와 socially skilled(사회적으로 수완이 좋은)가 있는 것으로 보아 ② pleasant가 적합하다. 여기서 주의할 것은 pleasant가 사람을 설명할 때는 '상냥한, 남을 즐겁게 해주는' 이라는 의미라는 것이다.

[어휘]

• likelihood : 가능성, (어떤 일이 있을) 공산
• candidate : 후보자, 지원자
• manage to r.v : 용케 ~하다
• pleasant : (사람이) 상냥한, (사물이) 유쾌한
• ingratiate : 환심을 사다, 비위를 맞추다
• positivity : 확신, 적극성

[해석]

취업 면접 결과에 대한 많은 양의 데이터를 분석한 후에, 조사팀은 놀라운 사실을 알아냈다. 취업이 될 가능성이 자격에 달려있을까? 아니면 직무 경험일까? 사실, 둘 다 아니다. 그것은 단 하나의 중요한 요소였다. 즉, 지원자가 유쾌한 사람으로 보이는가이다. (면접자의) 마음에 들려고 노력하는 지원자들은 일자리를 잘 얻는 것 같다. 그들은 상대를 매료시켜 성공을 이루었다. 어떤 사람들은 미소를 짓고 눈을 계속 맞추려고 특별한 노력을 했다. 다른 사람들은 조직을 칭찬했다. 이런 적극성이 그렇게 사회적인 기술이 있는 지원자가 업무에 잘 맞을 것이므로 일자리를 얻어야 한다는 확신을 면접관들에게 주었다.

답 ②

03

[분석]

② plan은 셀 수 있는 명사로서 관사와 함께 사용되거나 복수형으로 사용되는 것이 원칙이다. 이 문장에서는 to 부정사가 앞에 있는 명사(plan)를 수식하고 있기 때문에 정관사 the를 붙여서 The plan으로 고쳐야 한다.

① 'be supposed to do'는 '~하기로 되어 있다'라고 해석한다. expect는 5형식 동사로 목적격 보어 자리에 to 부정사가 나온다는 것에 주의해야 한다.

③ 시간 · 조건 부사절에서는 현재시제가 미래시제를 대신한다. by the time은 시간부사절을 이끄는 접속사이므로 주어진 시간 부사절 문장에서는 미래시제가 아닌 현재시제 gets가 적절히 사용되었다. 주절은 미래시제를 올바르게 사용하였다. 이외에 until, till, as soon as, before, the moment 등이 대표적인 시간부사절을 이끄는 접속사이다.

④ 가정법 과거에서 조건절에 'If + 주어 + 과거동사'를 사용하는데, 주어에 상관없이 be동사는 were를 사용해야 하고, 주절은 '주어 + 조동사 과거형(would/should/could/might) + 동사원형'의 형태를 가져야 한다.

답 ②

04

[분석]

stark는 '삭막한, 냉혹한'의 뜻으로 ① bleak(냉혹한)와 바꾸어 쓸 수 있다.

② 낙관적인

③ 유목의; 방랑의

④ 역동적인

[어휘]

- stark : 냉혹한(= bleak)
- vagabond : 부랑자
- apocalyptic : 종말론적
- doom : 파멸, 죽음
- master-slave : 주종의
- dialectic : 변증법
- lace : ~을 가미하다
- wry : 비꼬는, 풍자적인

[해석]

'고도를 기다리며'와 '게임의 종말'을 쓴 아일랜드 출신의 작가는 종말론적 의미의 파멸에 의해 덫에 걸리고 끝나지 않는, 주종 관계의 변증법에 붙잡힌 부랑자 커플의 냉혹한 세상을 종종 풍자적인 아일랜드식 유머가 가미된 방식으로 묘사했다.

답 ①

05 [분석]

eviction은 '축출, 퇴거'란 뜻으로 ② expulsion(추방, 축출)이 답이 된다.

② 추방, 축출

① 충돌, 갈등

③ 불분명, 무명

④ 지연, 연기

[해석]

> 부에노스아이레스를 호화로움으로 가득 채웠던 1990년대 초반의 짧은 경제적 노다지(수지 맞는 일) 이후에 가장 심각한 경제적 위기가 아르헨티나의 역사상 인구의 절반을 빈곤선 아래로 밀어 넣었다. 하지만 심지어 그들이 공과금을 지불하거나 퇴거를 피하려고 고군분투할 때에도, 많은 사람들이 쉽지도 하찮지도 않은 음악에서 새로운 의미를 찾았다.

답 ②

06 [분석]

① 두각을 나타내다, 두드러지다(=preeminent, salient, conspicuous)

② 당장 착수하다

③ 과감하게 행동하다

④ 최후까지 버티다

[해석]

> Tom은 세상에서 두각을 나타내겠다는 야망을 가질 정도로 허영심이 강했다.

답 ①

07 [어휘]

- require ~ to : ~에게 … 할 것을 요구하다
- restrict : 제한하다, 한정하다
- omit : 제외시키다, 빠뜨리다
- minor : 가벼운, 심하지 않은
- result in : (결과를) 야기하다
- ginger ale : 진저에일(생강 맛 음료)
- upset stomach : 배탈
- grapefruit : 자몽
- cabbage : 양배추
- exceptionally : 이례적으로, 유난히
- athlete : 운동선수
- consumption : 섭취, 소비
- high-protein : 고단백의
- essential : 필수적인
- sustain : 지속하다, 견디다
- improve : 향상시키다

[해석]

때때로 만성적 질병은 흔히 한 사람에게 어떤 음식을 제한하거나 제외할 것을 요구한다. 병을 앓고 있는 사람은 허기지지 않을 수도 있고 먹는 것이 힘들 수도 있다.
(B) 심지어 가벼운 질병도 식단의 변화를 가져올 수 있는데 배탈의 경우 진저에일 마시기 또는 감기의 경우 뜨거운 차 마시기가 그러하다.
(C) 체중을 줄이려고 노력하는 사람들은 자몽 또는 양배추 수프와 같은 소수의 품목만으로 또는 저지방 음식과 같은 특정한 범주의 음식으로만 먹을 것을 제한할 수 있다.
(A) 반면 프로 운동선수와 같은 이례적일 정도로 건강한 사람들은 고단백 음식의 섭취를 포함하는 다른 식사 습관을 실행할 수 있다. 그러한 습관은 그들이 경기력을 유지하거나 향상시키기 위해 필수적이다.

답 ③

08

[분석]

① "If a man you met the night before and made the worst impression~"라는 문장에서 If a man you에서 man과 you 사이에 목적격 관계대명사 who(m)가, and와 made 사이에 주격 관계대명사 who가 각각 생략되어 있는데 목적격 관계대명사는 생략 가능하지만 주격 관계대명사는 생략할 수 없으므로 "who made the worst impression"으로 고쳐야 옳은 문장이 된다.
③ 비교급 문장이므로 more와 호응할 수 있도록 as를 than으로 바꾸어야 한다.
④ mind, enjoy, stop, finish 등은 동명사를 목적어로 취하므로 동사 mind 다음에 바로 형용사인 impolite가 나온 것은 잘못된 것이며, 동명사 being을 넣어야 한다.

[어휘]

- made an impression on : ~에게 인상을 주다, ~을 감동시키다
- lose no time in (doing) : 때를 놓치지 않고 ~하다, 곧 ~하다
- take into consideration : ~을 고려(참작)하다
- inclination : 경향, 기질, 성향, 기울어짐, 기울기, 경사
- insensitivity : 무감각, 둔감
- interfere : 방해하다, 간섭하다
- get rid of : 제거하다, ~을 그만두다, 죽이다
- die to meet someone : 누군가를 몹시 만나고 싶다
- impolite : 버릇없는, 무례한

[해석]

① 만약에 당신이 전날 밤에 만나 당신에게 최악의 인상을 주었던 남자가 바로 다음날 아침에 때를 놓치지 않고 당신에게 전화한다면, 가능한 한 바쁜 척 행동해야 한다.
② 모든 관련된 요인들을 고려할 때, 나는 간섭에 대하여 좋아하지도 무감각하지도 않다.
③ 대개 여러분의 인생에서 만나기를 갈구하는 사람들보다는 제거해버리고 싶은 사람들이 더 많다.
④ 만일 무례를 꺼리지 않는다면, 당신은 편지를 써야 한다든지 개를 산책시키러 데려가야 한다는 말조차 할 수 있다(예의를 지킬 필요가 없으면 핑계를 대도 좋다).

답 ②

09 [분석]

② 'suppress pain-causing prostaglandins'를 통해서 올리브유가 painkiller(진통제) 역할을 한다는 것을 짐작할 수 있다.

[어휘]

- ingredient : 성분, 요소
- suppress : 진압하다, 억제 · 억압하다
- anti-inflammatory : 항염증(抗炎症)의
- property : 재산, 자산, 속성, 특성
- incidence : 시초, 발단, 발생률

[해석]

올리브유는 천연 진통제를 함유하고 있다고 과학자들은 말한다. 올리브 안에 들어있는 oleocanthal라고 알려진 한 요소가 체내에서 통증을 일으키는 prostaglandin을 억제하는 ibuprofen이라는 약과 거의 같은 작용을 한다. oleocanthal의 항염증 특성은 전통적으로 식품에 많은 양의 올리브를 사용하는 지중해 지역 사람들의 일부 암, 발작 및 심장질환의 발생률이 감소했음을 설명해 주는 데 도움이 될 수 있다.

답 ②

10 [어휘]

- Border collie : 보더 콜리(양치기 개의 일종)
- deck : 갑판, 테라스
- ponder : 심사숙고하다, 고민하다
- backwards : 거꾸로
- manage to : 가까스로 ~하다
- sneak : 살금살금 움직이다, 몰래 움직이다

[해석]

나의 매우 똑똑한 보더 콜리 Smudge는 고양이를 무서워했다. 그럼에도 불구하고, Smudge와 나는 종종 Tiger라 불리는 큰 고양이가 있는 친구와 이따금씩 주말을 보내곤 했다. 어느 날 아침 우리는 그의 목제 테라스에서 아침을 먹고 있었는데, 그 테라스에 정원으로 내려가는 계단이 있었다. Tiger는 계단 꼭대기에 앉아 있었고 Smudge는 그의 진퇴양난 상황을 고민하며 정원에 있었다. 어떻게 고양이를 지나가서 아침 식사를 할 수 있을까? Smudge는 굉장히 놀라운 해결책이 떠올랐다 : 그는 18개의 모든 계단을 거꾸로 올라가 Tiger를 가까스로 살금살금 지나쳐 왔다. Smudge는 틀림없이 생각했을 것이다. '만약 내가 그를 보지 못한다면, 그는 나를 볼 수 없을 거야!"

답 ①

11 [분석]

② (B) 뒤에는 대체 의학을 이용하는 사람들이 치료를 위해 돈을 지불한다는 내용이 이어지고 있으므로, 대체의학이 국민건강보험 혜택을 받지 못한다는 내용은 그 앞에 언급하는 것이 자연스럽다.

[어휘]

- National Health Service : 국민건강보험(제도)
- complementary : 보완적인
- acupuncture : 침술
- chiropractic : (척추) 지압(교정) 요법
- aromatherapy : 방향 요법

[해석]

약물, 수술, 그리고 다른 공식적으로 승인된 치료법 대신으로 사용되는 의학적 치료법들은 대체 의학 또는 보완적 의학이라고 알려졌다. 이러한 질병을 치료하는 좀 더 자연적인 방법들은 침술, 척추 지압 요법, 그리고 방향 요법이 포함되어 있다. 대체 의학은 영국과 같은 몇몇 국가에서 국민건강보험제도 내에서는 이용하지 못한다. 그러므로 그러한 국가에서 대체 의학을 이용하는 사람들은 치료를 받을 때 돈을 지불해야 한다. 1980년대 초기 이후로 대체 의학은 사람들에게 점점 인기가 있게 되었다. 비록 의학 전문가에 의해 공식적으로 인정받지는 못했을지라도, 몇몇 의사들은 그러한 방법들이 일부 종류의 질병을 치료하는 데 효과적일 수 있다고 인정한다.

답 ②

12

[분석]

(A) commitment : 약속, 의무, 책임
(B) perceive : 인식하다, 파악하다
(C) overhead : 간접비, 경상비

[어휘]

- sponsor : 후원하다
- underdeveloped country : 후진국
- charitable : 자비로운, 관대한, 자선(단체)의
- donation : 기부
- sponsorship : 후원
- add up : ~을 합계하다
- commandment : 명령
- disregard : 무시하다, 경시하다
- overpass : 가로지르다, 통과하다, 넘다

[해석]

자선 기부금을 통해 후진국에 있는 아이들을 지원해 주는 것은 아이의 인생에 큰 변화를 만들어줄 수 있는 가장 좋은 방법이다. 이런 형태의 후원은 단지 1회성의 선물의 의미만을 포함하는 것이 아니라, 오히려 매달 기부를 하는 장기적인 약속이다. 수년 간 한 달에 10달러일지라도 몇 년이 지나면 몇 천 달러가 된다. 아이들을 후원해 주는 것은 확실히 당신의 돈의 영향력을 인식할 수 있다는 것을 의미한다. 예를 들어, 당신의 기부로 아이들이 학교에 갈 수 있고, 의료비용을 지불할 수 있으며, 기본적인 필수품을 제공받는다. 게다가, 자선단체가 이러한 일들의 사진과 보고서를 보내기 때문에 당신의 기부금이 기부단체의 간접비용으로 쓰이는 것이 아니라 아이들에게 전달되는 것이라는 것을 확신할 수 있다.

답 ①

13 [분석]

④ 제시문은 일상에서의 사소한 일들을 효율적으로 처리할 수 있도록 하는 방법을 소개하고 있다.

[어휘]

- plague : 괴롭히다
- fashion : 방식, 스타일
- errand : 심부름, 용건, 볼일
- at one time : 동시에, 한꺼번에
- batches : 묶음
- hinder : 막다, 방해하다

[해석]

> 우리 모두는 가까운 미래에 완료해야 할 작은 일상적인 일들로 시달리고 있다. 이러한 예로 고지서 납부, 쇼핑, 집안 일, 정원 일, 간단한 수리, 전화 거는 일이 있다. 이러한 일을 무작위적인 방식으로 하는 것은 더 많은 일을 하고 덜 해내게 하는 확실한 방법이다. 당신의 효율성을 증가시키기 위한 한 가지 방법은 여러 가지 볼일을 동시에 처리하는 것이다. 슈퍼마켓, 은행, 세차장, 주유소를 한 번에 가라. 가능한 여러 가지 집안일을 같이 해라. 당신의 고지서를 모았다가 매달 특정한 시간에 한꺼번에 지불해라. 전화 거는 일과 편지를 쓰는 것을 일괄적으로 처리하려고 해라. 이것은 당신의 삶에서 사소한 것들이 당신의 주요 목표를 달성하는 데 방해하는 것으로부터 막아줄 것이다.

답 ④

14 [분석]

두 번째 문장에서 Shandur Pass에 강인한 양치기와 방목하는 야크만이 살고 있다고 했으므로 가축을 기르며 먹고 살아간다는 내용의 ③은 일치하지 않는다.

[어휘]

- midmorning : 아침나절
- descend : 내려가다, 내려오다
- hem : 둘러싸다, 에워싸다
- jagged : 뾰족한, 들쭉날쭉한
- soar : 높이 솟다
- hardy : 튼튼한, 강건한
- shepherd : 양치기
- graze : 방목하다
- yak : (동물) 야크(티베트 산의 들소)
- tribesman : 부족민, 원주민
- assorted : 여러 구색을 갖춘, 여러 종류의
- be on hand : 출석하다
- chopper : 헬리콥터
- pistol : 권총
- assassination : 암살
- take no chance : 기회를 잡지 못하다
- roam : 걸어 다니다, 돌아다니다, 배회하다
- extremist : 극단론자
- favor : 찬성하다, 장려하다.
- referee : 심판원, 중재인
- go at : ~에 덤벼들다, 달려들다, (심한 말로) 공격하다
- political agent : 주재관
- with (the) abandon : 멋대로, 마음껏

• mirth : 환희, 명랑
• loom large : (물건, 사람이) 불쑥 나타나다, (일이) 중대하게 여겨지다

[해석]

아침나절 빛 속에서 군용 헬리콥터는 뾰족한 봉우리들 위로 또 한 번 8,000피트 높이로 솟아 있는 산으로 에워싸여 있는 높이 12,300피트의 골짜기인 Shandur Pass에 내려온다. 파키스탄의 북서 국경지방의 이 지역은 보통 강인한 양치기와 그들의 방목하는 야크들만이 살고 있지만, 파키스탄의 Pervez Musharraf 대통령이 허리에 권총을 찬 채 이 헬리콥터에서 나타날 때 오늘날 15,000명 이상의 다양한 부족민들이 참석한다. 여러 번 암살 시도에도 살아남은 Musharraf는 무슬림 극단론자들이 돌아다니는 지역에서는 기회가 없는 것처럼 보인다. 그런데도 그는 왔다. 즉, Shandur Pass의 양쪽에 있는 경쟁 마을인 Chitral와 Gilgit 사이의 연례 산악 폴로 경기인 것이다. 페르시아인들은 천 년 전에 그 경기를 이곳으로 가져왔고, 그 이후로 왕자와 농민들에 의해 인기를 얻어 왔다. 그러나 세계에서 가장 높은 폴로 경기장인 Shandur에서 경기했을 때, 그 경기는 거의 규칙도 없었고 심판도 전혀 없다. 선수들과 말은 상대에게 제멋대로 공격하므로 이는 한 때 한 영국 정치인이 chitral 마을을 '환희와 살인의 땅'이라는 꼬리표를 붙게 하였다. 이 골짜기는 서아시아와 중국을 연결하는 고대 실크로드에 있는 통로들의 중요한 연결지점을 보호한다. 19세기에 그 지역은 러시아와 대영제국 사이의 첩보전인 the Great Game에서 크게 부각되었다.

답 ③

15 [분석]

② 이 글은 경영에 비하여 판매의 중요성이 간과되고 있다는 문제점을 제시하고 있다.

[어휘]

• perceive : 인지하다, 인식하다
• presume : 추정하다, 상상하다
• self-deception : 자기기만
• persuasion : 설득
• overlook : 못보고 지나치다, 빠뜨리고 보다

[해석]

사람들이 겪는 판매에 관한 가장 큰 문제 중 하나는 그것이 20년 전보다 덜 중요한 것처럼 본다는 것이다. 역사적으로 최고가 되는 빠른 방법은 판매를 통한 것이다. 요즘 판매는 비교적 덜 중요한 사업 기술 중 하나라고 인지된다. 사람들은 최고가 되는 빠른 방법은 경영 훈련을 통한 것이라고 믿는 경향이 많다. 그렇게 생각할 수도 있지만, 경영 기술이 판매 기술보다 중요하다고 추정하는 것은 자기기만의 위험한 형태이다. 나는 한 번도 자신을 설득하는 힘 - 다시 말해, 세일즈맨십을 자랑하지 않는 대기업의 CEO를 만나 본 적이 없다. 경영대학원들은 그들의 목적이 경영 훈련이라는 것을 인정하고, 그 때문에 어떤 판매도 하지 못한다면, 그 어떤 것도 경영하지 못한다는 사실을 간과하는 것이다.

답 ②

16 [분석]

④ 'The key, ~ menu' 문장에 요지가 나타나 있다. 죽을 예로 들어, 한국 음식의 잘못된 영어 표현이 외국인들에게 잘못 인식될 수 있음을 설명하고 있다.

[어휘]

- oatmeal : 곡식을 갈아 만든 죽
- plague : 피해야 할 것, 역겨운 것
- glue : 풀
- imprecise : 부정확한, 불명확한, 애매한
- misconception : 오해

[해석]

한국에 사는 영어 원어민들을 위해 한국인에 의해 영어로 쓰여진 것들은 때때로 번역이 잘못되었는데, 특히 식당에서 그러하다. 죽을 예로 들어 보자. 대부분의 식당 메뉴는 그 요리를 "해산물과 고기를 섞은 한국의 쌀죽"이라고 설명하고 있다. 그래서 몇 년 동안 나는 마치 역겨운 것처럼 죽을 피해왔다. 문제는 처음 절반의 해석이 서양의 오트밀 죽의 이미지로 생각나게 하는데, 그것은 일반적으로 설탕과 시나몬이 섞여서 약간 풀과 같은 맛이 난다. 반면, 두 번째 절반의 해석은 나에게 해산물 또는 고기의 몇몇 종류가 첨가하는 것으로 생각되었다. 죽을 저렇게 상상했을 때, 좋게 들리지 않는다. 그렇지 않은가? 지금은 그 이미지에도 불구하고, 내 한국 친구가 마침내 죽을 먹어보라고 했을 때, 그것이 매우 맛있다는 것을 알았다. 그러므로 요점은, 한국 식당으로 외국 손님들을 끌기 위해서는 메뉴를 잘 설명해야 한다는 것이다.

답 ④

17 [분석]

마지막에서 두 번째 문장 "Using ropes only for protection ~ equipment."를 통해 정답이 ④라는 것을 알 수 있다.

[어휘]

- ranch : 대목장
- mountaineer : 산의 주민, 등산가
- gymnastic : 체조의, 체육(상)의
- ascent : 상승, 오름
- slog through : 꾸준히 노력하다
- soar : 높이 치솟다, 날아오르다
- boulder : 큰 바위
- figure : 생각하다, 판단하다
- piece by piece : 조금씩, 서서히
- skeptical : 의심 많은, 회의적인
- fissure : 갈라진 틈
- rope ladder : 줄사다리
- anomaly : 예외, 이례(적인 것)
- set apart : ~을 따로 떼어두다, ~을 눈에 띄게 하다
- haul : 운반하다
- secure : 확보하다
- Wyoming : 미국 북서부의 주
- vertically : 수직으로

[해석]

대목장에서 성장했기 때문에 그들은 자신의 하루 중 일부를 암벽등반을 하기 전에 말을 타거나 야외활동을 하면서 보냈다. 그들이 연습했던 등반하는 방식은 전통적인 등반과는 다르고 “자유로운 등반”이라 불리는 체육 기술을 좀 더 포함한다. 해발 20,469피트로 높이 솟아오른 Nameless Tower라고 알려진 Trango Tower를 오를 준비를 하기 위해 그들은 비슷한 높이의 고도의 정상에서 허리 깊이의 눈 속을 헤치며 걷는 노력을 하지 않았다. 대신에 그들은 텍사스 사막에서 15피트보다 크지 않은 큰 바위에서 훈련했다. 그들은 만약 암벽 지형의 6피트를 오르는 것이 가능하다면, 조금씩 산 전체를 오를 수 있다고 생각했다. 전통적인 등산가들은 회의적이었다. 만약 그들의 유일한 목표가 Trango 정상에 도달하는 것이었다면, 그것은 더 빨리 이루어졌을 것이다. 그들이 암벽의 갈라진 틈에 망치로 대못을 두들겨 줄사다리로 오르는 전통적인 등반 기술을 사용했다면, 그것은 더 쉬웠을 것이다. 그러나 등산가 집단은 히말라야에서 이례적이었다. 그들을 눈에 띄게 하는 것은 그들의 등반 방식이었다. 그들은 오직 맨손과 발을 사용하여 정상에 오르기 위해 온 등산가들이었다. 밧줄은 오직 추락에 대비한 보호와 장비를 운반하고 확보하기 위한 것이었다. 그렇지 않았다면, Wyoming주 출신의 “카우보이들”은 산에서 수직으로 생활하면서 두 달 동안 혼자 힘으로 버텼을 것이다.

답 ④

18

[분석]

④ 이 글은 두 종류의 평등 개념, 즉 분배적 평등과 사회적 평등을 소개하는 글이다. 따라서 main idea로 적절하다.

① 평등 개념에 쉽게 공감하는 이유에 대한 설명은 없다.

② 이 글에서 거론된 학자의 수로 비교할 수는 없고 또 이 글의 목적이 될 수도 없다.

③ 평등에 대해 사회적 견해와 분배적 견해 중 어떤 것이 나은지 밝힌 부분은 없다.

[어휘]

- sympathetic : 동정적인, 호의적인
- take place : 일어나다[= happen]
- egalitarian : 인류 평등주의
- distributive : 분배의
- measure : 분량, 치수
- enemy : 적
- standard of living : 생계수준
- alternative : 택일의, 선택적인 대안, 택일
- consist in : ~에 있다
- not A but B : A가 아니라 B이다
- snobbery : 속물근성
- servility : 노예근성, 예속
- defence : 변호, 답변
- approach : 접근, 해결방법
- scholar : 학자
- missing : 보이지 않는
- advocate : 옹호[변호]하다

답 ④

19 [분석]

③ 양태(방법)부사인 hard와 정도부사인 hardly의 용법을 묻는 문제이다. hard를 hardly로 고친다.

예 • He tried to study hard.(hard는 동사인 study를 수식하며 '열심히'의 뜻이다.)
• He hardly tried to study.(hardly는 '거의 ~하지 않게, 조금도〈전혀〉 ~않게' 등의 정도부사이다. 이 부사는 be동사가 온다면 be동사 다음으로 두면 된다.)

① collapsed는 자동사로 사용된 경우로서 적절하다.
② 정도부사인 almost가 entirely를 수식하는 경우로서 적절하고, 전치사 of 다음에 명사인 concrete가 나왔으므로 옳은 문장이다.
④ 전치사 with 다음에 명사가 나온 다음 이 명사와의 관계에 따라 형용사나 분사(여기서는 수동관계의 과거분사 tweaked)가 활용되는 부대상황표현으로 문제가 없다.

[어휘]
• embed : (물건을) 깊숙이 박다, 파묻다, (마음 속 등에) 깊이 간직하다
• reinforce : 강화 · 증강 · 보강하다
• monolithic : 돌 하나로 된, 획일적인, 단일의
• component : 구성분자 · 요소, 성분
• recipe : 처방, 요리법, 비법, 수법
• tweak : 비틀다, 꼬집다, 당기다, 미조정하다
• specific : 명확히 한정된, 특수한, 명확한, 특정의, 특유의, 독특한, 종에 관한
• durability : 내구성, 내구력

[해석]

2007년에 붕괴되어 13명을 사망케 한 교량을 대체하기 위해 건설된 그 다리는 거의 전적으로 강철로 된 철근을 대어 깊숙이 박힌 콘크리트로 건설되었다. 하지만 이 다리는 돌 하나로 된 구조물이 아니다. 특수한 힘과 내구요건을 갖게 하고 환경에 대한 충격을 줄이기 위해 구성요소(재료)들은 마치 주방장이 변경한 요리법으로 (요리할 경우) 그렇게 하듯 각기 다른 콘크리트 혼합물로 만들어 지는 것이다.

답 ③

20 [분석]

① afterward는 '후에, 나중에'의 의미를 가진 부사로서 제시문에서는 두 개의 문장을 연결하는 접속사인 after가 필요하다.

[해석]

① 우리가 집을 떠난 후에 모든 것이 변했다.
② 바로 지금, 그녀는 서점에서 조수로서 일하고 있다.
③ 나는 마라톤까지 열심히 훈련할 것이고, 그리고 나서 나는 쉴 것이다.
④ 이 아름다운 앨범은 신혼부부에게는 완벽한 선물이다.

답 ①

제 3 과목 한국사

01	02	03	04	05	06	07	08	09	10
④	④	③	④	②	①	②	②	③	③
11	12	13	14	15	16	17	18	19	20
④	③	①	④	④	②	③	①	③	①

01 ④ 평남 덕천 승리산 유적에서 우리나라 최초의 인골이 발견된 것은 맞지만, '역포아이'가 발견된 곳은 평양 대현동 유적이다. 이와 함께 충북 청원 두루봉 동굴에서도 어린아이 유골이 발견되었는데, 이를 통해 구석기인들의 장례 문화를 확인할 수 있었고, 발견자 김흥수 씨의 이름을 따서 '흥수아이'라 하였다

답 ④

02 ④ 비파형 동검, 잔무늬 거울, 미송리식 토기, 북방식(탁자식) 고인돌은 고조선의 세력 범위를 알려주는 유물이다.(×)

- 잔무늬 거울은 세형동검(한국식 동검), 거푸집과 함께 초기 철기에 제작되어 한반도의 독자적인 청동기 문화를 입증해 주는 유물이다. 고조선의 세력 범위와 일치하는 유물은 청동기시대에 제작된 비파형 동검, 거친무늬 거울, 미송리식 토기(청천강 이북), 북방식(탁자식) 고인돌이 대표적이다. 특히 비파형 동검은 요령, 만주와 한반도 전역에서 주로 출토가 되었다.

청동기시대의 유물

- 토기 : 민무늬 토기(팽이형 토기, 가장 일반적 토기), 미송리식 토기, 송국리식 토기
- 비파형 동검, 거친무늬 거울, 고인돌[북방(탁자)식, 남방(바둑판식)], 돌널무덤

답 ④

03 ③ 조선시대 관리등용제도는 다음과 같다.

- 문과(文科)
  - 소과(생진과) : 문과의 예비시험인 생원시, 진사시를 말한다. 생원시는 유교 경전으로 시험하고, 진사시는 시 · 부 등 한문학으로 시험하였다. 초시와 복시 2차례 시험을 통해 각각 100명씩 선발하고 합격자에게는 백패(白牌)를 주었다. 합격자에게는 생원, 진사의 칭호와 성균관 입학자격과 문과 응시 자격이 부여되었다.
  - 대과(문과) : 초시, 복시(33명), 전시로 최종 합격자에게는 문관 임용 자격이 부여되었다. 장원(壯元)은 종6품의 참상관에 임명되고 합격증서는 홍패였다.
- 무과(武科)
  - 예비 시험이 없고 초시, 복시, 전시 3차례 시험만으로 무관 임용자를 선발하였다.
  - 무예 시험과 학술(유교경전)시험으로 구성되었다. 초시, 복시(28명), 전시로 결정하였다. 무과의 실시는 문 · 무 양반 관료체제의 확립을 의미한다.
- 잡과(雜科)
  - 역과는 사역원에서 통역관 선발, 의과는 전의감에서 의관 선발, 음양과는 관상감에서 천문관리 선발, 율과는 형조에서 법률 전문가를 선발하였다.
  - 초시와 복시 2차례 시험으로 기술관을 선발하고 합격증은 백패였다.
- 응시 자격
  - 양인(良人)은 법제상 과거응시의 제한을 받지 않아 원칙적으로 과거 응시 자격이 부여되었으나 경제적인 이유로 교육 기회가 없었으므로 현실적으로 거의 불가능하였다.
  - 천인을 제외하고는 특별한 제한이 없었으나, 문과의 경우 탐관오리의 아들, 재가한 여자의 아들과 손자, 서얼에게는 응시를 제한하였다.

답 ③

04

④ 반어피, 과하마, 단궁 등은 동예의 특산물이다.

여러 나라의 풍습

국 가	정 치	경 제	제 천	법 속	사회 · 풍속
고조선	상 · 대부 · 장군	• 청동 · 철기 문화 • 농경, 우마, 소금	–	8조금법	• 제정일치사회 • 족외혼
부 여	• 5부족 연맹체 • 4출도	• 반농반목 • 말 · 주옥 · 모피	12월 영고	• 1책12법 • 간음죄 • 투기죄	• 형사취수제 • 순장, 은력 • 하호
고구려	• 5부족 연맹체 • 상가 · 고추가	• 약탈경제(부경) • 목축, 우마, 맥궁	10월 동맹	• 뇌옥 없음 • 1책 12법	• 데릴사위제 • 좌식자 계급 · 하호
옥 저	군장(읍군, 삼로)	어물, 소금, 5곡	–	–	• 민며느리제 • 세골장
동 예	군장(읍군, 삼로)	• 방직기술(산누에) • 단궁, 과하마	10월 무천	책화	족외혼
삼 한	• 목지국(진왕) • 신지 · 견지 · 읍차	• 벼농사, 저수지, 철의 생산 · 수출	수릿날, 상달제	소도(천군)	• 제정분리사회 • 귀틀집, 문신

답 ④

05

② 시헌력은 효종 때 김육의 주장으로 채택되었다.

답 ②

06

① 제시문은 풍수지리설과 관련된 것으로 고구려가 평양으로 천도한 것은 풍수지리설과 관련이 없다. 풍수지리설은 신라 말 정부의 권위를 약화시키고, 지방 세력이 성장하는 데 도움을 주었다. 고려시대에는 서경 길지설, 한양 명당설이 유행하였는데, 묘청을 비롯한 서경파는 풍수지리설이 결부된 자주적 전통 사상을 기반으로 하여 고구려 계승 의식이 강하였다. 또 조선이 한양으로 천도하는 이론적 기반이 되었다.

답 ①

07

② 제시된 자료에서 설명하고 있는 것은 원간섭기의 정동행성이다. 원간섭기에는 원의 무리한 조공 요구로 고려의 고통이 심했다. 그 가운데 여자를 뽑아 간 것과 매를 징발해 간 것이 있었는데, 사냥용 매를 보내기 위해 응방을 설치하기도 하였다. 정동행성은 원래 일본 정벌을 준비하기 위해 설치한 기구였으나, 일본 정벌이 실패한 이후 원과 고려의 연락 기구가 되었다. 또한 원은 만호부를 설치하여 고려의 군사 조직에 영향력을 행사하였다.

㉡ 조선 중기의 서원에 대한 설명이다.

㉣ 능문능리란 학문에도 능하고 행정 실무에도 능하다는 의미로, 무신 집권기에 최우에 의해 처음 등장했던 신진 사대부에 대한 설명이다. 신진 사대부는 무신 집권기에는 정권의 고문 역할을 담당하였으나, 고려 말에는 권문세족에 대항하여 개혁을 추진하였다.

답 ②

08 ㉡ 2세기 고국천왕
㉢ 4세기 미천왕
㉠ 5세기 초 광개토왕
㉣ 5세기 후반 장수왕

답 ②

09 ③ ㉠ · ㉢ · ㉣은 백제가 일본에 전파한 문화이다.

고대문화의 일본 전파

- 백제
  - 아직기(근초고왕) : 일본 태자에게 한자 전수
  - 왕인(근구수왕) : 천자문과 논어를 가르쳐 일본인으로 하여금 문학의 필요성 인식, 유교의 충효사상을 보급
  - 노리사치계(성왕) : 불경과 불상 전파(552)
  - 아좌태자(위덕왕) : 성덕태자상을 그림(597)
  - 관륵(무왕): 천문 역법, 둔갑 방술 전수(602)
  - 불상과 가람양식 : 7세기 경에 만들어진 광륭사(고류사)의 반가사유상(일본 국보), 법륭사(호류사)의 백제 관음상과 5층탑 · 가람 양식
- 고구려
  - 혜자(영양왕) : 성덕태자의 스승
  - 담징(영양왕) : 5경, 종이 · 먹의 제조법, 맷돌의 제조법(연회법), 법륭사의 금당 벽화(610)
  - 혜관(영류왕) : 일본 삼론종의 시조
  - 도현(보장왕) : 「일본세기」 저술
  - 다카마쓰 고분은 1972년 일본 나라시에서 발견, 고분의 벽과 천장에 그려진 사신도, 남녀사인군상, 성수도 등의 벽화는 고구려의 수산리 고분 벽화 양식과 기법을 따르고 있음
- 신라
  - 조선술, 축제술(한인의 연못), 도자기 제조술, 의약, 불상, 음악 등
  - 금동미륵보살반가사유상 → 일본의 미륵보살반가사유상

답 ③

10 〈보기〉는 「보한집」에 수록된 고려시대의 과거 시험을 총괄하는 좌주(지공거)와 문생과의 관계를 나타낸 것이다. 이 관계는 일생동안 이어지고 사회적 문벌을 형성하여 출세의 배경이 되기도 했다.

③ 고려시대의 음서제도는 문벌귀족의 특권을 유지하기 위한 관리등용제도였다. 음서 출신자들은 관품이나 관직 승진에 제한이 없고 대부분 요직에까지 임명되어 5품 이상의 관직과 재상까지 진출할 수 있었다.
① 조선시대 현량과
② 통일신라
④ 발해

답 ③

11 ④ ㉠은 청동기시대, ㉡은 삼국시대, ㉢은 고려시대, ㉣은 조선 전기에 해당한다. 조선 전기 세종 때 농부들의 경험을 바탕으로 서술한 「농사직설」이 편찬되었다.

① 거푸집과 세형동검을 사용한 독자적 청동기 문화는 초기 철기시대부터 발달하였다.

② 삼국시대가 아닌 고려시대이다. 고려시대의 시비법은 휴경 기간의 단축 효과를 가져왔으며, 조선 전기에 들어가 휴경지의 대부분이 소멸되었다.

③ 고려시대에는 풀이나 갈대를 이용한 녹비와 가축의 분뇨를 이용한 퇴비가 이용되었다. 왕즉불 사상은 신라 불교의 특징이다.

답 ④

12 ③ 제시문은 과전법에 관한 내용이다. 과전법은 국가의 재정 기반과 조선의 건국에 참여한 신진사대부 세력의 경제적 기반을 확보하기 위한 제도였다. 과전은 경기 지방의 토지로 지급하였는데, 받은 사람이 죽거나 반역하면 국가에 반환하도록 정해져 있었지만, 죽은 관료의 가족들이 생계를 유지할 수 있도록 수신전, 휼양전 등으로 다시 지급하여 세습이 가능하였다. 또한 수조권을 받은 관리는 생산량을 조사하여 10분의 1을 농민에게 세금으로 거두었다. 이 과정에서 과다하게 수취하는 일이 잦아지자, 이를 시정하기 위해 성종 때에는 국가가 직접 생산량을 조사하여 거두고 관리에게 나누어 주는 방식으로 바뀌기도 하였다.

㉠ 과전법은 소유권이 아닌 수조권을 지급한 것이다.

㉣ 과전법에서는 전 · 현직 관리에게 토지를 지급하였다. 현직 관리에게만 토지를 지급한 것은 직전법이다.

답 ③

13 ① 고구려 고분 벽화는 초기에는 무덤 주인의 생활을 표현한 그림을 그렸다. 그러나 후기로 가면서 도교의 영향으로 사신도와 같은 상징적 그림을 많이 그렸다.

답 ①

14 ④ 제시된 대원군의 개혁 정책들은 왕권 강화책과 관계가 있다. 왕권이 강했을 때에는 관료전을 실시하였으나 왕권이 약해지면서 관료전이 폐지되고 녹읍제를 실시하게 되었다.

① 복고주의적 성격을 띤 것으로, 이는 정치면에서 전제 왕권의 강화로 나타났다.

답 ④

15 ④ 독립협회는 근대적인 민권 사상으로 민중을 계몽함으로써 민중의 근대적 정치 · 사회의식을 높였고, 이러한 민중 의식을 바탕으로 민권보장운동 및 의회설립운동을 일으켰다. 복지국가의 실현은 현대 국가에서 제기되고 있는 것이다.

답 ④

16 ② 홍대용은 성리학의 극복이 부국강병의 근본이라고 강조하였으며, 「의산문답」을 통해 지전설을 주장했다.

① 김육

③ 박제가

④ 허임

답 ②

17 ③ 〈보기〉는 훈련도감으로 임진왜란 때 왜군의 조총에 대항하기 위하여 만든 부대로, 포수 · 사수 · 살수의 삼수병으로 편제되었다.
① 조선 전기의 군사제도이다.
- 5위 : 의흥위, 용양위, 호분위, 충좌위, 충무위
- 갑사 : 직업 군인으로, 근무 기간에 따라 품계와 녹봉을 받음
- 특수병 : 왕실 또는 공신이나 고급 관료의 자제로 구성

② 영진군에 대한 설명이다. 조선 초기 의무병인 정군들이 국방상 요지인 영이나 진에 소속되어 복무하였으며, 일부는 교대로 수도에 복무하였다.
④ 조선 초기 정규군 외에 유사시에 대비하게 한 일종의 예비군인 잡색군이다.

답 ③

18 ㉠ 닉슨 독트린 선언 : 1969년
㉡ 새마을 운동 시작 : 1970년
㉢ 7 · 4 남북공동성명 : 1972년
㉣ 남북 유엔 동시가입 제의(6 · 23 선언) : 1973년
㉤ 광주 민주화 운동 : 1980년

답 ①

19 ③ 조선의열단의 나석주가 동양척식주식회사에 폭탄을 던진 것은 1926년이었다. 조선의열단은 1919년 김원봉에 의해 조직된 단체로 무정부주의를 표방하였다.
① · ② 독립의군부와 대한광복회는 1910년대 국내에서 조직된 비밀 항일결사이다.
④ 권업회는 1911년에 조직되었다.

답 ③

20 ① 조선건국동맹이 아니라, 미 · 소공동위원회이다. 충칭에 자리 잡고 활동하였던 대한민국 임시정부, 사회주의 계열의 독립운동가들이 모여들었던 옌안의 조선독립동맹, 서울을 중심으로 좌 · 우익 지도자들이 연합하여 조직한 조선건국동맹은 나름대로 건국 강령을 만들어 건국 준비를 시작하였다. 1941년 대한민국 임시정부는 조소앙의 삼균주의를 바탕으로 건국 강령을 만들었고, 조선독립동맹은 1942년에 사회주의를 바탕으로 하는 민주공화국 수립을 목표로 하였으며, 조선건국동맹 역시 1944년 민주주의 국가 건설을 추구하였다.

답 ①

제 4 과목 수산일반

01	02	03	04	05	06	07	08	09	10
①	④	②	③	③	④	②	①	②	③
11	12	13	14	15	16	17	18	19	20
①	④	②	①	③	①	②	④	④	②

01 ① 해양오염은 연안 갯벌의 황폐화로 시작하여 점차 연안과 근해로 확산되어 나간다.

해양오염

- 해양에 다량의 유기 물질이 유입되어 영양염이 지나치게 많아지면 부영양화 상태가 되고, 수산 생물이 폐사하게 된다.
- 해양 오염은 연안 갯벌의 황폐화로 시작하여 점차 연안과 근해로 확산되어 나간다.
- 우리나라는 해역의 수질 환경을 Ⅰ등급, Ⅱ등급, Ⅲ등급으로 나누고 있으며, pH(수소 이온 농도), COD(화학적 산소 요구량, mg/L), DO(용존 산소 요구량, mg/L), SS(부유 물질, mg/L), 대장균수, 유분, 총질소 등의 요소로 구분하여 각각 기준치를 정해 두고 있다.
- 적조현상이 대표적인 해양 오염이다.
- 강화유리섬유(FRP) 선박은 해양환경오염에 많은 영향을 끼치기 때문에 폐기 처리를 철저히 하여야 한다. 그러나 FRP선박을 폐선 시키는 데 드는 비용은 선박을 새로 건조하는 데 드는 비용보다 더 많이 드는 애로사항이 있다.

답 ①

02 ④ 유기물이 많을수록 용존산소는 줄어들며, 표층수일수록 많고 하층수일수록 적다.

답 ④

03 ② 대마 난류는 쿠루시오로부터 분리된 후, 일본 남서제도의 아마미오시마 북서방의 대륙붕 사면을 따라서 제주도 남방 해역을 지나 대한 해협을 통과하여 동해로 유입하는 해류이다. 유속은 0.5~1.5노트(knot) 정도로 겨울에는 약하고 여름에는 강한 경향이 있다.

답 ②

04 ③ 법적 관리 제도에 따라 어업을 분류했을 때 들어가는 것은 면허어업, 허가어업, 신고어업이 있다.

답 ③

05 ③ 〈보기〉의 설명은 조경어장에 대한 설명이다. 페루 근해 어장은 용승어장으로 바람 · 암초 · 조경 · 조목 등에 의해 용승이 일어나 하층수의 풍부한 영양염류가 유광층까지 올라와 식물 플랑크톤을 성장시킴으로써 광합성이 촉진되어 어장이 형성된다.

답 ③

06

국제해사기구의 회원국 감사 대응계획 등(해사안전법 제7조의2)

① 해양수산부장관은 국제해사기구가 주관하는 회원국 감사에 대비하기 위한 계획을 7년마다 수립하여야 한다.
② 해양수산부장관은 대응계획을 시행하기 위하여 매년 점검계획을 수립하여야 한다.
③ 해양수산부장관은 대응계획 및 점검계획의 수립을 위하여 필요한 경우 관계 행정기관의 장, 공공기관의 운영에 관한 법률 제4조에 따른 공공기관의 장, 그 밖의 관계인에게 자료의 제출, 의견 진술, 그 밖에 필요한 사항에 대하여 협조를 요청할 수 있다. 이 경우 요청을 받은 자는 특별한 사유가 없으면 이에 따라야 한다.
④ 대응계획 및 점검계획의 세부 내용 및 수립 절차 · 방법 등에 필요한 사항은 대통령령으로 정한다.

답 ④

07

② 선체의 좌우 현측을 구성하는 골격은 늑골(Frame)이라고 한다.

선체의 구조와 명칭

구분	내용
용 골 (Keel)	• 배의 제일 아래 쪽 선수에서 선미까지의 중심을 지나는 골격으로 선체를 구성하는 세로 방향의 기본 골격이다. • 사람의 등뼈에 해당한다.
늑 골 (Frame)	• 선체의 좌우 현측을 구성하는 골격으로 선박의 바깥 모양을 이루는 뼈대이다. • 용골과 직각으로 배치되어 있다.
보 (Beam)	• 늑골의 상단과 중간을 가로로 연결하는 뼈대이다. • 가로 방향의 수압과 갑판의 무게를 지탱한다.
선수재 (Stem)	• 용골의 앞 끝과 양현의 외판이 모여 선수를 구성한다. • 충돌 시 선체를 보호하는 역할을 한다.
선미재 (Stem frame)	• 용골의 뒤 끝과 양현의 외판이 모여 선미를 구성한다. • 키와 추진기(프로펠러)를 보호하는 역할을 한다.
외 판 (Shell plating)	선체의 외곽을 형성하며, 배가 물에 뜨게 하는 역할을 한다.
선저 구조 (Bottom construction)	연료 탱크, 밸러스트 탱크 등으로 이용되며, 침수를 방지하는 역할을 한다.
선 루 (Superstructure)	• 선수루(forecastle) : 파도를 이겨내기 위한 목적으로 모든 선박에 설치하는 것이 원칙이다. • 선교루(bridge) : 기관실을 보호하고 선실을 제공하여 예비부력을 가지게 할 목적으로 설치한다. • 선미루(poop) : 파도를 이겨내고 조타장치를 보호하기 위한 목적으로 설치한다.

답 ②

08

① 이 규칙은 어선과 총톤수 100톤 미만의 선박에 대하여 적용한다. 다만, 정부나 공공단체가 소유하는 선박, 원양어업에 종사하는 어선, 여객선 및 국외에 취항하는 선박은 제외한다(선박안전조업규칙 제2조).

답 ①

09

② 도미류는 출하 전 새우, 가재 등의 생사료 이용과 카로티노이드계 천연색소를 먹이에 투여하여 색깔을 좋게 만든다.

답 ②

10 ③ 틸라피아는 자 · 치어기에는 동물성 먹이를 먹고, 성장함에 따라 식물성 · 잡식성으로 전환된다.

답 ③

11 ① 다시마는 갈조류로 대부분 바다에서 서식하며, 몸체가 크다. 갈조류에는 미역, 다시마, 모자반 등이 있고, 홍조류에는 김, 우뭇가사리, 진두발, 풀가사리 등이 있다.

답 ①

12 ④ 렙토세팔루스는 뱀장어의 유생을 지칭하는 용어이다.

답 ④

13 ② 잉어는 5~6월 수온이 18℃ 정도인 새벽에 산란을 하며, 4일만에 부화하여 어린 물벼룩 · 로티퍼 등 작은 부유생물을 먹고 자란다.

답 ②

14 ① 어구 관측 장치의 종류는 트롤 어구의 입구 전개나 어구의 위치 또는 어군의 입망 상태를 확인하는 네트 리코더, 선망 어구의 침강 상태를 감시하는 네트 존데, 전개판 사이의 간격을 측정하는 전개판 감시 장치로 구분된다.

답 ①

15 ③ 조미 구이 제품은 어패류의 고기에 간장, 설탕, 물엿, 조미료 등을 섞은 조미액을 바른 다음에 이를 숯불, 적외선, 프로판 가스 등을 이용한 배소기로 구워서 만든 제품이다.

답 ③

16 ① 해동 속도보다는 해동 온도가 품질에 더 큰 영향을 미친다(해동 온도는 가능한 낮게 유지하되, 해동 온도에 도달 시, 단시간 내에 처리해야 한다). 해동 시 품질에 영향을 주는 요인으로는 해동 전의 품질, 해동 온도, 해동 속도, 해동 방법 등이 있다.

답 ①

17 포도상구균(Staphylococcus aureus)

- 식품 속에서 증식하여 산생하는 엔테로톡신(Enterotoxin)을 사람이 섭취함으로써 발생하는 전형적인 독소형 식중독균이다.
- 잠복시간이 2~6시간으로 짧고 복통, 구역질, 구토, 설사 등이 나타난다.
- 화농성 질환에 걸린 식품관계자 손가락의 포도상구균이 식품을 오염하고 제조 · 보관 중 온도조건이 적절하지 않아 발생한다.
- 내열성이 강하므로 가열보다는 저온 유지에 신경 써야 한다.

답 ②

18 수산물 유통기구

- 수집기구 : 산지유통인, 수협공판장, 수협위판장
- 중계기구 : 도매시장, 위탁상
- 분산기구 : 할인점, 편의점, 백화점, 슈퍼마켓

답 ④

19 수산물 검정항목(농수산물 품질관리법 시행규칙 [별표 30])

구 분	검정항목
일반성분 등	수분, 회분, 지방, 조섬유, 단백질, 염분, 산가, 전분, 토사, 휘발성 염기질소, 엑스분, 열탕불용해잔사물, 젤리강도(한천), 수소이온농도(pH), 당도, 히스타민, 트리메틸아민, 아미노질소, 전질소, 비타민 A, 이산화황(SO_2), 붕산, 일산화탄소
식품첨가물	인공감미료
중금속	수은, 카드뮴, 구리, 납, 아연 등
방사능	방사능
세균	대장균군, 생균수, 분변계대장균, 장염비브리오, 살모넬라, 리스테리아, 황색포도상구균
항생물질	옥시테트라사이클린, 옥소린산
독소	복어독소, 패류독소
바이러스	노로바이러스

답 ④

20 ② 중서부태평양수산위원회(WCPFC) : 중서부태평양 참치자원의 장기적 보존과 지속적 이용을 목적으로 설립된 지역수산관리기구 중의 하나로 대한민국은 2004년 11월 25일 가입하였다.

① 남극해양생물보존위원회(CCAMLR) : 남극 주변해역을 관할구역으로 하여 남극해양생물의 보존 및 합리적 이용을 위해 1981년에 설립된 국제기구로 대한민국은 1985년 4월 28일 가입하였다.

③ 북서대서양수산위원회(NAFO) : 북서대서양의 어업자원의 관리를 위해 1978년에 설립된 국제기구로 대한민국은 1993년 12월 21일에 가입하였다.

④ 북태평양소하성어류위원회(NPAFC) : 1993년 2월 16일 발효된 북태평양소하성자원보전협약 제8조에 따라 협약수역 내 소하성자원의 포획 금지 및 자원보존을 목적으로 1993년 2월 설립된 국제기구이다. 대한민국은 모천국 지위 확보 및 방류연어에 대한 회유경로 파악 등 자원조사와 선진기술 습득을 위해 2003년 5월에 가입하였다.

답 ②

제 5 과목 수산경영

01	02	03	04	05	06	07	08	09	10
①	③	④	②	②	④	③	①	②	④
11	12	13	14	15	16	17	18	19	20
①	②	④	③	②	①	①	③	④	①

01 수산경영의 구성 요소

- 자연적 요소 : 수산 자원, 어장
- 인적 요소 : 해상 노동, 육상 노동
- 물적 요소 : 어선, 어구, 기계 및 설비, 토지, 원재료
- 기술적 요소 : 기술, 정보, 지식

답 ①

02 ③ 수산업이란 어업 · 어획물운반업 및 수산물가공업을 말한다(수산업법 제2조 제1호).

답 ③

03 ① 합명회사에 대한 설명이다.
② 주식회사에 대한 설명이다.
③ 유한회사에 대한 설명이다.

답 ④

04 내부수익률(IRR)

- 내부수익률이란 총 편익과 총 비용을 일치시키는 할인율로, 순현재가치를 '0'으로 만드는 할인율 · 편익비용비를 '1' 이상으로 만드는 할인율이다.
- 내부수익률이 클수록 바람직하다.
- 내부수익률이 필수(요구)수익률보다 클 경우 타당성이 있다고 본다.
- 그러나 다수의 '해'가 나올 수 있다는 한계가 있다.
- 사업의 기간이 서로 상이할 경우 사용 곤란하다.
- 내부수익률보다 순현재가치법이 더 오류가 적다.

답 ②

05

② 어획해 온 어획물로 임금이 지불되는 방식은 실물분배제도의 특징이다.

짓가림제

- 고려시대부터 시작된 결부제도에서 유래한 제도이다.
- 경영 성과가 있어야 분배할 수 있다.
- 위험 분산 형태이다.
- 단체 임금제이다.
- 해상 노무 관리의 자동화를 꾀할 수 있다.
- 후불 방식의 임금 제도이다.
- 1인당 임금 = [(총 어획 금액 − 공동경비) ÷ 총 짓수] × 분배 짓수

답 ②

06

④ 선장을 중심으로 운영되는 어업 생산조직은 단선조직이다.

집중식 선대조직

육지에 있는 어업 경영자가 각 어선의 어로 작업을 종합적으로 조정하고 통제하는 방식이다. 어선에서 어황, 조업 일시, 어획량, 어획물 등을 영업소에 보고하면, 영업소에서 어종별로 현재의 어가 및 어가 상승 예측을 하여 각 어선에 어업 생산량을 지시한다.

답 ④

07

③ 어업 작업은 어황이나 해황 등 자연환경의 영향을 다른 산업보다 많이 받으며, 작업 체계가 규정되어 있다 하더라도 상황에 따라 유동적으로 작업이 수행될 수는 있지만 동시에 진행은 불가능하다. 어업 작업에 대한 연구는 다른 산업과는 달리 연구가 활발하게 진행되지 못하고 있다.

답 ③

08

경영분석지표 분석

- 성장성 : 매출액 증가율, 총자산 증가율, 순이익 증가율로 표현된다.
- 활동성 : 생산 · 판매 활동을 위하여 자산을 얼마나 효과적으로 활용하였는지를 나타낸 것이다.
- 수익성 : 경영성과를 측정 · 평가한 비율이다.
- 안정성 : 부채 대 총자본의 비율이다.

답 ①

09

② 모든 채권을 징수할 수 있는 것은 아니기에 수익의 과대평가가 이루어 질 가능성이 있는 것은 발생주의(복식부기)의 단점이다.

현금주의의 단점

- 재정이 총괄적이고 체계적인 현황 파악이 곤란하다.
- 자산 및 부채에 대해 명확하게 인식하기 힘들고 회계의 건전성 파악이 곤란하다.
- 부채가 존재해도 현금으로 지출되지 않으면 재정이 건전한 것으로 나타난다.
- 오류의 자기검증 및 연계성 분석이 어렵다.
- 이익과 손실의 원인을 명확히 파악하기 어렵다.

답 ②

10 ④ 출어비에는 어구비(어망 등), 연료비, 얼음대, 소금대, 어상자대, 소모품비, 주 · 부식비가 해당된다. 운반비는 경비에 해당한다.

답 ④

11 정액법에 따른 감가상각비 계산

- 매년 일정한 금액을 감가상각하는 방법
- 감가상각비 = (취득원가 − 잔존가액)/내용년수

정률법에 따른 감가상각비 계산

- 매년 일정 비율로 감가상각하는 방법
- 감가상각비 = (취득원가 − 감가상각누계액) × 상각률

답 ①

12 단식부기와 복식부기

구분	내용
단식부기	• 채권 · 채무는 회계장부상에 존재하지 않는다. • 단순하기 때문에 이해가 쉽고 관리가 용이하다. • 예산액수와 실제 지출액수의 비교가 쉽기 때문에 관리(집행)통제 면에서 유용하다. • 그러나 이미 발생했지만 아직 지불되지 않은 채무에 관한 정보를 제공하지 않아, 가용자원에 대한 과대평가가 이루어지기 쉽고, 재정적자가 초래될 가능성이 높다. • 비용과 편익을 정확히 계산하기 어렵다.
복식부기	• 현금주의와 달리 투입비용에 대한 정보를 제공한다. • 회계 담당자의 주관성이 보다 많이 작용할 가능성이 있다. • 모든 채권을 징수할 수 있는 것은 아니기에 수익의 과대평가가 이루어질 가능성이 있다. • 감가상각 및 대손상각을 비용으로 인식한다.

답 ②

13 ④ 해당 사례는 수산물 유통의 특성 중 가격의 변동성에 대한 내용을 담고 있다. 수산물은 초기 계획한 대로 생산이 이루어지는 것이 아니므로 과잉생산 · 과소생산의 위험도가 높아 수량적 제한을 크게 받으며, 이는 가격의 변동으로 이어진다.

답 ④

14 ③ 도매거래는 마진율이 낮지만 대량으로 거래하여 이익을 남기고 소매거래는 소량으로 거래하지만 높은 마진율로 이익을 남긴다.

답 ③

15 ② 수산물 유통 기능은 대표적으로 운송, 보관, 정보 전달, 거래, 상품 구색, 선별, 집적, 분할 총 8가지의 기능이 있다. 수산물 유통 기능을 크게 직접적인 기능과 간접적인 기능으로 구분 짓는다면, 직접적인 기능은 거래, 집적, 분할, 상품 구색, 운송, 보관 기능이 있고 간접적인 기능은 정보 전달, 선별 기능이 있다.

운 송	생산지 · 양륙지와 소비지 사이의 장소적 · 물리적 거리를 연결시켜주는 기능
보 관	비조업시기를 대비하여 조업시기에 생산물을 저장함으로써 소비자가 원하는 때에 구입할 수 있도록 시간적 거리를 연결시켜주는 기능
거 래	생산자와 소비자 간의 소유권 거리를 적정가격을 통해 연결시켜주는 기능
선 별	판매를 위해 용도에 따라 선별하는 기능
집 적	전국에 산재한 수산물을 대도시 소비지로 모으는 기능으로, 특히 대도시 소비지 도매 시장에서 중요하다.
분 할	대량 어획된 수산물을 시장의 수요에 맞추어 소규모로 나누는 기능
정보 전달	수산 상품에 대한 정보를 전달하여 직접 확인해보지 않아도 소비지에서 생산지 수산물의 상태를 파악할 수 있도록 인식의 거리를 연결하여 준다.
상품 구색	다양한 수산 상품의 구색을 갖추어 소비자의 다양성에 대응하는 기능

답 ②

16 ① 조합과 중앙회는 법인으로 한다(수산업 협동조합법 제4조 제1항).

중앙회와 조합

"중앙회"는 수산업 협동조합법에 따라 설립된 수산업 협동조합 중앙회를 말하며, "조합"은 수산업 협동조합법에 따라 설립된 지구별 수산업 협동조합, 업종별 수산업 협동조합 및 수산물가공 수산업 협동조합을 말한다(수산업 협동조합법 제2조).

답 ①

17 로치데일의 원칙

- 출자 및 출자금 이자 제한의 원칙
- 우량품질의 원칙
- 현금 거래의 원칙
- 시가 판매의 원칙
- 구매고에 따른 배당의 원칙
- 1인 1표 및 남녀 평등의 원칙
- 선거에 의한 임원 및 위원 선출의 원칙
- 교육 촉진의 원칙
- 영업 보고서 정기적 제시의 원칙
- 정치 및 종교 중립의 원칙

답 ①

18 ③ 어선원 및 어선 재해보상보험법은 어업에 종사하는 어선원 등과 어선에 대한 재해보상보험사업을 시행하여 어선원 등의 재해를 신속 · 공정하게 보상하고 재해를 입은 어선의 복구를 추진함으로써 어선원 등을 보호하고, 어업경영의 안정에 이바지하는 것을 목적으로 하고 있고 이 중 "어선원 등의 재해"를 어선원, 가족어선원 및 어선의 소유자가 어업 활동과 관련하여 입은 부상 · 질병 · 신체장애 또는 사망을 말한다고 규정하고 있다(어선원 및 어선 재해보상보험법 제1조, 제2조 제6호).

답 ③

19 ④ 소규모 어항을 법정 어항으로 제도화하여 시설을 확충하여야 한다.

어촌 개발 방향

- 자연 환경과 개발의 공존을 모색하여야 한다.
- 소규모 어항을 법정 어항으로 제도화하여 시설을 확충하여야 한다.
- 어항 간 간격을 좁혀 어항 수용 능력을 높이는 방안이 필요하다.
- 내항 중심의 어촌 경제를 개발하여야 한다.
- 인공 어초 시설 확대와 수산 생물 인공부화 그리고 대량방류 등 자원 조성에 힘써야 한다.
- 개펄 훼손 방지에 힘써야 한다.
- 폐수 · 하수 · 폐유 등에 의한 해양 오염을 방지하는데 힘써야 한다.
- 어촌의 자연환경을 이용한 레저 및 관광 사업을 통해 어촌 경제 활성화를 도모하여야 한다.
- 어민들의 복지시설 확충과 자녀 교육시설 확충에 힘써야 한다.
- 개발에 있어 해당 지역을 가장 잘 알고 있는 어촌 주민이 개발의 주체로 참여할 수 있도록 개방하여야 한다.

답 ④

20 ① 수산물가공수협은 조합원의 이용에 지장이 없는 범위에서 조합원이 아닌 자에게 그 사업을 이용하게 할 수 있다. 다만, 교육 · 지원사업, 의료지원사업, 다른 경제단체 · 사회단체 및 문화단체와의 교류 · 협력, 다른 조합 · 중앙회 또는 다른 법률에 따른 협동조합과의 공동사업 및 업무의 대리, 다른 법령에서 수산물가공수협의 사업으로 정하는 사업, 교육 · 지원사업부터 차관사업의 사업에 부대하는 사업에 대해서는 대통령령으로 정하는 바에 따라 조합원이 아닌 자의 이용을 제한할 수 있다(수산업협동조합법 제112조 제2항).

답 ①

해양수산직

제 3 회 정답 및 해설

제 1 과목 국 어

01	02	03	04	05	06	07	08	09	10
②	①	②	④	④	②	③	④	④	③
11	12	13	14	15	16	17	18	19	20
④	③	①	②	②	④	②	④	③	③

01
- 넝쿨, 덩굴은 복수 표준어이지만, 덩쿨은 비표준어이다.
- 살코기, 애달프다만 표준어이다.

답 ②

02 ① • 소실(消失) : 사라져 없어짐

예 전쟁은 많은 문화재의 소실을 야기했다.

• 유실(遺失) : 가지고 있던 돈이나 물건 따위를 부주의로 잃어버림

예 우산은 유실되기 쉬운 물건이다.

② 붕어(崩御)하다 – 승하(昇遐)하다

③ 입적(入寂)하다 – 열반(涅槃)에 들다

④ 작고(作故)하다 – 타계(他界)하다

답 ①

03 ② '암탉'은 단일어가 아니다. '암'이 'ㅎ'을 취하는 단어('ㅎ'곡용)였기 때문에 '암탉'으로 쓰는 것이다.

① '나무'는 중세 국어에서 'ㄱ' 곡용 체언에 해당하였다. 조사가 붙을 때 '남기, 남ᄀᆞᆯ, 남기다'의 형태로 변하며, 방언에서 쓰는 '낭구'는 그 잔재 현상이다.

③ '좁쌀', '멥쌀'인 것은 중세 국어에서 '쌀'이 'ᄡᆞᆯ'의 형태였기 때문이다.

④ 'ㅣ' 모음이나 'ㅣ' 선행 모음 앞에서 구개음화가 일어나지만 '잔디'는 본래 형태가 '잔듸'였기 때문에 구개음화가 일어나지 않는다.

답 ②

04

④ 如履薄氷(여리박빙) : 살얼음을 밟는 것과 같다는 뜻으로, 아슬아슬하고 위험한 일을 비유적으로 이르는 말
① 渙然氷釋(환연빙석) : 얼음이 녹듯이 마음에 한 점의 의심도 남기지 않고, 의혹이나 미혹이 풀리어 없어짐을 이르는 말
② 氷肌玉骨(빙기옥골) : 살결이 맑고 깨끗한 미인 또는 매화의 곱고 깨끗함을 비유적으로 이르는 말
③ 氷貞玉潔(빙정옥결) : 얼음처럼 곧고 옥처럼 깨끗하다는 뜻으로 절개가 얼음이나 옥과 같이 깨끗하고 조금도 흠이 없음을 비유적으로 이르는 말

답 ④

05

제시문은 신호의 개념을 명확히 서술하는 '정의(개념적 정의)'의 진술 방식이 쓰였다. ④ 또한 언어는 일종의 기호라고 정의하며, 그 근거를 풀어나가고 있으므로 정의의 진술 방식이 쓰였다고 할 수 있다.
① 우리나라의 한문학이 일찍이 발달하게 되었다는 주장을 고조선, 고구려 시대에 지어진 작품 등의 예시를 통해 서술하고 있다.
② 소설을 구성하는 요소를 나누어 설명하고 있으므로 분석의 진술 방식이 사용되었다. 분석은 대상을 구성 요소나 부분들로 나누어 설명하는 것으로 서로 연관된 여러 부분들로 이루어진 대상의 특징이나 기능, 원리 등을 설명하는 데 효과적이다.
③ 글의 표현방식과 말의 표현방식이 서로 다름을 부각시키는 대조의 진술 방식이 사용되었다. 대조는 두 사물의 차이점을 지적하여 서로 어떻게 다른지를 드러내는 서술 방식이다.

답 ④

06

② 시는 전체 흐름을 파악하는 것이 중요하다. ㉠ · ㉢ · ㉣의 '나'는 논두렁 고인 물에 비친 자신으로서 '행복한 나'이다. 그러나 ㉡의 '나'는 혼자여서 고독했던 시절의 '나'이다.

답 ②

07

① 목적어의 잘못된 생략(→ 그분 또한 우리를 사랑하셨다.)
② 측근(側近)이 '곁의 가까운 곳'을 뜻하므로 '가까운'이란 의미가 중복되고 있다.
④ 부적절한 어휘의 선택(고양 → 억제)

답 ③

08

④ 「상저가」는 고려속요 중 유일한 노동요로 신라의 부전가요 중 백결선생의 방아타령과 관련된 '대악'의 영향을 받았다. 「목주가」의 후신으로 알려진 작품은 「사모곡」이다.

고려가요의 주요 작품

작품	형식	내용	출전
가시리	4연, 분연체	남녀 간의 애타는 이별의 노래	악장가사, 시용향악보
동동	13연, 월령체	월별로 그 달의 자연 경물이나 행사에 따라 남녀 사이의 애정을 읊은 월령체가	악학궤범
사모곡	비연시	어머니의 사랑을 낫에, 아버지의 사랑을 호미에 비유하여 어머니의 사랑이 큼을 나타낸 소박한 노래	악장가사, 시용향악보
상저가	비연시	방아를 찧으면서 부른 효도를 주제로 한 노래, 노동요	시용향악보
서경별곡	3연, 분연체	서경을 무대로 여인이 사랑하는 사람을 떠나보내며 이별의 정한을 읊은 노래	악장가사
쌍화점	4연, 분연체	남녀 간의 사랑을 적나라하게 표현한 노래	악장가사

유구곡	비연시	비둘기와 뻐꾸기를 통해 잘못된 정치를 풍자한 노래	시용향악보
정석가	6연, 분연체	임금의 만수무강을 축원한 노래	악장가사, 시용향악보

답 ④

09 ④ '충의의'를 [충의의], [충이의], [충의에], [충이에]로 발음하는 것은 모두 표준 발음에 해당한다.
① '개'의 'ㅐ'와 '게'의 '게'는 엄연히 다른 단모음으로 이를 동일하게 발음하는 것은 표준 발음에 해당하지 않는다.
② 'ㅚ'는 이중 모음으로 발음하는 것도 허용되며 이때 그 발음은 [ㅞ]와 같아진다. 따라서 '금괴'를 [금궤]로 발음하는 것은 표준 발음에 해당한다.
③ '예, 례' 이외의 'ㅖ'는 [ㅔ]로도 발음할 수 있기 때문에 '지혜'를 [지헤]로 발음하는 것은 표준 발음에 해당한다.

답 ④

10 ③ 음절은 한 번에 발음할 수 있는 소리의 덩어리이다. 모음은 '아, 으, 어'와 같이 단독으로 소리 낼 수 있다. 이에 반해 자음은 반드시 모음과 결합해야만 음절을 이룰 수 있다. 따라서 한국어 음절 구조의 핵심은 모음이다.
① 용언에는 동사와 형용사가 있다. 용언은 어간과 어미로 나눠지며 어미가 다양하게 활용을 하는데, 어간과 어미는 혼자서 쓰이지 못하는 의존 형태소이다.
② 우리말은 조사와 어미가 발달한 교착어, 첨가어이다.
④ 우리말에는 파열음이 음절 끝에 올 때에 터지지 아니하고 닫힌 상태로 발음되는 현상인 '음절의 끝소리 규칙'이 있다. 이는 7종성이 아닌 자음이 7종성(7대표음)으로 발음되는 현상이다.

답 ③

11 ④ 造作(조작)은 '물건을 지어 만듦, 진짜를 본떠서 가짜를 만듦, 사실인 듯이 꾸며 만듦'이라는 뜻이다. '기계 · 장치를 다루어 움직이는 것'을 나타내는 한자어는 '잡을 조' 자를 쓴 操作이다.
① 恰似(마치 흡, 같을 사) : 거의 같거나 비슷함
② 所任(바 소, 맡길 임) : 맡은 바 직책이나 임무
③ 飛躍(날 비, 뛸 약) : 논리나 사고방식 등이 일정한 차례를 따르지 않고 뛰어넘음

답 ④

12 문단 내에서 문장들이 담고 있는 내용이 서로 긴밀하게 연결되어 하나의 주제로 응집되고 있는가를 판단하는 유형의 문제이다. 문단이 성립되기 위한 기본 원리, 즉 통일성, 완결성, 일관성을 정확하게 알면 접근하기 쉬워진다.
③ 담배의 해악성에 관한 정부의 입장을 분명히 제시하고 있다.
① 말은 듣는 이에게 긍정적 · 부정적 심리적 반응을 일으키는 데 부정적인 면만 제시했다.
② 정치학의 객관성에 관한 것을 제시해야 하는데 '정치학자들은 ~ 관심을 기울이지 않는다.'는 상반된 견해를 제시하였다.
④ 문명의 혜택을 이야기하면서 악영향도 배제할 수 없다는 반대 의견을 제시하였다.

답 ③

13 ① 은유는 원관념과 보조 관념과의 공통점을 나타내는 표현 기법이다. 제시된 시에서 쓰인 표현 기법은 환유법이지 은유법이 아니다.

② 제시된 시는 하숙방의 사물을 나열함으로써 서구 문물에 경도되어 있는 당대의 세태를 비판적으로 환기하고 있는 작품이다. 보조 관념을 통해 원관념을 연상시키는 '환유'의 기법을 통해 작가의 비판적 인식을 드러내고 있다.

③ 서구 문물들을 열거하며 이들로 가득 차 있는 하숙방을 보여준다.

④ '있고'를 계속 반복해서 사용하고 있다.

장정일, 「하숙」

- 갈래 : 자유시, 서정시
- 성격 : 비판적, 세태 고발적
- 어조 : 담담하면서 냉소적인 어조(주관을 배제하고 객관적으로 사물을 나열함)
- 주제 : 서구 문물에 경도된 젊은이의 의식 비판
- 특징
  - 화자가 관찰자의 입장에서 대상을 묘사함
  - 여러 가지 사물들을 나열하고 열거하여 독자로 하여금 주제의식을 유추하게 만듦
- 출전 : 「햄버거에 대한 명상」(1987)

답 ①

14 〈보기〉의 '불다'는 주어 '바람이'만을 요구하는 한 자리 서술어이다.

② '떨리다'는 주어 '온몸이'만을 요구하는 한 자리 서술어이다. '추위에'는 부사어로, 필수 성분이 아니기 때문에 자릿수에 포함되지 않는다.

① 그는(주어) 은밀하게(부사어) 군사를(목적어) 움직였다. – 두 자리 서술어

③ 아이들이(주어) 눈망울을(목적어) 반짝였다. – 두 자리 서술어

④ 수지가(주어) 책을(목적어) 읽던 – 두 자리 서술어

답 ②

15 ② 苛斂誅求(가렴주구) : 가혹하게 세금을 거두거나 백성의 재물을 억지로 빼앗음

① 角者無齒(각자무치) : 뿔이 있는 놈은 이가 없다는 뜻으로, 한 사람이 모든 복을 겸하지는 못함

③ 胡蝶之夢(호접지몽) : 장자(莊子)가 나비가 되어 날아다닌 꿈으로, 현실과 꿈의 구별이 안 되는 것 또는 인생의 덧없음을 비유해 이르는 말

④ 惡傍逢雷(악방봉뢰) : '죄 지은 사람 옆에 있다가 벼락을 맞았다'는 뜻으로, 나쁜 짓을 한 사람과 함께 있다가 죄 없이 벌을 받게 된다는 뜻

정약용, 「고시 8」

燕子初來時(연자초래시) 喃喃語不休(남남어불휴)
語意雖未明(어의수미명) 似訴無家愁(사소무가수)
楡槐老多穴(유괴로다혈) 何不此淹留(하불차엄유)
燕子復喃喃(연자복남남) 似與人語酬(사여인어수)
楡穴款來啄(유혈관래탁) 槐穴蛇來搜(괴혈사래수)

→ 제비 한 마리 처음 날아와 지지배배 그 소리 그치지 않는다.
말하는 뜻 분명히 알 수 없지만 집 없는 서러움을 호소하는 듯하네.
"느릅나무 홰나무 묵어 구멍 많은데 어찌하여 그 곳에 깃들지 않니?"
제비 다시 지저귀며 사람에게 말하는 듯,
"느릅나무 구멍은 황새가 쪼고 홰나무 구멍은 뱀이 와서 뒤진다오."

답 ②

16 ④ '그려'는 청자에게 문장의 내용을 강조함을 나타내는 보조사로 붙여 쓴다.

예 • 한 달 전에 집 나갔던 놈이 이제야 돌아왔네그려.
• 그만 화 풀고 이번에는 자네가 이야기를 좀 해보게나그려.

① '깨나'는 어느 정도 이상의 뜻을 나타내는 보조사로 붙여 쓴다.

예 돈깨나 있다고 다른 사람을 깔보면 되겠니?

② '밖에'는 '그것 말고는', '그것 이외에는', '기꺼이 받아들이는', '피할 수 없는'의 뜻을 나타내는 보조사로 의존 명사 '수'에 붙여 쓴다.

예 나는 그 식당이 너무 좋아서 또 갈 수밖에 없었다.

③ '보다'는 서로 차이가 있는 것을 비교하는 경우, 비교의 대상이 되는 말에 붙어 '~에 비해서'의 뜻을 나타내는 격 조사로 붙여 쓴다.

예 내가 너보다 훨씬 크다.

답 ④

17 ② 앞뒤가 대등한 내용이면 문장 구조를 일치시켜 쓰도록 한다. '중국 음식의 모방이나 정통 중국 음식을 본뜨거나'라는 문장을 풀어 보면, '중국 음식의 모방을 본뜨거나, 정통 중국 음식을 본뜨거나'로 서술어 호응이 이루어지지 않는다. 따라서 '중국 음식을 모방하거나 정통 중국 음식을 본뜨거나'로 바꿔야 한다.

답 ②

18 ④ (싯뻘겋게 → 시뻘겋게) 사이시옷은 다음 음절의 초성이 된소리, 거센소리인 경우 표기하지 않는다.

예 갯펄(×) → 개펄(○), 귓때기(×) → 귀때기(○)

① 'ㄹ' 탈락 규칙 용언은 'ㄴ' 어미 앞에서 'ㄹ'을 빼야 한다. '썰다'가 기본형이므로, '썰 + ㄴ' = '썬'이다.

② 표준 발음법에 의해 장아찌 표기가 맞다.

③ 깍둑깍둑의 큰 표현이 '꺽둑꺽둑'이다. 우리말에는 모음 교체로 어감을 달리 표현하는 경우가 많다.

예 발가숭이 / 벌거숭이

답 ④

19 ③ '나'는 '깍두기'를 소재로 글쓰기의 소재에 대해 말하고 있다. "재료는 가까운 데 있고 허름한 데 있었다."라는 부분에서 글의 소재 또한 평범한 데서 찾아야 한다는 점을 알 수 있다.

답 ③

20 ③ 이 글에서는 인물 간의 갈등은 드러나지 않는다.

김시습, 「만복사저포기(萬福寺樗蒲記)」

- 갈래 : 한문소설, 전기(傳奇)소설, 명혼(冥婚)소설
- 성격 : 전기적(傳奇的), 낭만적, 비극적, 환상적
- 시점 : 전지적 작가 시점
- 배경 : 남원
- 제재 : 남녀 간의 사랑
- 주제 : 죽음을 초월한 남녀의 사랑
- 특징
  - 시를 삽입하여 인물의 심리를 효과적으로 드러내었다.
  - 불교의 윤회사상이 바탕을 이룬다.
  - 비현실적인 사건을 다루고 있다.
- 출전 : 『금오신화(金鰲新話)』

답 ③

제 2 과목 영 어

01	02	03	04	05	06	07	08	09	10
①	②	④	②	④	②	②	①	②	①
11	12	13	14	15	16	17	18	19	20
③	②	④	②	③	①	②	③	①	③

01

[분석]

harbinger(전조, 선구자)과 의미가 가장 가까운 단어는 ① precursor(선구자)이다.

② 반대, 대조

③ 시련

④ 최후통첩

[어휘]

- throw off : ~을 떨쳐버리다
- bondage : 구속, 속박
- about when : ~할 때 즈음에

[해석]

> 죽음은 종종 영웅적인 명성의 조짐이다. 그들의 속박을 떨쳐버린 노예들의 리더였던 위대한 스파르타쿠스는 마지막 전투 중 그가 탈출할 수 없도록 하기 위해 그의 말을 죽였을 때 그가 어떤 사람인지 알았다.

답 ①

02

[분석]

집에 일찍 가도 되냐는 A의 질문에 B가 그래도 상관없다는 반응이다. B의 반응에 A가 재차 확인할 때 "if you'd rather I didn't, I won't."라고 한 것은, 만약 A가 "I'd rather you didn't(당신이 안그랬으면 좋겠는데요)"라고 말한다면 가지 않겠다는 말이다.

② 그건 완전히 당신에게 달린 문제에요.

① 별 말씀을요. (상대의 고맙다는 인사에 대한 답례)

③ 날 실망시키지 마세요.

④ 이해할 수 없군요.

[해석]

> A : 제가 집에 일찍 가도 될까요?
> B : 네.
> A : 확실해요? 제 말은 만약 당신이 제가 그러지 않길 바란다면, 안 갈게요.
> B : 네, 정말로요. 당신이 집에 일찍 가건 말건 저에겐 상관없어요. 그건 완전히 당신에게 달린 문제에요.

답 ②

03

[분석]

④ It은 가주어, that은 진주어이다.

[어휘]

- exception : 예외
- preventable : 예방할 수 있는

[해석]

예외 없이 모든 질병들을 예방할 수 있다는 것은 확실하다.

답 ④

04

[분석]

- recklessly : 무분별하게, 성급하게
- imprudently : 무분별하게

[어휘]

- discreetly : 신중하게, 조심스럽게
- ruthlessly : 무자비하게
- audaciously : 대담하게, 뻔뻔하게

[해석]

지방 당국과 정부는 포퓰리즘 복지 정책하에 그것들을 무분별하게 발전시켰다.

답 ②

05

[분석]

① mention은 타동사로서 언급 대상 앞에는 전치사를 붙일 수 없다.

② which의 선행사가 paper이므로 단수동사인 was를 써야 한다.

③ Moors가 배운 것이 되어야 하므로 having been taught로 사용되어야 한다.

[어휘]

- thanks to ~ : ~의 덕택으로
- art : 기술, 예술

[해석]

마르코 폴로는 그의 책에서 중국인에 의해 처음으로 소개되었던 종이의 중요한 발명에 대해 언급하지 않았다. 중국의 종이 제작자들에게 가르침을 받았던 무어인(이슬람족)들은 유럽으로 종이를 가져왔다. 12세기무렵 스페인과 프랑스는 무어인들의 침략 덕분에 종이제작 기술을 알고 있었다.

답 ④

06

[분석]

② releasing은 Johnny's CD와 수동관계를 나타내야 하므로 (which was) released로 나타내야 한다.

① 복수인 music lovers는 부정형용사인 all 다음에 나왔으므로 적절하다.

③ went solo에서는 went는 became의 의미이며 solo가 형용사 보어이다.

[어휘]

- release : 풀어놓다, 석방하다, 개봉 · 발표하다
- collection : 수집, 채집, 수집물, 소장품, 컬렉션, 신작품
- heritage : 세습(상속) 재산, 유산, 전승

[해석]

모든 민속 음악 애호가들에게 2주 전에 발표된 The Long Harvest이라는 Jonhnny의 CD는 그들의 위대한 수집품으로 추가될 것이다. Bob은 민속악단 Blue Mountain과 함께 5년간 활동 후 최근에 솔로가 되었다. 그는 그의 출신지 켄터키의 음악적 유산을 자랑스러워한다.

답 ②

07

[분석]

제시문은 제2외국어를 습득하는 것이 주는 이점에 대한 내용이다. 이와 가장 관계가 없는 것은 회사의 일정을 고려하라는 ② When you learn a second foreign language, you need to consider the schedule of the company(제2외국어를 배울 시에는 회사의 일정을 고려해야 할 필요가 있다)이다.

[어휘]

- under your belt 이미 무언가를 성취해서 자신 있는
- confidence : 신뢰
- vital : 치명적인; 중요한
- secure : 안심하는
- supplier : 공급자, 공급 회사
- impact : 영향, 충격

[해석]

영국에 있는 국립 언어 센터는 수출 회사 중 20퍼센트가 언어 장벽의 직접적인 결과로써 거래가 중단되고 있다고 주장한다. 이것은 제2외국어를 자신 있을 만큼 습득하는 것이 오늘날과 같이 국제화된 비즈니스 세계에서는 성공 기회를 높이는 데 도움이 된다는 것을 보여준다. 그것은 또한 서로 다른 국제 시장을 오가며 고객들 혹은 동료들과 서로 연락해야 하는 위치에 있다면, 일할 때 자신감도 충족시켜 줄 수 있을 것이다. 제2외국어를 배울 시에는 회사의 일정을 고려해야 할 필요가 있다. 유럽 담당 마케팅 매니저인 Michael Lefante씨는 "영국이 경쟁력이 있는 국가로 남아 있으려면 언어가 지극히 중요하다."라고 주장한다. 그는 또한 세계가 더 국제화됨에 따라, 해외에 있는 고객 및 제품 공급업자들과 명확하게 의사소통하는 능력은 회사의 성공에 중요한 영향을 미칠 수 있다고 믿는다. 그러므로 기업체들은 외국어 교육에 더 많은 돈과 시간을 투자하고 있는데, 이는 그들이 더 안정적이 되고 더 효과적으로 경쟁력을 갖출 수 있기 때문이다.

답 ②

08 [분석]

〈보기〉에서 혼전 약속을 둘러싸고 분쟁이 발생한다고 한다. (A)에서 영국 변호사가 영국법은 혼전 계약에 대해 중요하게 생각하지 않는다고 말하고, (B)에서 영국 법원의 이러한 입장 때문에 영미 부부들이 "법원 쇼핑"을 한다고 언급했다. "(C)에서 나라마다 혼전 계약에 대한 입장이 다르므로 부부 각각이 재판받고자 하는 국가가 다른 상황을 제시하여 "법원 쇼핑"에 대한 구체적인 예를 들었다. 따라서 ① (A) – (B) – (C)가 가장 논리적인 구성이다.

[어휘]

- break out : (전쟁 · 불 · 시위 등이) 발생 · 돌발하다
- prenuptial : 혼전(婚前)의
- circumstance : 사실, 사태, 사건
- over time : 시간이 흐르면서
- asset : (물적 · 관념적) 자산, 재산
- enter into : ~에 참가하다, ~을 하다, ~을 시작하다
- lengthy : (시간이) 긴, 오랜, (연설 등이) 장황한

[해석]

부부가 해외에 살고 있는 동안이나 서로 다른 시민권을 가지고 있을 경우 이혼을 하기로 한다면 혼전계약을 둘러싸고 분쟁 또한 발생할 수 있다.

(A) 종종 영미 부부간의 이혼문제를 다루는 런던의 한 로펌인 Collyer-Bristow의 파트너인 Jeremy Levison은 영국에서는 혼전계약이 법정에 의해 "그저 무시되는"것이라고 말한다. 그것은 영국법에서는 결혼의 상황은 시간이 흐르면서 변하게 되고 따라서 판사가 금융자산은 어떤 식으로 분할해야 하는지를 결정해야 한다고 밝히고 있기 때문이라는 것이다.

(B) 중요한 것이 부부가 이혼하는 국가의 법이기 때문에 "법원 쇼핑"의 결과를 초래할 수 있다고 Levison은 말했다. 그는 다음과 같은 사례를 제시했다: "Ed Smith씨는 Smith 부인과 결혼한다. 그는 5백만 달러의 가치가 있으며 최종적인 이혼으로부터 그것을 지키기 위해서 뉴욕의 혼전계약을 맺는다. 그들(부부)은 영국에 살고 두 자녀가 있으며, 그리고 그 다음 이혼하기로 결정한다.

(C) 영국의 변호사는 Smith 부인에게 '아닙니다, 그 계약은 효력이 없습니다.'라고 말할 것인 반면 Smith씨는 그 일을 미국(법정)의 사건으로 처리하길 원할 것이다. 이 사건이 어느 곳에서 열리느냐의 문제는 지루한(법정) 다툼일 수 있다."

답 ①

09 [분석]

협상을 할 때, 상대측이 무엇을 하고 또 왜 그랬는지보다는 자신에게 어떠한 영향을 미쳤으며, 그로 인해 어떻게 느끼게 되었는지에 대해 설명하는 것이 더 "설득적"이라고 언급하고 있다. 따라서 빈칸에 들어갈 말로 가장 적절한 것은 ② "당신이 어떻게 느끼는지"이다.

① 당신이 무엇을 기대하는지
③ 당신이 왜 동의하지 않는지
④ 당신이 언제 협상할지

[어휘]

- condemn : 비난하다, 나무라다
- at great length : 장황하게, 상세하게
- persuasive : 설득력 있는
- describe : 설명하다, 묘사하다
- racist : 인종차별주의자
- concern : 관심사
- challenge : 이의를 제기하다, 도전하다

[해석]

많은 협상에서 양측은 상대의 동기와 의도를 장황하게 설명하고 비난한다. 하지만 상대측이 무엇을 또는 왜 했는지에 관해서보다는 당신에게 준 영향에 관해 문제를 설명하는 것이 더 설득적이다. "당신은 약속을 지키지 않았습니다."라고 말하는 대신 "저는 실망했어요.", "당신은 인종차별주의자입니다."보다는 "당신이 저희를 부당하게 대한다고 느껴요."와 같이 만약 상대측이 자신들에 대해 거짓이라고 믿는 것을 진술한다면, 그들은 당신을 무시하거나 화를 낼 것이다. 그들은 당신의 관심사에 집중하지 않을 것이다. 그러나 당신이 어떻게 느끼는지에 대한 진술에는 이의를 제기하기 어렵다. 당신은 상대측의 수용을 방해할 방어적인 반응을 야기하지 않고도 그와 동일한 정보를 전한다.

답 ②

10

[분석]

① 승객에게 편안함을 주는 좌석의 질의 중요성에 대해 설명하고 있다.

[어휘]

- notch : 새김눈, 좁은 길, 단계
- findings : 조사 결과
- density : 밀도, 농도
- contour : 윤곽, 외형, 등고선, 구분선
- one's body from the waist up : 상반신(허리 위쪽으로의 몸 전체)
- one piece of furniture : 한 점의 가구
- serve the purposes : 목적에 알맞다, 쓸모 있다
- flip : 튀기다, 가볍게 치다, 스위치를 누르다
- reverse : 역(逆), 반대, 뒤, 뒷면

[해석]

"멋진 경험을 창출하는 것에 여러분들이 아무리 많은 투자를 한다 할지라도 그날의 끝 무렵과 특히 밤새 편안한 잠을 이룰 수 없다면 서비스에 대한 인식은 한 단계 내려가게 됩니다."라고 그는 말했다. 그를 놀라게 한 조사 결과 중에는 좌석 발포 고무 매트리스가 안락함에 얼마나 많은 영향을 미치는가 하는 것이 있었다. 좌석을 편안하게 해주는 밀도, 두께 및 윤곽들이 침대를 불편하게 할 수도 있다. Spurlock 씨는 연구 결과에 따르면 승객들은 허리부터 상반신에 윤곽이 없는 부드러운 좌석을 원하는 것으로 나타났다고 말했다. Virgin Atlantic 항공사는 단추 하나를 누르면 한 점의 가구(침대)가 두 가지 목적에 사용될 수 있도록 만들어 문제를 해결했다. 승객이 똑바로 서서, 단추를 누르면 뒤에 있는 좌석이 전기에 의해 작동하여 평평한 침대가 된다. 옆자리는 부드러운 가죽으로 덮여 있으며, 그 뒷면은 단단한 발포 고무 매트리스로 되어 있다.

답 ①

11 [분석]

③ 제시문에서 찰스 다윈은 자신의 '자연 선택(natural selection)'에 대해 제대로 이해하는 사람이 없어 슬프다고 했으므로, '자연 선택이 과거뿐만 아니라 현재에도 사람들에 의해 제대로 이해되고 있지 않다.'가 이 글의 내용과 일치한다.
① 다윈은 자연 선택이 역사와 문화에 의해서 대표될 것이라고 믿었다.
② 다윈은 자연 선택이 인류 역사 진보의 원동력이라고 믿었다.
④ 다윈의 이론에서, 자연 선택은 진화와 활발하게 관련 있다.

[어휘]
- Origin of Species : 종의 기원
- lament : 슬퍼하다, 비탄하다(= mourn, deplore)
- preordain : (신 · 운명 등이) 예정하다(= predetermine)
- inevitably : 불가피하게, 확실히(= unavoidable, naturally)

[해석]

> 영향력 있는 책인 '종의 기원'의 저자인 Charles Darwin은 자연 선택은 아무런 목적이 없는 과정이라는 것을 아무도 이해하지 못하는 것 같아 안타까워했다. 즉, 인간이 선택할 때처럼 적극적인 선택과정 없이 이루어지는 과정일 뿐이다. 나는 이러한 Darwin의 생각이 많은 사람들에게 이해되지 못했다고 생각한다. 대신, 역사와 문화는 적극적이고 의식적인 선택자로서, 그리고 불가피하게 진보적인 힘으로써 진화가 자연 선택을 나타내는 것으로 널리 생각된다고 서술하고 있다고 나는 믿는다.

답 ③

12 [분석]

② 부정어와 전체를 지칭하는 부사가 와야 부분 부정의 의미를 가질 수 있으므로 at all을 completely(entirely)로 고쳐야 한다.

답 ②

13 [분석]

④ (의견 · 감정을) 소리 높여 외치는, 떠들썩하게(noisily)
① 합리적으로, 정당하게; 상당히, 꽤
② 잇따라, 연속적으로
③ 부끄럽게, 창피하게

[해석]

> 나는 (루스벨트 대통령의) "4가지 자유와 대서양 선언"이 도달가능성이 없기 때문에 터무니없는 생각이라고 시끄럽게 주장하는 사람들만 보면 화가 난다.

답 ④

14 [분석]

'you can avoid the serious charge of committing plagiarism by adopting a conservative definition of the term and following the guidelines below.'가 이 글의 주제문으로써, ②의 '표절을 피할 수 있는 방법'을 설명하고 있다.

[어휘]

- definition : 정의
- plagiarism : 표절, 도용
- confused : 혼란스러운
- variation : 변화, 차이
- adopt : 채택하다
- charge : 혐의
- serious : 심각한
- conservative : 보수적인, 수수한
- deliberate : 고의적인, 신중한
- reckless : 무모한, 신중하지 못한
- representation : 표현, 표시, 대표
- attribution : 귀속, 귀착시킴, 권능, 직권
- in connection with : ~과 관련하여
- submission : 제출, 복종
- illegalize : 불법화하다, 금하다

[해석]

여러분들은 표절의 너무나 많은 다양한 정의들을 들어서 정확히 그것이 무엇인지에 대해서 혼란을 느꼈을지도 모른다. 이런 모든 차이에도 불구하고, 여러분들은 그 용어의 보수적인 정의를 채택하고 아래의 지침을 따름으로써 표절을 저질렀다는 심각한 혐의를 피할 수 있다. UNC 명예 법정은 표절을 "등급이 정해진 것이든 아니든, 학술적인 작품의 제출과 관련해서 권한 없이 다른 사람들의 말, 생각, 아이디어를 고의적이고 무모하게 자기 자신의 것으로 표시하는 것"으로써 정의한다.

답 ②

15 [분석]

- (A)의 해석 : 기구(기계)장치에 대한 치열한 경쟁으로 인해서 그런 식의 여유 있는 (느긋한) 속도는 (A) unthinkable(상상할 수도 없는) 것이 되었다.
- (B)의 해석 : 제품 개발, 제조업, 유통 그리고 마케팅은 (B) blistering(맹렬한, 대단히 빠른) 속도로 일어나서 실수할 틈조차 없다.

[어휘]

- hatchback : 해치백(차체 뒤쪽에 위로 들어 올려 열 수 있는 문이 있는 자동차)
- intense : 치열한, 격렬한
- jaunty : 명랑한, 쾌활한
- sluggish : 게으른, 나태한
- precise : 정확한

[해석]

지난 2월, 나는 Ford의 새 2012년 해치백을 리뷰했다. 그 당시 그 차는 딜러들에게 아직 와 닿지 않았었다. 그리고 그것의 출시는 너무 멀리 떨어져 있어서 Ford는 내게 그것이 언제 이용가능할지 말해줄 수 없었다. 작은 장비 세상의 치열한 경쟁은 그러한 종류의 여유로운 속도를 상상도 할 수 없게 만든다. 제품 개발, 제조, 배급과 마케팅은 실수를 위한 여유가 없을 정도로 너무나 맹렬한 속도로 일어난다.

답 ③

16 [분석]

① 전치사 by 다음에는 교통수단이 나올 수 있는데, 교통수단을 사용할 때는 "무(無)관사 명사"로 사용하는 것이 원칙이다. 따라서 by an ambulance는 by ambulance로 수정해야 한다. 그리고 주어인 The patient가 단수이기 때문에 were를 단수동사 was로 고쳐야 한다.
② '요구, 주장, 제안, 명령'의 동사가 취한 that절이 "당위성"을 지니고 있다면, 이때는 주절의 시제와는 상관없이 that절 안의 동사는 '(should)+동사원형'을 사용해야 한다.
③ 'A와 B의 관계는 C와 D의 관계와 같다.'라는 의미의 'A is to B what (as) C is to D' 구문이 사용되었다.
④ 문장 안의 that은 목적격 관계대명사로 사용되었으며, 뒤에는 목적어가 생략된 불완전한 문장이 나올 수 있다.

답 ①

17 [분석]

한 회사의 회장은 회사에서 직원들로부터 대단한 존경심을 받지만, 골프장에 나가면 프로 골프 선수가 그러한 존경심을 받게 된다고 말함으로써, ② one's prestige depends on the situation(한 사람의 위신은 상황에 따라 달라진다)는 글의 내용과 일치한다.
① 지도력은 위신과는 아무런 관계가 없다.
③ 한 사람의 행복은 위신에 근거하지 않는다.
④ 위신은 미래의 전망과 결부되어 있다.

[어휘]
- prestige : 위신, 명망
- keep up with Joneses : (재산, 사회적 성취 등)남에게 뒤지지 않으려 애쓰다
- get ahead of : ~을 앞지르다, 능가하다
- relative : 친척
- coworker : 직장동료
- at all events[=in any event] : 아무튼, 좌우간, 어쨌든
- status : 지위
- considerable : 대단한, 상당한
- treat : 대하다, 다루다
- pro : 프로선수

[해석]

다수의 우리들에게 있어 위신은 "남에게 뒤지지 않으려 애쓰기" 또는 아마도 그들보다 앞서가기를 의미한다. 다시 말해, 우리는 친척, 친구, 이웃, 또는 직장 동료와 같은 우리 주변의 사람들만큼 훌륭하다는 것 또는 그들보다 더 훌륭하다는 것을 세상에 보이기 위해 노력한다. 아무튼 위신은 존경심과 지위를 동반하며 사람들이 주변에서 말하고 행동하는 방식에 영향을 준다. 한 회사의 회장은 대단한 위신을 지녀서, 그 사람의 직원들은 그를 엄청난 존경심을 갖고 대한다. 그러나 야외의 골프장에서 그 회사 회장은 경기자들 사이에서 제한된 위신을 갖게 될 것이고, 그 컨트리클럽의 프로 골프 선수에게 가장 큰 존경심이 부여된다.

답 ②

18 [분석]

③ 선택지에서 테네시 강 유역 개발 공사는 가장 오래된 것이라고 했다. 즉 제시문에서는 granddaddy(최초의 것)을 썼고 선택지에는 oldest(가장 오래된)으로 바꾸어 표현했으므로 올바른 설명이다.

① 선택지에서 연방 정부에는 많은 공기업이 있다고 했다. 즉, 선택지에서는 many를 썼고 제시문에서는 a handful of(소수의)로 바꾸어 표현했으므로 틀린 설명이다.

② 선택지에서 공기업은 무료로 서비스를 제공한다고 했다. 즉 선택지에서는 for free를 썼고 제시문에서는 charge(요금을 부과하다)로 바꾸어 표현했으므로 틀린 설명이다.

④ 선택지에서는 '사기업과 공기업 사이에는 유사성이 없다'라고 했다. 즉 선택지에서는 few similarities를 썼고 제시문에서는 they are like(유사하다)로 바꾸어 표현했으므로 틀린 설명이다.

[어휘]

- federal : 연방
- a handful of : 소수의; 한 줌의
- government corporation : 정부 공사들
- private corporation : 사기업
- stocks : 주식
- dividend : 배당금
- charge : 청구하다
- rate : 요금
- granddaddy : 효시; 대가
- erosion : 침식
- cabinet : 내각

[해석]

연방 정부는 소수의 정부 공기업들을 가지고 있다. 이것들은 당신이 주식을 사들일 수 있고 배당금들을 모을 수 있는 사기업들과 완전히 같지 않지만 그것들은 사기업들과 유사하다. 그리고 두 방식에서 정부의 다른 부분들과 다르다. – 첫째, 그것들(공기업들)은 사적 영역에서 다루어질 수 있는 서비스를 제공한다. 둘째, 그것들은 소비자가 사적 영역의 생산자에게 지불하곤 하는 그것들(요금들)보다 더 값싼 요금이지만 전형적으로 그들의 서비스 사용에 대해 요금을 청구한다. 공기업들의 효시는 Tennessee 강 유역 개발공사이다. 그것은 1933년에 뉴딜의 일환으로 설립되어서, 홍수를 통제하였고, 항해술을 향상시켰고, 침식으로부터 토지를 지켜주었고, 값싼 전기를 Tennessee, Kentucky, Alabama 그리고 이웃 주(洲)들의 수백만의 미국인들에게 제공해주었다. 우체국은, 최초의 내각 부처들 중 하나인데(Benjamin Franklin에 의해 처음 이끌어졌던), 정부의 가장 큰 회사가 되었다 : 미국 우체국 공사

답 ③

19 [분석]

① 밑줄 친 부분의 앞의 내용들이 전반적으로 육체노동을 요하는 일이라는 점을 착안해서 풀어야 한다.

[어휘]

- wilderness : 황무지, 황야, 버려진 땅
- look up to : 존경하다
- combination : 결합, 짝맞춤, 배합, 단결
- depend upon : 의존 · 의지하다, 믿다, 신뢰하다
- manual : 손의, 손으로 하는
- genuine : 참된, 진실의

[해석]

미국에 정착했던 대부분의 사람들은 가난했다. 그들이 오게 된 나라는 황야였다. 땅은 농사를 짓기 위해서 나무들을 정리해야 했고, 광산은 개발을 해야 했으며, 주택, 상점 및 공공건물은 건설되어야 했다. 모든 사람들은 그것을 짓는 데 일조해야 했다. 육체노동은 높이 평가받았다. 나중에 가서야, 존경받았던 사람은 사업과 산업에서 성공하기 위해 자신의 두뇌와 더불어 일했던 사람이었다. 현재 미국은 더 이상은 생계를 위해서 육체노동에 의존할 필요가 없는 자리까지 오른 데 대한 자부심과 누군가 스스로 뭔가를 이룰 수 있게 된 것에 대한 진정한 기쁨이라고 하는 묘한 결합이 있다.

답 ①

20 [분석]

③ 제시문에서 change(바꾸다) their life styles after retirement라고 하며 대부분 노인들의 은퇴 이후의 삶에 대해 언급했으나 선택지에서는 maintain(유지하다) their life style이라고 하였으므로 제시문의 내용과 일치하지 않는다.

[어휘]

- rely on : 신뢰하다, 기대하다, 의지(의존)하다
- savings : 저축(금)

[해석]

많은 사람들은 매월 사회보장비에 의존한다. 일하는 동안, 근로자들은 그들의 임금 중 일정 비중을 정부에 기부한다(기금으로 낸다). 각 고용주 또한 일정한 몫을 정부에 낸다. 근로자가 은퇴하면, 그들은 이 돈을 수입으로 수령한다. 하지만 이러한 돈(연금)이 먹고 살아가기에 충분한 돈을 제공하는 것이 아닌 것은 물가가 매우 빨리 오르기 때문이다. 65세 이상의 노인들은 은행에 저축해 돈을 가지고 있거나 타산을 맞춰나갈 은퇴계획을 갖고 있어야한다. 인플레이션율은 물가를 매년 더욱 오르게 하고 있다. 정부는 약간의 지원, 의료보험(건강관리) 및 복지(보편적인 지원)를 제공하지만 많은 노인들은 은퇴 후에는 그들의 라이프스타일을 바꾸어야 한다. 그들은 식량, 연료 및 기타 필수품을 살만한 여유가 있다는 것을 확신할 수 있도록 검소하게 쓸 수 있어야 한다.

답 ③

제 3 과목 한국사

01	02	03	04	05	06	07	08	09	10
②	②	②	④	④	③	③	③	③	①
11	12	13	14	15	16	17	18	19	20
③	④	③	④	③	②	①	③	②	②

01 ② (가)는 위만조선의 성립, (나)는 고조선의 멸망이므로, 위만조선 시기의 내용을 묻는 문제로, ㄴ, ㄷ은 모두 위만조선에 해당하는 내용이다. ㄱ, ㄹ은 BC. 3세기경 부왕 시기의 내용이다.

답 ②

02 ② 백제는 한성시대인 고이왕 때 고대 국가로 발전하였다. 이어 4세기 근초고왕 때는 평양성 전투에서 고구려를 격파하고 중국의 요서와 산둥, 일본의 규슈 지방으로 진출하였고, 고흥의 「서기」가 편찬되었다. 고구려의 남하 정책(평양천도)으로 위례성에서 웅진으로 천도한 이후 신라와의 동맹을 강화하여 결혼 동맹을 체결하였으며, 지방 세력을 통제하기 위해 지방에 왕족을 파견하고 22담로를 설치하였다. 6세기 성왕 때에는 사비로 천도하여 국호를 남부여로 고치고 중흥을 꾀하였으나, 진흥왕의 배신으로 한강 유역을 빼앗기고 국력이 쇠퇴하였다.

답 ②

03 제시된 내용이 새겨진 비문은 18세기 영조의 「탕평비」(1742)이다.
① · ④ 정조 때의 일이다.
③ 숙종 8년, 1682년에 금위영이 설치되었다.

답 ②

04 ④ 태종에 대한 설명이다. 세조(수양대군)는 계유정난을 통해 왕위에 올랐으며 왕권을 강화하기 위해 6조 직계제를 실시하고, 집현전을 폐지하였으며 종친들을 정치에 참여시켰다.

답 ④

05 ④ 국학을 태학으로 개칭한 왕은 8세기 중엽 경덕왕이다. 국학은 7세기 후반 신문왕 때 유학 교육의 강화를 목적으로 설치된 통일 신라의 최고 국립 교육 기관으로, 8세기 중엽 경덕왕 때 태학으로 개칭하고 박사와 조교를 두어 논어와 효경을 교육했다. 하지만, 혜공왕 때 국학으로 명칭을 다시 환원시켰다.

답 ④

06 ③ 「동명왕편」이 실려 있는 「동국이상국집」의 저자는 이규보이다. 이규보의 「동명왕편」은 천제의 자손인 고구려 건국의 영웅 동명왕의 업적을 칭송한 일종의 영웅 서사시로서, 고구려의 계승 의식을 반영하고 고구려의 전통을 노래하였다.
① 「상정고금예문」은 고려 인종 때 최윤의가 지은 것으로 현존하지 않는다.
② 이승휴가 쓴 「제왕운기」는 우리나라의 역사를 단군에서부터 서술하면서 중국사와 대등하게 파악하는 자주성을 나타내었다.
④ 현존하는 우리나라 최고의 역사서는 「삼국사기」이다.

답 ③

07 ③ ㉢ 충선왕 – ㉣ 충목왕 – ㉠ 공민왕 – ㉡ 우왕

답 ③

08 ③ 백련 결사는 무신정권기에 활약한 천태종의 요세가 제창하였다.

의천(義天)의 해동 천태종

대각국사 의천(1055~1101)은 송(宋)의 항주에 가서 혜인사에 화엄경각을 짓고 불교를 전파, 귀국 후 개경 흥왕사의 주지가 되어 천태교학을 정리하고 제자를 양성하였다. 화엄종의 입장에서 교종 각파의 사상을 종합 절충하면서 원효의 '화쟁사상'을 중시하였다. 숙종의 후원을 받아 국청사(國淸寺)를 창건하여 천태종을 창시하였다. 교관겸수를 통한 이론의 연마와 실천을 강조하고 지관을 중시하였다. 흥왕사(興王寺)에 출판소인 교장도감을 설치(1091)하고 속장경을 간행하였다.

답 ③

09 ③ 1972년 7 · 4 남북공동성명에서 자주, 평화, 민족 대단결의 통일 3원칙을 합의하였는데, 이는 분단 이후 남북한이 최초로 통일 원칙을 합의한 것이며 향후 남북 간의 대화나 합의는 이 원칙을 크게 벗어나지 않고 있다. 6 · 15 남북공동선언은 2000년 평양의 남북정상회담에서 발표되었다.

답 ③

10 ① 자료는 1894년 농민전쟁 당시 1차 전쟁인 제2기에 해당되는 내용이다. 농민군에 의해 4월 27일 전주 감영이 점령되자 정부는 청에 원병을 요청했고, 5월 5일 청군이 들어왔으며, 톈진조약(1885, 청–일)을 구실로 5월 6일 일본군이 국내에 들어왔다.
② 1895년 을미사변과 관련된다.
③ · ④ 1882년 임오군란과 관련된다.

답 ①

11 ③ 도굴이 용이한 고분은 고구려와 백제에서 만들어진 굴식돌방무덤이다. 신라의 천마총은 돌무지덧널무덤으로 도굴이 어려워 내부에 많은 껴묻거리가 남아 있었다. 천마도는 천마총의 내부에서 발견된 말 안장에 부착하는 그림으로 벽화가 아니다.
① 미륵사지 석탑은 전북 익산에 위치하고 있으며, 목탑에서 석탑으로 이행하는 과정을 보여주는 백제의 대표적인 석탑이다. 현재 우리나라에 남아있는 가장 오래된 석탑이며, 가장 큰 규모의 석탑이기도 하다.

답 ③

12 ① 이앙법, 이모작은 농민들의 노력에 의해 확대되었다.
② 비변사의 기능 강화로 의정부, 6조, 왕권이 약화되었다.
③ 5군영은 임기응변으로 설치되었다.

답 ④

13 ③ 실학의 민족주의적 성격은 우리 문화에 대한 독자적인 인식을 강조한 것에서 볼 수 있고, 민본주의적 성격은 피지배층의 입장을 대변 · 옹호하여 피지배층의 편에서 개혁론을 제기한 것에서, 그리고 근대 지향적 성격은 사회 체제의 개혁과 생산력의 증대를 통해 근대 사회로 지향한 것에서 알 수 있다.

답 ③

14 ④ 양반, 서리, 향리 등은 관청에서 일하기 때문에 군역에서 제외되어 군포를 내지 않았다.

조선시대의 조세제도

- 과전법(공양왕, 1391)
- 직전법(세조 12년, 1466) : 세조 때 현직관리에게만 수조권을 지급하였다. 관리의 토지 소유 욕구를 자극시켜 농장 확대를 초래하였다.
- 관수관급제(성종 1년, 1470) : 직전법 하에서 수조권자인 관리(官吏)들의 과다한 조(租)의 수취(농민을 수탈)를 규제하고 국가가 직접 조(租)를 받아서 관리에게 지급한 현물녹봉제이다.
- 직전법 폐지(명종 11년, 1556)

답 ④

15 ③ ㉠은 1905년 을사조약, ㉡은 1910년 국권침탈에 대한 내용이다. 장지연은 1905년 을사조약이 맺어지자 '시일야방성대곡'이란 논설을 써서 일본의 간악한 흉계를 폭로하여 신문은 정간당하고 그는 투옥되었다.
① 1894년 동학농민운동 당시의 일이다.
② 1899년 대한 제국의 광무개혁 당시의 일이다.
④ 1895년 을미의병 당시의 일이다.

답 ③

16 ㉡ 국민대표회의는 1923년에 상하이에서 개최되었다.
㉠ 1920년대 중반 이후 임시정부의 활동이 침체됨에 따라 상하이에서 김구가 중심이 되어 한인애국단을 조직하였다.
㉣ 김원봉의 조선의용대가 한국광복군에 흡수된 것은 1942년이다.
㉢ 한국광복군은 1941년 대일, 대독선전포고문을 발표한 이후 1943년 연합군의 일원으로 인도와 미얀마 전선에서 활약하였다.

답 ②

17 ① 한미상호방위조약은 휴전 협정 이후 1953년 10월 1일에 한 · 미 양국이 한반도의 군사적 긴장 상황에 공동 대처하기 위하여 체결한 조약으로 한반도에 무력 충돌이 발생할 경우 미국은 국제연합(UN)의 토의와 결정을 거치지 않고도 즉각 개입할 수 있다는 내용이다.

답 ①

18 ③ 유치미의 감소로 인해 수령과 향리의 농민 수탈이 이루어졌다.

방납의 폐단과 대동법(大同法)

- 16세기 방납(防納)의 폐단과 수미법 제기
- 대동법의 시행
  - 1608년 광해군 때 경기도에 처음 시험적으로 시행되고, 점차 전국으로 확대되었다.
  - 그동안 집집(가호)마다 부과하여 토산물을 징수하던 공물 납부 방식을 토지의 결수에 따라 쌀, 삼베나 무명, 동전 등으로 납부하게 한 제도이다.
- 결과
  - 공납의 전세화(1결당 12두) : 농민 경제의 일시적 안정, 지주 부담의 증가, 국가 재정의 회복
  - 폐단의 재발 : 현물존속(별공, 진상), 유치미의 감소(수령, 아전의 농민 수탈)
  - 공인의 등장 : 상공업발달(장시의 발달, 선대제 수공업, 도고상업의 발달) → 상품화폐 경제의 발달 촉진(유통 경제의 성장)
  - 지방 상업도시의 성장 : 강경, 원산, 삼랑진
  - 조세의 금납화 촉진

답 ③

19 〈보기〉에서 징병제는 병참기지화와 민족말살정책 시기이다.

② 1920년대에는 우리 민족의 신문 발행을 허가하고 사전검열을 실시하였으나, 1940년에는 조선일보와 동아일보를 폐간하는 등 우리 민족의 언론단체 및 학술단체를 해산시켰다.

① 남면북양정책으로 1934년에 시행되었다.

③ 황국신민화 정책 중 하나로 창씨개명을 하였다.

④ 일제는 군량확보를 위해 산미증식계획을 재개하고 소비 규제를 목적으로 식량배급제도를 실시하였으며 더 나아가 미곡 공출제도도 시행하였다.

답 ②

20 ㄷ. 신문왕 7년(687) 5월에 문무관료전을 지급하되 차등을 두었다.

ㄹ. 신문왕 9년(689) 1월에 내외관의 녹읍을 혁파하고 매년 조를 내리되, 차등이 있게 하여 이로써 영원한 법식을 삼았다.

ㄴ. 성덕왕 21년(722) 8월에 처음으로 백성에게 정전을 지급하였다.

ㄱ. 소성왕 원년(799) 3월에 청주 거노현으로 국학생의 녹읍을 삼았다.

답 ②

제 4 과목 수산일반

01	02	03	04	05	06	07	08	09	10
②	④	①	②	③	①	④	④	②	②
11	12	13	14	15	16	17	18	19	20
③	③	①	④	②	③	①	③	④	①

01 ② 김은 말목식(지주식)과 흘림발식(부류식)을 이용하여 양식한다.

해조류 양식

구분	내용
말목식 (지주식)	수심 10m보다 얕은 바다에 말목을 박고 수평으로 김발을 4~5시간 햇빛에 노출되는 높이에 매달아 양식하는 방식이다. 예 김
흘림발식 (부류식)	최근 가장 많이 이용하는 방식으로 얕은 간석지 바닥에 뜸을 설치하고 거기에 밧줄로 고정 후 그물발을 설치하여 양식하는 방식이다. 예 김
밧줄식	수면 아래에 밧줄을 설치하여 해조류들이 밧줄(어미줄과 씨줄)에 붙어 양식할 수 있도록 하는 방식이다. 예 미역 · 다시마 · 톳 · 모자반

답 ②

02 ④ 표본의 결과를 가지고 모집단의 특성을 측정하는 방법이며, 일정한 다짐에 의해서 최대 건조밀도를 주는 최적함수비는 OMC(Optimum Moisture Content)이다.

답 ④

03 ① 어획물운반업종사자란 어획물운반업자를 위하여 어업현장에서 양륙지까지 어획물이나 그 제품을 운반하는 일에 종사하는 자를 말한다(수산업법 제2조 제16호).

답 ①

04 우리나라 연근해의 어황 예보 대상 어업

구분	어업
동 해	오징어 외줄낚시어업, 꽁치 유자망어업, 명태 연승 및 자망어업
남 해	멸치 유자망어업, 기선 권현망어업, 기선 선망어업
서 해	안강망어업, 기선 유자망어업, 삼치 유자망어업
동남서 전역	기선 저인망어업, 트롤어업

답 ②

05 ③ 적조란 해양에 서식하고 있는 단일 종 또는 여러 종류의 식물 플랑크톤이 대량 번식하여 해수의 색깔을 변하게 하는 현상을 말한다. 적조를 발생시키는 원인종으로 쌍편모조류인 코클로디니움이 대표적이다. 따라서 적조의 발생을 방지하기 위한 방법으로 코클로디니움의 살포는 적절하지 못하다.

답 ③

06 ① 특성이 다른 2개의 해수덩어리 또는 해류가 서로 접하는 경계를 조경이라 하며, 두 해류가 불연속선을 이룸으로서 소용돌이가 생겨 상 · 하층수의 수렴과 발산 현상이 나타나 먹이 생물이 많아진다.

답 ①

07 ④ 낚시어구를 사용한 어법에는 대낚시, 끌낚시, 손줄낚시, 땅주낙, 뜬주낙, 선주낙이 있다. 여기서 (가)는 끌낚시, (나)는 뜬주낙에 대한 내용이다.

답 ④

08 선박도료

- 광명단 도료 : 내수성과 피복성이 강하여 가장 널리 사용된다.
- 제1호 선저 도료(A/C) : 부식 방지를 위해 외판 부분에 칠하며, 광명단 도료를 칠한 그 위에 칠한다.
- 제2호 선저 도료(A/F) : 해양 생물 부착을 방지하기 위하여 외판 중 항상 물에 잠겨 있는 부분에 칠한다.
- 제3호 선저 도료(B/T) : 부식 및 마멸 방지를 위해 만재 흘수선과 경하 흘수선 사이의 외판에 칠한다.

답 ④

09 ② 현등은 정선수 방향에서 양쪽 현으로 각각 112.5도에 걸치는 수평의 호를 비추는 등화로서 그 불빛이 정선수 방향에서 좌현 정횡으로부터 뒤쪽 22.5도까지 비출 수 있도록 좌현에 설치된 붉은색 등과 그 불빛이 정선수 방향에서 우현 정횡으로부터 뒤쪽 22.5도까지 비출 수 있도록 우현에 설치된 녹색 등을 의미한다.

등화의 종류(해사안전법 제79조)

- 마스트등 : 선수와 선미의 중심선상에 설치되어 225도에 걸치는 수평의 호(弧)를 비추되, 그 불빛이 정선수 방향으로부터 양쪽 현의 정횡으로부터 뒤쪽 22.5도까지 비출 수 있는 흰색 등(燈)
- 현등(舷燈) : 정선수 방향에서 양쪽 현으로 각각 112.5도에 걸치는 수평의 호를 비추는 등화로서 그 불빛이 정선수 방향에서 좌현 정횡으로부터 뒤쪽 22.5도까지 비출 수 있도록 좌현에 설치된 붉은색 등과 그 불빛이 정선수 방향에서 우현 정횡으로부터 뒤쪽 22.5도까지 비출 수 있도록 우현에 설치된 녹색 등
- 선미등 : 135도에 걸치는 수평의 호를 비추는 흰색 등으로서 그 불빛이 정선미 방향으로부터 양쪽 현의 67.5도까지 비출 수 있도록 선미 부분 가까이에 설치된 등
- 예선등(曳船燈) : 선미등과 같은 특성을 가진 황색 등
- 전주등(全周燈) : 360도에 걸치는 수평의 호를 비추는 등화. 다만, 섬광등(閃光燈)은 제외한다.
- 섬광등 : 360도에 걸치는 수평의 호를 비추는 등화로서 일정한 간격으로 1분에 120회 이상 섬광을 발하는 등
- 양색등(兩色燈) : 선수와 선미의 중심선상에 설치된 붉은색과 녹색의 두 부분으로 된 등화로서 그 붉은색과 녹색 부분이 각각 현등의 붉은색 등 및 녹색 등과 같은 특성을 가진 등
- 삼색등(三色燈) : 선수와 선미의 중심선상에 설치된 붉은색 · 녹색 · 흰색으로 구성된 등으로서 그 붉은색 · 녹색 · 흰색의 부분이 각각 현등의 붉은색 등과 녹색 등 및 선미등과 같은 특성을 가진 등

답 ②

10 ② 2척의 동력선이 마주치거나 거의 마주치게 되어 충돌의 위험이 있을 때에는 각 동력선은 서로 다른 선박의 좌현 쪽을 지나갈 수 있도록 침로를 우현(右舷) 쪽으로 변경하여야 한다(해사안전법 제72조 제1항).

답 ②

11 ③ 성게는 극피동물에 속하며 자웅이체이다.

해 삼

- '바다의 인삼', '바다의 오이'로 불리며 성게, 불가사리와 같은 극피동물이며 자웅이체이다.
- 입 주위의 촉수를 이용해 해저에 있는 모래 및 펄을 모으고 소화관을 통해 유기물만 흡수한다.
- 해삼은 홀로수린이라는 독을 가지고 있다. 홀로수린은 인체에는 영향을 주지 않는다.

답 ③

12 ③ 황화수소는 물의 흐름이 원활하지 않은 저수지 · 못 등의 저질을 검게 변화시키고 악취를 풍기게 한다.

답 ③

13 ① 생활사의 대부분을 인위적으로 관리하여 양식하는 것을 완전 양식이라고 하며, 완전 양식이 되는 어종은 대량 종묘 생산이 가능하다. 해산어류이면서 위의 조건을 만족하는 어류는 넙치, 조피볼락(우럭), 참돔, 복어 등이 있다.

답 ①

14 ④ 냉훈법은 제품의 건조도가 높아 1개월 이상 보존이 가능한 저장성 있는 제품을 얻을 수 있으나, 풍미는 온훈법을 사용한 제품보다 떨어진다.

답 ④

15 ② 염장법은 식염(소금)의 삼투압을 이용하여 수분을 제거하는 것으로 사용하는 식염의 농도는 15~20%가 적당하고, 염장하면 수분 활성도(AW)가 낮아져서 저장성이 증가한다. 마른간법과 물간법의 장점을 이용한 개량 물간법으로 염장하면 제품의 외관, 수율, 풍미가 좋다.

답 ②

16 어류질병의 감염경로

수직 감염	수정난	친어에 보균한 병원체가 수정난 내로 전염되어 감염
	난 각	친어에 보균한 병원체가 난각에 부착하여 전염
	환 경	친어에 보균한 병원체가 산란 시 수중에 배출되어 감염

수평 감염	사육수	병원체가 상처부위나 경구를 통한 기계적 감염, 포자섭취를 통한 감염, 유생 · 자충이 기생한 감염
	접 촉	병어와 직 · 간접적 접촉을 통한 감염
	매개동물	병원체를 보유한 매개동물을 포식함으로써 감염

답 ③

17 ① 점질성 다당류로 상어, 고래 등의 포유동물 연골, 피부 등에 분포되어 있고, 뼈 형성 기능, 신경통, 요통, 관절통 등의 치료제로 이용되는 것은 콘드로이틴 황산이다.

키틴(Chitin)

다당류 성분으로 게, 새우 등의 갑각류 껍질과 오징어 뼈, 곤충과 균류에 많이 분포하는 천연 생체 고분자 물질로, 식이 섬유질의 난소화성 물질이며, 항균, 면역, 혈류 개선 등의 생리 기능성이 있다.

답 ①

18 ③ 대손위험 : 제공한 자금의 대가 일부 또는 전부를 약속대로 받을 수 없는 위험

① 경제적 위험 : 시장가격의 하락으로 인한 재고수산물의 가치하락, 소비자의 기호나 유행의 변화에 따른 수요 감소, 경제조건의 변화에 의한 시장축소 등에 의해 발생하는 것으로 유통과정 중 수산물의 가치변화로 발생하는 손실

② 물적 위험 : 수산물의 물적 유통기능을 수행하는 과정에서 파손 · 부패 · 감모 · 화재 · 동해 · 풍수해 · 열해 · 지진 등의 요인으로 수산물이 직접적으로 받는 물리적 손해

④ 자연적 위험 : 태풍, 홍수, 폭설, 지진 등 자연현상에 따른 위험

답 ③

19 산지유통인

- 수산물을 산지에서 직접 수집하여 도매 시장에 출하하는 자를 말한다.
- 소비지의 가격 동향 및 판매 상황에 대한 정보를 산지 생산자에게 전달하는 역할을 수행하기도 한다.
- 단, 출하 업무 외 판매 · 중개 업무는 수행할 수 없다.

답 ④

20 국제 어업 관리

경계 왕래 어류 (오징어 · 명태 · 돔)	• EEZ에 서식하는 동일 어류 또는 관련 어류가 2개국 이상의 EEZ에 걸쳐 서식할 경우 당해 연안국들이 협의하여 조정한다. • 동일 어류 또는 관련 어류가 특정국의 EEZ와 그 바깥의 인접한 공해에서 동시에 서식할 경우 그 연안국과 공해 수역 내에서 그 어류을 어획하는 국가는 서로 합의하여 어류의 보존에 필요한 조치를 취해야 한다.
고도 회유성 어류 (참치)	고도 회유성 어류를 어획하는 연안국은 EEZ와 인접 공해에서 어족의 자원을 보호하고 국제기구와 협력해야 한다.
소하성 어류 (연어)	• 모천국이 1차적 이익과 책임을 가지므로 자국의 EEZ에 있어서 어업 규제 권한과 보존의 의무를 함께 가진다. • EEZ 밖의 수역인 공해나 다른 국가의 EEZ에서는 모천국이라도 어획할 수 없다.
강하성 어류 (뱀장어)	강하성 어종이 생장기를 대부분 보내는 수역을 가진 연안국이 관리 책임을 지고 회유하는 어종이 출입할 수 있도록 해야 한다.

답 ①

제 5 과목 수산경영

01	02	03	04	05	06	07	08	09	10
④	②	②	①	④	③	②	③	①	①
11	12	13	14	15	16	17	18	19	20
④	②	④	③	④	②	①	①	③	③

01 ④ '축양'이란 수확한 후 판매할 때까지, 장거리 수송 전, 활어로 판매하기 전에 살아있는 수산생물을 일시적으로 보관하는 것을 말한다. 식용이나 기타 목적에 이용하기 위하여 종묘를 개량하거나 만들거나 기르는 일은 '양식'이라 한다.

답 ④

02 ② 세척, 선별, 절단 등 가공을 하여 즉시 조리할 수 있도록 전처리가 된 수산물의 수요가 증가하는 추세에 있다.

답 ②

03 ② 집어등은 어군탐지기와 함께 대표적인 보조 어구이다. 잡 어구로는 작살, 통발, 문어단지 등이 있다.

답 ②

04 어업노동의 고용 시 문제점

- 어업노동은 어기에 따라 어업 시기가 변동되므로 고용 기간이 단기적이다.
- 노동력이 연안에 집중되어 있다.
- 어획 노동의 강도가 크고 가공업 및 유통업 분야 등 육상으로의 취업 기회가 확대되면서 노동력 이탈 현상이 증대되고 있다.

답 ①

05 ④ 짓가림제에서 1인당 임금은 [(총 어획 금액 − 공동경비) ÷ 총 짓수] × 분배 짓수이다. 선주와 선원의 분배비율이 5:5이므로 선주의 분배 총 짓수는 50짓이고, 이를 선원의 분배 총 짓수와 합하면 총 짓수는 100짓수가 된다. 여기서 A 선원의 분배 짓수가 3짓이므로 [(10억 − 3억) ÷ 100] × 3 = 2,100만 원이 된다.

답 ④

06 ① 의무가 아닌 선택에 의해 자주적으로 가입하여 조직한다.
② 수산업에 있어 가장 대표적인 노동조합은 산업별 노동조합이다.
④ 단체교섭, 노동협약, 노동쟁의권이 모두 인정된다.

답 ③

07 ② 고정 자산 구입에 필요한 자금을 단기 차입금으로 조달하여 높은 투자 수익률을 모색할 수 있으나, 효과적인 투자라고 할 수는 없다.

답 ②

08 표준계획법

제1단계 : 모델 선정 – 자신이 경영하고자 하는 형태 및 규모와 비슷한 모델을 선정한다.
제2단계 : 일람표 작성 – 선정한 모델의 기록을 활용하여 경영성과를 표시하는 성과 일람표를 작성한다.
제3단계 : 경영성과 분석 – 작성한 일람표에 따라 경영성과를 분석한다.
제4단계 : 투입량과 생산량을 계획한다.
제5단계 : 손익계산서 작성 – 소요비용과 수익을 계획 · 분석하여 손익계산서를 작성한다.

답 ③

09 ① 수익계정은 차변에 수익의 감소(소멸) 내용을, 대변에 수익의 증가(발생) 내용을 기장한다.

답 ①

10 ① 원가에는 정상적인 생산과정에서 발생하는 비용만 포함한다.

원가
- 원가는 생산과정에서 투입되는 모든 경제적 가치를 말하며, 화폐액으로 표시된다.
- 원가 계산은 수산물이 생산되어 판매되기 이전까지 소비된 모든 가치를 계산한다.
- 원가에는 정상적인 생산과정에서 발생하는 비용만 포함한다.
- 어선 어업에서 원가 계산은 어선별로 하며, 어선별 원가는 어선별 개별 원가 요소와 공동 원가 요소를 합산하여 산정한다.
- 단, 둘 이상의 어선에 운반선이 있는 경우 운반 배부비용은 어선별 원가에 합산하지 않는다.

답 ①

11 ④ 고정 자산과 장기 차입금 및 장기 미지급금 등 고정 부채의 변동상황 파악이 곤란한 것은 수정발생주의이다.

발생주의
- 거래의 이중성을 회계처리에 반영하여 기록하는 방식이다.
  – 즉 자산 · 부채 · 자본을 인식하여 계상한다.
- 모든 재산의 증감 및 손익의 발생 내용을 기록한다.
- 대차평균의 원리에 따라 차변과 대변에 이중 기록한다.
  – 재무상태표, 손익계산서를 작성한다.
- 차변의 합계와 대변의 합계가 일치하여 자기검증기능을 갖는다.
- 총량 데이터를 확보할 수 있기 때문에 최고경영자 또는 정책결정자에게 유용한 정보를 제공한다.
- 데이터의 신뢰성이 높다.
  – 상호검증이 가능하여 부정이나 오류를 발견하기 쉽다.
- 회계정보의 이해 가능성이 높아 대국민의 신뢰를 확보할 수 있다.

답 ④

12 ② 해양법 발효로 TAC(허용 가능한 총 어획량) 제도가 도입되면서 과거에 비해 수산물 생산에 제한을 받고 있다.

수산물 마케팅 환경

제도적 환경	• 수산물 거래에 관한 국내적 · 국제적 기준이 강화되고 있다. • 수산물 무역이 자유화되면서 국내로의 수입이 증대되고 있다. • 우루과이협상(1986) 이후 유통시장이 전면 개방되면서 외국 기업의 진출이 활발해졌다. • 해양법 발효로 TAC(허용 가능한 총 어획량)제도가 도입되면서 과거에 비해 수산물 생산에 제한을 받고 있다.
사회 · 경제적 환경	• 통신 · 교통이 발달함으로써 생산자와 소비자 간의 시간적 · 공간적 거리에 대한 인식 차가 줄어들었다. • 건강에 대한 인식이 커지면서 소비자의 소비 패턴이 변화하고 있다.

답 ②

13 수산물 시장의 종류

산지 도매 시장	산지 위판장	• 어획물의 1차 가격형성이 이루어지는 시장이다. • 대부분 수산업 협동조합이 개설 · 운영한다. • 생산자 · 수협 · 중도매인 · 매매 참가인들 간 거래가 형성된다. • 신속한 판매 및 대금 결제가 가능하다. • 어획물의 다양한 이용형태에 따라 신속한 배분이 가능하다.
소비지 도매 시장	중앙 도매 시장	• 대통령령이 정하는 품목을 도매거래하기 위하여 특별시 · 광역시 · 특별자치시 또는 특별자치도에 개설하는 시장이다. • 해양수산부 장관의 허가를 받아 특별시 · 광역시 · 특별자치시 또는 특별자치도가 개설한다. • 공공성을 최우선으로 한다. 예 노량진 수산물 시장, 가락동 농수산물 시장
	지방 도매 시장	특별시 · 광역시 · 특별자치시 · 특별자치도 또는 시가 개설한다. 다만, 시가 지방 도매시장을 개설하려면 도지사의 허가를 받아야 한다.
소매시장	재래식 시장 · 백화점 · 마트	수산물 유통과정 중 마지막 단계로 최종적으로 소비자가 이용하는 시장이다.

답 ④

14 ① 수출업자가 수입업자에게 대금 지급을 보증할 수 있는 신용장 개설을 요구하면, 수입업자는 거래은행에 신용장을 개설하여 수출업자에게 발송하여야 거래가 진행된다.

② 수입자에게 인도되지 않은 상태라 하더라도 수출 신고필증이 발급되면 외국 물품이 된다.

④ 수출상은 선적사실과 어음 취결을 통지하는 송장 및 선하증권의 사본을 동봉한 선적안내서를 수입상에게 발송한 뒤, 세관에 납부한 관세를 세관 또는 외국환 은행에서 환급 받는다.

답 ③

15 ④ 마을어업은 일정한 지역에 거주하는 어업인의 공동이익을 증진하기 위하여 어촌계(漁村契)나 지구별 수산업 협동조합에만 면허한다(수산업법 제9조 제1항).

답 ④

16 ② 조합 등 또는 중앙회의 임직원이 다음 각 호의 어느 하나에 해당하는 행위로 조합 등 또는 중앙회에 손실을 끼쳤을 때에는 10년 이하의 징역 또는 1억 원 이하의 벌금에 처한다(수산업 협동조합법 제176조 제1항).

1. 조합 등 또는 중앙회의 사업 목적 외의 용도로 자금을 사용하거나 대출하는 행위
2. 투기의 목적으로 조합 등 또는 중앙회의 재산을 처분하거나 이용하는 행위

답 ②

17 ① 회장의 임기는 4년으로 하되, 회장은 연임할 수 없다(수산업협동조합법 제134조 제5항).

답 ①

18 ① 수산물의 경우 생산의 불확실성, 규격의 다양성, 부패성으로 가격변동이 심하기 때문에 생산 및 출하 조절을 통해 위험을 회피해야 한다.

답 ①

19 어항개발 사업

- 어항기본 사업: 종합적이고 기본적인 어항시설의 신설 및 이에 부수되는 준설 · 매립 등의 사업
- 어항정비 사업: 어항시설의 변경 · 보수 · 보강 · 이전 · 확장 및 이에 부수되는 준설 · 매립 등의 사업
- 어항환경개선 사업: 어항정화 및 어촌관광 활성화를 위한 어항환경개선사업
- 레저관광기반시설 사업: 해양관광 지원을 위한 레저용 기반시설 설치 및 보수 등의 사업

답 ③

20 동 · 서해 어업관리단

국내 수산자원 보호를 위해 불법어업 지도 · 단속을 목적으로 설립되었으며, 조업 지도, 불법어업 예방 및 단속, 한 · 일 및 한 · 중 어업 협정사항 이행 여부를 포함한 배타적 경제수역(EEZ) 관리, IUU 어업 방지를 위한 원양조업감시센터(FMC) 운영, 우리 어선 안전조업지도 및 조업지원(수산정보, 조난구조 · 예인)업무를 수행한다.

답 ③

해양수산직

히든 모의고사 정답 및 해설

제 1 과목 수산일반

01	02	03	04	05	06	07	08	09	10
③	①	④	②	③	①	③	④	④	②
11	12	13	14	15	16	17	18	19	20
②	②	④	①	③	①	③	②	④	①

01 ③ 외국인은 특정금지구역이 아닌 배타적 경제수역에서 어업활동을 하려면 선박마다 해양수산부장관의 허가를 받아야 한다(배타적 경제수역에서의 외국인어업 등에 대한 주권적 권리의 행사에 관한 법률 제5조).

답 ③

02 HACCP시스템의 12절차와 7원칙

절 차	내 용	
1	준비 단계	HACCP팀 구성
2		제품설명서 작성
3		용도 확인
4		공정흐름도 작성
5		공정흐름도 현장 확인
6	7원칙	위해요소 분석
7		중요관리점(CCP) 결정 원칙
8		CCP 한계기준 설정 원칙
9		CCP 모니터링 체계 확립 원칙
10		개선조치방법 수립 원칙
11		검증절차 및 방법 수립 원칙
12		문서화 및 기록 유지 원칙

답 ①

03

④ TAC 대상어종은 11종으로 변함이 없으며, 2018년부터 오징어 쌍끌이대형저인망 어업이 TAC대상 시범업종으로 추가되었다.

2018년 변경된 TAC제도

- 시행시기가 7월부터 다음연도 6월까지로 변경
- 수산자원조사원 15명 충원(총원 85명)
- TAC 소진현황을 어업인에게 SMS 등을 통하여 공시
- 쌍끌이대형저인망(오징어) 1개 업종 시범 도입

답 ④

04

② 자망(걸그물) 어구는 긴 사각형 모양의 어구로서 어군이 헤엄쳐 다니는 곳에 수직 방향으로 펼쳐 두고 지나가는 어류가 그물코에 꽂히게 하여 어획한다. 그물코 크기는 아가미 둘레와 거의 일치해야 하고, 깊이에 따라 표층, 중층, 저층 걸그물로, 운용방법에 따라 고정, 흘림, 두릿 걸그물로 구분한다.

답 ②

05

③ 연간 1회의 짧은 산란기를 가지며, 개체의 성장률이 비슷한 생물의 연령사정에 효과적인 것은 체장빈도법(피터센법)이다.

답 ③

06

채낚기어업

채낚기어업은 주로 주광성 어종을 어획 대상으로 한다. 어획 효율을 증대시키기 위하여 별도의 발전기와 집어등을 설치하며 선박이 해 · 조류를 따라 낚시와 함께 흘러가도록 물돛을 사용하고 있고, 낚싯줄에 여러 개의 낚시를 달고 모릿줄 끝에 추를 달아 어구를 상승 · 하강시키면서 대상생물이 낚시에 걸리도록 하여 잡는다. 우리나라 채낚기 어선은 동해안 및 남해안에서 주로 오징어와 갈치를 대상으로 조업이 이루어지고 있다.

답 ①

07

어업관리의 유형

자원 관리형	• 가입 자원 관리형(치어 남획 방지, 일정 크기의 어획) • 재생산 자원 관리형(산란기 성어의 어획 금지, 산란장 보호) • 증식 자원 관리형(인공종자 방류)
어장 관리형	• 조업 질서 유지형(어장 이용의 윤번제) • 한계 생산 관리형(전체 어획량 조절, 수익 균등분배)
어가 유지형	• 어선별 계획 할당제 • 풀제(Pool account)에 의한 어가 유지형

답 ③

08 ④ 위 제시문은 GMDSS(해상 조난 및 안전 통신 제도)에 대한 설명이다. 최근 위성 통신과 디지털 전자기술을 활용하여 보다 확실하고 안전한 통신 수단을 구축함으로써 해상에 있어서의 인명과 재산을 신속하게 구조하기 위해 전 세계적인 GMDSS가 운영되고 있다.

답 ④

09 생물여과 과정

암모니아(NH_3)	→	아질산염(NO_2)	→	질산염(NO_3)
(유해)	아질산균 (Nitrosomonas)		질산균 (Nitrobacter)	(무해)

답 ④

10 ② [(725kg − 100kg)/(200kg × 5개월)] × 100 = (625/1,000) × 100 = 62.5%

사료 효율

$$\text{사료 효율} = \frac{1}{\text{사료 계수}} \times 100 = \frac{\text{증육량(수확 시 중량 − 방양 시 중량)}}{\text{사료공급량}} \times 100$$

답 ②

11 ② 사료의 지방 및 지방산 성분은 공기 중의 산소와 결합하여 유독하게 되므로 항산화제를 사료에 혼합하여 사용한다.

답 ②

12 ② 주간성으로 활동하는 것은 대하이며, 보리새우는 야간성으로 낮에는 모래 속에서 서식하다가 밤에 활동한다.

답 ②

13 ④ 자배건품은 어육을 찐 후에 배건하여 나무 막대기처럼 딱딱하게 건조한 것으로 가다랑어포(가츠오부시)가 대표적인 제품이다.

답 ④

14 ② 필렛(Fillet) : 드레스를 배골에 따라 두텁고 평평하게 끊고 육중의 피와 뼈를 제거하여 육편으로 처리한 것
③ 라운드(Round) : 아무 처리를 하지 않은 원형 그대로의 고기
④ 드레스(Dressed) : 내장과 아가미를 제거한 것에서 다시 머리를 제거한 것

답 ①

15 ③ 수산물은 짧은 유통기간으로 인하여 운송기간에 영향을 많이 받기 때문에 가격 대비 운송료가 높다.

수산물과 공산품의 상품 성격 차이

수산물	공산품
• 표준화체계가 미비하다. • 반품처리가 어렵다. • 생산 및 공급이 불안정하다. • 가격 대비 운송비가 높다. • 유통기간이 짧다.	• 표준화체계가 구축되었다. • 반품처리가 쉽다. • 생산 및 공급이 안정적이다. • 가격 대비 운송비가 낮다. • 유통기간이 길다.

답 ③

16 ① 조타 설비는 배의 진행 방향을 조종하는 키와 키를 좌우로 돌리거나 타각을 유지시켜 주는 조타 장치로 구성된다. 요즘에는 기계적으로 키를 조작하는 자동 조타 장치가 개발되어 조타의 정확성과 인력 감축에 효과적으로 이용하고 있다.

답 ①

17 항행 시 신호 규칙(해사안전법 제92조)

침로변경신호	• 우현으로 변경 시 : 단음 1회 • 좌현으로 변경 시 : 단음 2회 • 뒤로 후진 시 : 단음 3회
추월신호	• 우현으로 추월 시 : 장음 2회+단음 1회 • 좌현으로 추월 시 : 장음 2회+단음 2회 • 추월 동의 신호 : 장음 1회+단음 1회+장음 1회+단음 1회

답 ③

18 ② 품질인증을 받으려는 자는 해양수산부령으로 정하는 바에 따라 해양수산부장관에게 신청하여야 한다(농수산물 품질관리법 제14조 제2항).

답 ②

19 수산물 소매유통의 개선을 위해 지원할 수 있는 사업(농수산물 유통 및 가격안정에 관한 법률 시행규칙 제45조)

- 수산물의 생산자 또는 생산자단체와 소비자 또는 소비자단체간의 직거래사업
- 수산물소매시설의 현대화 및 운영에 관한 사업
- 수산물직판장의 설치 및 운영에 관한 사업
- 그 밖에 수산물직거래 및 소매유통의 활성화를 위하여 해양수산부장관이 인정하는 사업

답 ④

20 ㄱ. 한천(Agar) : 겨울철에 생산되는 동건품으로 홍조류가 원료이고, 아가로오스가 주성분인 점질성의 다당류이다.
ㄴ. 카라기난(Carrageenan) : 홍조류인 진두발, 돌가사리에서 추출하며, 점질성이 강한 고분자 다당류이다.
ㄷ. 알긴산(Alginic Acid) : 갈조류인 미역, 다시마에 들어있는 점질성의 다당류이다.
ㄹ. 후코이단(Fucoidan) : 갈조류인 개다시마와 미역 포자엽에 많다.

답 ①

제 2 과목 수산경영

01	02	03	04	05	06	07	08	09	10
④	②	①	③	③	②	④	②	②	①
11	12	13	14	15	16	17	18	19	20
④	②	③	④	①	①	③	②	③	①

01 ④ 우리나라는 축산물보다 수산물을 통해 다량의 동물성 단백질을 획득한다.

답 ④

02 ② A씨에게는 2인 이상 출자하고 공동 경영하며, 회사 채무에 대하여 연대 무한책임을 지는 합명회사를 설립하는 것이 적합하다.

답 ②

03 수산경영 방식에 따른 구분

- 어업경영과 양식경영 : 자연상태에서 채취하느냐, 인위적으로 육성하여 채포하느냐에 따라 구분한다.
- 집약경영과 조방경영 : 수산경영 요소의 이용도에 따라 구분한다.
- 단일경영과 복합경영 : 생산물 종류 또는 종사하는 업종의 수에 따라 구분한다.

답 ①

04 ③ 수산자원은 자율 갱신적 자원이지만, 자율 갱신 속도보다 빠르게 사용할 경우 고갈의 위험이 있다.

답 ③

05
- 합작회사 : 2개국 이상의 기업이 공동 출자(투자)하고 공동으로 경영하는 해외기업의 한 형태
- 다국적기업 : 한 회사가 2개국 이상에 기업을 설립하고, 생산 · 판매 · 경영하는 기업

답 ③

06 ② 수산경영의 생산 운영 관리는 투입관리, 공정관리, 산출관리로 나누어진다. 투입관리에는 시장조사, 판매예측, 업계능력, 어장선정, 생산계획, 출어계획이 있다.

투입관리	수요예측	• 시장조사 • 판매예측 • 업계능력
	생산계획	• 어장선정 • 생산계획 • 출어계획
공정관리	조업계획	• 작업매치 • 공정점검 • 설비유치
	작업계획	• 작업계획 • 작업설치 • 자재점검
산출관리	운영 및 통제	• 어획관리 • 제품관리 • 수송계획

답 ②

07 ④ 짓가림제에서 공동경비란 선주와 선원이 공동으로 부담하는 노사 공동부담 경비로서 연료비, 어선 수선비, 어구 수선비, 선원주 · 부식대비, 용기대, 미끼대, 판매수수료 등이 있다.

답 ④

08 ② 선단조직은 기선저인망 · 선망 등 대규모 조업 시 계획적인 조업과 정보교환, 수송, 보급 등을 위해 공선(모선)을 중심으로 운반선 · 집어선 · 어로탐사선 등으로 구성된 형태를 말한다. 선단조직은 어획기능, 어군탐지기능, 어획물 가공기능, 집어기능, 운반기능을 모두 할 수 있다.

답 ②

09 유통비용
- 직접비용 : 직접비용은 수송비, 포장비, 하역비, 저장비, 가공비 등과 같이 직접적으로 유통을 하는 데 지불되는 비용이다.
- 간접비용 : 간접비용은 점포 임대료, 자본이자, 통신비, 제세공과금 등과 같이 농산물유통을 하는 데 간접적으로 투입되는 비용이다.

답 ②

10 ① 해양수산부장관은 수산물의 중도매업 · 소매업, 생산자와 소비자의 직거래사업, 생산자단체 및 대통령령으로 정하는 단체가 운영하는 수산물직매장, 소매시설을 지원 육성하여야 하며, 그 운영에 필요한 자금을 수산발전기금으로 융자 · 지원할 수 있다(수산물 유통의 관리 및 지원에 관한 법률 제47조 제2항).

답 ①

11 ④ 산지 도매시장은 어획물의 1차 가격형성이 이루어지는 시장이며, 최종 판매 기능은 소매시장이 갖고 있다.

답 ④

12 ② 정기총회는 회계연도 경과 후 3개월 이내에 조합장이 매년 1회 소집하고, 임시총회는 조합장이 필요하다고 인정할 때 소집할 수 있다(수산업 협동조합법 제36조 제3항).

답 ②

13 ③ 중앙회는 어업인과 조합에 필요한 금융을 제공함으로써 어업인과 조합의 자율적인 경제활동을 지원하고 그 경제적 지위의 향상을 촉진하기 위하여 신용사업을 분리하여 그 사업을 하는 법인으로서 수협은행을 설립한다(수산업 협동조합법 제141조의4 제1항 전단).

답 ③

14 ④ (10억 원 – 2억 5천만 원)/20년 = 3천 7백 5십만 원

정액법에 따른 감가상각비 계산

감가상각비 = (취득원가 – 잔존가액)/내용년수

답 ④

15 ① 일반적인 수산물 유통 경로로 수협을 거치는 경우를 계통 판매 경로라고 하며, 이 경우 판매 및 마케팅을 수협에 위탁하므로 생산자는 가격결정에 참여할 수 없다는 단점이 있다.

답 ①

16 ① 매도인이 수입관세 · 통관비용뿐만 아니라 매수인이 지정하는 장소까지의 모든 비용을 부담하는 무역거래조건으로, 수출업자에게 가장 불리한 조건이다.

수출입 상품 인도 조건

조건	내용
공장 인도 조건(EXW)	물품을 매도인의 공장에서 인도하는 조건으로 운송비용 · 위험부담 · 수출통관수속 등 모든 절차를 수입자가 부담하여 수출업자에게 가장 유리하다.
운송인 인도 조건(FCA)	FOB와 같은 원리에 근거하고 있으나, FOB는 본선적재를 함으로써 매도인이 비용과 위험에 대한 책임을 면하며, FCA는 운송인에게 물품을 인도하고 운송인이 물품을 수탁하면 책임을 면하게 된다.
본선 인도 조건(FOB)	약속한 화물을 매수인이 지정한 선박에 적재, 본선 상에서 화물의 인도를 마칠 때까지 모든 비용과 위험을 매도인이 부담한다.
운송비 지불 인도 조건(CPT)	수출업자가 목적지까지 화물을 인도하면서 운송비의 책임을 부담하는 무역거래조건이다.
운송비 · 보험료 지불 인도 조건(CIP)	CIF와 유사하나 위험부담의 범위가 매도인은 운송인이 수탁할 때까지이고, 매수인은 선적 후로부터 부담하며, 운송인의 수탁으로부터 선적항까지는 운송인이 부담한다.

운송비 · 보험료 포함 인도 조건(CIF)	FOB는 화물 수송에 필요한 선박수배와 해상운임, 보험료를 수입업자가 부담하도록 되어 있는 반면, CIF는 화물을 본선까지 적재하는 데 필요한 모든 비용과 위험 부담 이외에 해상운임과 보험료까지 수출자가 부담한다.
관세 지급 인도 조건(DDP)	매도인이 수입관세 · 통관비용뿐만 아니라 매수인이 지정하는 장소까지의 모든 비용을 부담하는 무역거래조건으로, 수출업자에게 가장 불리한 조건이다.

답 ①

17 ③ 신제품의 개발 · 보급 및 기술 확산은 수산물가공 수산업 협동조합의 교육 · 지원사업에 해당한다.

업종별 수산업 협동조합의 교육 · 지원사업

1. 수산종자의 생산 및 보급
2. 어장 개발 및 어장환경의 보전 · 개선
3. 어업질서 유지
4. 어업권과 어업피해 대책 및 보상 업무 추진
5. 어촌지도자 및 후계어업경영인 발굴 · 육성과 수산기술자 양성
6. 어업 생산의 증진과 경영 능력의 향상을 위한 상담 및 교육훈련
7. 생활환경 개선과 문화 향상을 위한 교육 및 지원과 시설의 설치 · 운영
8. 어업 및 어촌생활 관련 정보의 수집 및 제공
9. 조합원의 노동력 또는 어촌의 부존자원을 활용한 관광사업 등 어가 소득증대사업
10. 외국의 협동조합 및 도시와의 교류 촉진을 위한 사업
11. 어업에 관한 조사 · 연구
12. 각종 사업과 관련한 교육 및 홍보
13. 그 밖에 정관으로 정하는 사업

답 ③

18 위험 대처 방법

위험 회피	가장 소극적인 방법으로, 경영을 함에 있어 반대가 있을 경우 사업 자체를 포기하는 경우를 말한다.
위험 인수	위험에 대한 대비 여부와 관계없이 스스로 흡수하여 처리하는 경우를 말한다.
위험 전가	발생한 손실을 제3자에게 전가하는 것으로, 보험과 공제제도가 대표적이다.
손실 통제	손실에 대해 미리 대응하여 예방하거나 사고 발생 후 손실을 줄이기 위해 노력하는 것을 말한다.

답 ②

19 ③ 채산성이란 경영에서 수지, 손익을 따져 이익이 나는 정도를 말한다. 따라서 수산업 공제사업의 효용에서 채산성의 감소는 적절하지 않다.

수산업 협동조합 공제사업의 효용

- 저축의 효용
- 위험보장의 효용
- 신용증대의 효용
- 경제 채산성의 효용
- 타 사업과의 기능 교화의 효용
- 어촌 경제에의 기여

답 ③

20 **수산업 · 어촌 발전 기본법 제3조(정의) 제5호**

"생산자단체"란 수산업의 생산력 향상과 수산인의 권익보호를 위한 수산인의 자주적인 조직으로서 대통령령으로 정하는 단체를 말한다.

수산업 · 어촌 발전 기본법 시행령 제4조

1. 수산업 협동조합법에 따른 수산업 협동조합 및 수산업 협동조합 중앙회
2. 수산물을 공동으로 생산하거나 수산물을 생산하여 공동으로 판매 · 가공 · 또는 수출하기 위하여 어업인 5명 이상이 모여 결성한 법인격이 있는 전문생산자 조직으로서 해양수산부령으로 정하는 요건을 갖춘 단체

수산업 · 어촌 발전 기본법 시행규칙 제2조

1. 영어조합법인 중 자본금이 1억 원 이상인 영어조합법인
2. 어업회사법인 중 다음 각 목의 요건을 모두 충족하는 어업회사법인
   가. 어업인이 사원 또는 주주 등으로써 5명 이상 참여할 것
   나. 자본금이 1억 원 이상일 것
3. 수산자조금을 조성 · 운영하는 자조금단체
4. 협동조합 또는 사회적협동조합으로서 자본금이 1억 원 이상인 조합
5. 협동조합연합회 또는 사회적협동조합연합회 중 다음 각 목의 요건을 모두 충족하는 연합회
   가. 제4호에 따른 협동조합 또는 사회적협동조합을 회원으로 할 것
   나. 자본금이 1억원 이상일 것
6. 염업조합

답 ①

공무원 9급 공개경쟁채용 필기시험 답안지

컴퓨터용 흑색 사인펜만 사용

책 형
Ⓐ
Ⓑ

[필적감정용 기재] *아래 예시문을 옮겨 적으시오. 본인은 ○○○(응시자성명)임을 확인함
기 재 란

성 명	
자필성명	본인 성명 기재
응시직렬	
응시지역	
시험장소	

응시번호							
	⓪	⓪	⓪	⓪	⓪	⓪	⓪
	①	①	①	①	①	①	①
	②	②	②	②	②	②	②
	③	③	③	③	③	③	③
	④	④	④	④	④	④	④
	⑤	⑤	⑤	⑤	⑤	⑤	⑤
⑥	⑥	⑥	⑥	⑥	⑥	⑥	⑥
⑦	⑦	⑦	⑦	⑦	⑦	⑦	⑦
	⑧	⑧	⑧	⑧	⑧	⑧	⑧
	⑨	⑨	⑨	⑨	⑨	⑨	⑨

생년월일					
	⓪	⓪	⓪	⓪	⓪
	①	①	①	①	①
	②		②	②	②
	③		③	③	③
	④		④		④
⑤	⑤		⑤		⑤
⑥	⑥		⑥		⑥
⑦	⑦		⑦		⑦
⑧	⑧		⑧		⑧
⑨	⑨		⑨		⑨

※ 시험감독관 서명 (성명을 정자로 기재할 것)
적색 볼펜만 사용

문번	제 1 과목	제 2 과목	제 3 과목	제 4 과목	제 5 과목
1	① ② ③ ④	① ② ③ ④	① ② ③ ④	① ② ③ ④	① ② ③ ④
2	① ② ③ ④	① ② ③ ④	① ② ③ ④	① ② ③ ④	① ② ③ ④
3	① ② ③ ④	① ② ③ ④	① ② ③ ④	① ② ③ ④	① ② ③ ④
4	① ② ③ ④	① ② ③ ④	① ② ③ ④	① ② ③ ④	① ② ③ ④
5	① ② ③ ④	① ② ③ ④	① ② ③ ④	① ② ③ ④	① ② ③ ④
6	① ② ③ ④	① ② ③ ④	① ② ③ ④	① ② ③ ④	① ② ③ ④
7	① ② ③ ④	① ② ③ ④	① ② ③ ④	① ② ③ ④	① ② ③ ④
8	① ② ③ ④	① ② ③ ④	① ② ③ ④	① ② ③ ④	① ② ③ ④
9	① ② ③ ④	① ② ③ ④	① ② ③ ④	① ② ③ ④	① ② ③ ④
10	① ② ③ ④	① ② ③ ④	① ② ③ ④	① ② ③ ④	① ② ③ ④
11	① ② ③ ④	① ② ③ ④	① ② ③ ④	① ② ③ ④	① ② ③ ④
12	① ② ③ ④	① ② ③ ④	① ② ③ ④	① ② ③ ④	① ② ③ ④
13	① ② ③ ④	① ② ③ ④	① ② ③ ④	① ② ③ ④	① ② ③ ④
14	① ② ③ ④	① ② ③ ④	① ② ③ ④	① ② ③ ④	① ② ③ ④
15	① ② ③ ④	① ② ③ ④	① ② ③ ④	① ② ③ ④	① ② ③ ④
16	① ② ③ ④	① ② ③ ④	① ② ③ ④	① ② ③ ④	① ② ③ ④
17	① ② ③ ④	① ② ③ ④	① ② ③ ④	① ② ③ ④	① ② ③ ④
18	① ② ③ ④	① ② ③ ④	① ② ③ ④	① ② ③ ④	① ② ③ ④
19	① ② ③ ④	① ② ③ ④	① ② ③ ④	① ② ③ ④	① ② ③ ④
20	① ② ③ ④	① ② ③ ④	① ② ③ ④	① ② ③ ④	① ② ③ ④

※ 연습용 OMR 답안지입니다. 실제와 다를 수 있습니다.

공무원 9급 공개경쟁채용 필기시험 답안지

컴퓨터용 흑색 사인펜만 사용

책 형
Ⓐ
Ⓑ

[필적감정용 기재] *아래 예시문을 옮겨 적으시오. 본인은 ○○○(응시자성명)임을 확인함
기 재 란

성 명	
자필성명	본인 성명 기재
응시직렬	
응시지역	
시험장소	

응시번호

	⓪	⓪	⓪	⓪	⓪	⓪	⓪
	①	①	①	①	①	①	①
	②	②	②	②	②	②	②
	③	③	③	③	③	③	③
	④	④	④	④	④	④	④
	⑤	⑤	⑤	⑤	⑤	⑤	⑤
⑥	⑥	⑥	⑥	⑥	⑥	⑥	⑥
⑦	⑦	⑦	⑦	⑦	⑦	⑦	⑦
	⑧	⑧	⑧	⑧	⑧	⑧	⑧
	⑨	⑨	⑨	⑨	⑨	⑨	⑨

생년월일

	⓪	⓪	⓪	⓪	⓪
	①	①	①	①	①
	②		②	②	②
	③		③	③	③
	④		④		④
⑤	⑤		⑤		⑤
⑥	⑥		⑥		⑥
⑦	⑦		⑦		⑦
⑧	⑧		⑧		⑧
⑨	⑨		⑨		⑨

※ 시험감독관 서명 (성명을 정자로 기재할 것)
적색 볼펜만 사용

문번	제 1 과목	문번	제 2 과목	문번	제 3 과목	문번	제 4 과목	문번	제 5 과목
1	① ② ③ ④	1	① ② ③ ④	1	① ② ③ ④	1	① ② ③ ④	1	① ② ③ ④
2	① ② ③ ④	2	① ② ③ ④	2	① ② ③ ④	2	① ② ③ ④	2	① ② ③ ④
3	① ② ③ ④	3	① ② ③ ④	3	① ② ③ ④	3	① ② ③ ④	3	① ② ③ ④
4	① ② ③ ④	4	① ② ③ ④	4	① ② ③ ④	4	① ② ③ ④	4	① ② ③ ④
5	① ② ③ ④	5	① ② ③ ④	5	① ② ③ ④	5	① ② ③ ④	5	① ② ③ ④
6	① ② ③ ④	6	① ② ③ ④	6	① ② ③ ④	6	① ② ③ ④	6	① ② ③ ④
7	① ② ③ ④	7	① ② ③ ④	7	① ② ③ ④	7	① ② ③ ④	7	① ② ③ ④
8	① ② ③ ④	8	① ② ③ ④	8	① ② ③ ④	8	① ② ③ ④	8	① ② ③ ④
9	① ② ③ ④	9	① ② ③ ④	9	① ② ③ ④	9	① ② ③ ④	9	① ② ③ ④
10	① ② ③ ④	10	① ② ③ ④	10	① ② ③ ④	10	① ② ③ ④	10	① ② ③ ④
11	① ② ③ ④	11	① ② ③ ④	11	① ② ③ ④	11	① ② ③ ④	11	① ② ③ ④
12	① ② ③ ④	12	① ② ③ ④	12	① ② ③ ④	12	① ② ③ ④	12	① ② ③ ④
13	① ② ③ ④	13	① ② ③ ④	13	① ② ③ ④	13	① ② ③ ④	13	① ② ③ ④
14	① ② ③ ④	14	① ② ③ ④	14	① ② ③ ④	14	① ② ③ ④	14	① ② ③ ④
15	① ② ③ ④	15	① ② ③ ④	15	① ② ③ ④	15	① ② ③ ④	15	① ② ③ ④
16	① ② ③ ④	16	① ② ③ ④	16	① ② ③ ④	16	① ② ③ ④	16	① ② ③ ④
17	① ② ③ ④	17	① ② ③ ④	17	① ② ③ ④	17	① ② ③ ④	17	① ② ③ ④
18	① ② ③ ④	18	① ② ③ ④	18	① ② ③ ④	18	① ② ③ ④	18	① ② ③ ④
19	① ② ③ ④	19	① ② ③ ④	19	① ② ③ ④	19	① ② ③ ④	19	① ② ③ ④
20	① ② ③ ④	20	① ② ③ ④	20	① ② ③ ④	20	① ② ③ ④	20	① ② ③ ④

※ 연습용 OMR 답안지입니다. 실제와 다를 수 있습니다.

공무원 9급 공개경쟁채용 필기시험 답안지

컴퓨터용 흑색 사인펜만 사용

책 형
Ⓐ
Ⓑ

[필적감정용 기재]
*아래 예시문을 옮겨 적으시오.
본인은 ○○○(응시자성명)임을 확인함

기 재 란

성 명	
자필성명	본인 성명 기재
응시직렬	
응시지역	
시험장소	

응시번호

	⓪	⓪	⓪	⓪	⓪	⓪	⓪
	①	①	①	①	①	①	①
	②	②	②	②	②	②	②
	③	③	③	③	③	③	③
	④	④	④	④	④	④	④
	⑤	⑤	⑤	⑤	⑤	⑤	⑤
⑥	⑥	⑥	⑥	⑥	⑥	⑥	⑥
⑦	⑦	⑦	⑦	⑦	⑦	⑦	⑦
	⑧	⑧	⑧	⑧	⑧	⑧	⑧
	⑨	⑨	⑨	⑨	⑨	⑨	⑨

생년월일

	⓪	⓪	⓪	⓪	⓪
	①	①	①	①	①
	②		②	②	②
	③		③	③	③
	④		④		④
⑤	⑤		⑤		⑤
⑥	⑥		⑥		⑥
⑦	⑦		⑦		⑦
⑧	⑧		⑧		⑧
⑨	⑨		⑨		⑨

※ 시험감독관 서명
(성명을 정자로 기재할 것)

적색 볼펜만 사용

문번	제 1 과목	문번	제 2 과목	문번	제 3 과목	문번	제 4 과목	문번	제 5 과목
1	① ② ③ ④	1	① ② ③ ④	1	① ② ③ ④	1	① ② ③ ④	1	① ② ③ ④
2	① ② ③ ④	2	① ② ③ ④	2	① ② ③ ④	2	① ② ③ ④	2	① ② ③ ④
3	① ② ③ ④	3	① ② ③ ④	3	① ② ③ ④	3	① ② ③ ④	3	① ② ③ ④
4	① ② ③ ④	4	① ② ③ ④	4	① ② ③ ④	4	① ② ③ ④	4	① ② ③ ④
5	① ② ③ ④	5	① ② ③ ④	5	① ② ③ ④	5	① ② ③ ④	5	① ② ③ ④
6	① ② ③ ④	6	① ② ③ ④	6	① ② ③ ④	6	① ② ③ ④	6	① ② ③ ④
7	① ② ③ ④	7	① ② ③ ④	7	① ② ③ ④	7	① ② ③ ④	7	① ② ③ ④
8	① ② ③ ④	8	① ② ③ ④	8	① ② ③ ④	8	① ② ③ ④	8	① ② ③ ④
9	① ② ③ ④	9	① ② ③ ④	9	① ② ③ ④	9	① ② ③ ④	9	① ② ③ ④
10	① ② ③ ④	10	① ② ③ ④	10	① ② ③ ④	10	① ② ③ ④	10	① ② ③ ④
11	① ② ③ ④	11	① ② ③ ④	11	① ② ③ ④	11	① ② ③ ④	11	① ② ③ ④
12	① ② ③ ④	12	① ② ③ ④	12	① ② ③ ④	12	① ② ③ ④	12	① ② ③ ④
13	① ② ③ ④	13	① ② ③ ④	13	① ② ③ ④	13	① ② ③ ④	13	① ② ③ ④
14	① ② ③ ④	14	① ② ③ ④	14	① ② ③ ④	14	① ② ③ ④	14	① ② ③ ④
15	① ② ③ ④	15	① ② ③ ④	15	① ② ③ ④	15	① ② ③ ④	15	① ② ③ ④
16	① ② ③ ④	16	① ② ③ ④	16	① ② ③ ④	16	① ② ③ ④	16	① ② ③ ④
17	① ② ③ ④	17	① ② ③ ④	17	① ② ③ ④	17	① ② ③ ④	17	① ② ③ ④
18	① ② ③ ④	18	① ② ③ ④	18	① ② ③ ④	18	① ② ③ ④	18	① ② ③ ④
19	① ② ③ ④	19	① ② ③ ④	19	① ② ③ ④	19	① ② ③ ④	19	① ② ③ ④
20	① ② ③ ④	20	① ② ③ ④	20	① ② ③ ④	20	① ② ③ ④	20	① ② ③ ④

※ 연습용 OMR 답안지입니다. 실제와 다를 수 있습니다.

공무원 9급 공개경쟁채용 필기시험 답안지

컴퓨터용 흑색 사인펜만 사용

책 형
Ⓐ Ⓑ

[필적감정용 기재] *아래 예시문을 옮겨 적으시오. 본인은 ○○○(응시자성명)임을 확인함
기 재 란

성 명	
자필성명	본인 성명 기재
응시직렬	
응시지역	
시험장소	

응시번호							
	⓪	⓪	⓪	⓪	⓪	⓪	⓪
	①	①	①	①	①	①	①
	②	②	②	②	②	②	②
	③	③	③	③	③	③	③
	④	④	④	④	④	④	④
	⑤	⑤	⑤	⑤	⑤	⑤	⑤
⑥	⑥	⑥	⑥	⑥	⑥	⑥	⑥
⑦	⑦	⑦	⑦	⑦	⑦	⑦	⑦
	⑧	⑧	⑧	⑧	⑧	⑧	⑧
	⑨	⑨	⑨	⑨	⑨	⑨	⑨

생년월일					
	⓪	⓪	⓪	⓪	⓪
	①	①	①	①	①
	②		②	②	②
	③		③	③	③
	④		④		④
⑤	⑤		⑤		⑤
⑥	⑥		⑥		⑥
⑦	⑦		⑦		⑦
⑧	⑧		⑧		⑧
⑨	⑨		⑨		⑨

※ 시험감독관 서명 (성명을 정자로 기재할 것)	적색 볼펜만 사용

문번	제 1 과목			
1	①	②	③	④
2	①	②	③	④
3	①	②	③	④
4	①	②	③	④
5	①	②	③	④
6	①	②	③	④
7	①	②	③	④
8	①	②	③	④
9	①	②	③	④
10	①	②	③	④
11	①	②	③	④
12	①	②	③	④
13	①	②	③	④
14	①	②	③	④
15	①	②	③	④
16	①	②	③	④
17	①	②	③	④
18	①	②	③	④
19	①	②	③	④
20	①	②	③	④

문번	제 2 과목			
1	①	②	③	④
2	①	②	③	④
3	①	②	③	④
4	①	②	③	④
5	①	②	③	④
6	①	②	③	④
7	①	②	③	④
8	①	②	③	④
9	①	②	③	④
10	①	②	③	④
11	①	②	③	④
12	①	②	③	④
13	①	②	③	④
14	①	②	③	④
15	①	②	③	④
16	①	②	③	④
17	①	②	③	④
18	①	②	③	④
19	①	②	③	④
20	①	②	③	④

문번	제 3 과목			
1	①	②	③	④
2	①	②	③	④
3	①	②	③	④
4	①	②	③	④
5	①	②	③	④
6	①	②	③	④
7	①	②	③	④
8	①	②	③	④
9	①	②	③	④
10	①	②	③	④
11	①	②	③	④
12	①	②	③	④
13	①	②	③	④
14	①	②	③	④
15	①	②	③	④
16	①	②	③	④
17	①	②	③	④
18	①	②	③	④
19	①	②	③	④
20	①	②	③	④

문번	제 4 과목			
1	①	②	③	④
2	①	②	③	④
3	①	②	③	④
4	①	②	③	④
5	①	②	③	④
6	①	②	③	④
7	①	②	③	④
8	①	②	③	④
9	①	②	③	④
10	①	②	③	④
11	①	②	③	④
12	①	②	③	④
13	①	②	③	④
14	①	②	③	④
15	①	②	③	④
16	①	②	③	④
17	①	②	③	④
18	①	②	③	④
19	①	②	③	④
20	①	②	③	④

문번	제 5 과목			
1	①	②	③	④
2	①	②	③	④
3	①	②	③	④
4	①	②	③	④
5	①	②	③	④
6	①	②	③	④
7	①	②	③	④
8	①	②	③	④
9	①	②	③	④
10	①	②	③	④
11	①	②	③	④
12	①	②	③	④
13	①	②	③	④
14	①	②	③	④
15	①	②	③	④
16	①	②	③	④
17	①	②	③	④
18	①	②	③	④
19	①	②	③	④
20	①	②	③	④

※ 연습용 OMR 답안지입니다. 실제와 다를 수 있습니다.